LOS CÓDIGOS DE LA INTELIGENCIA

Conocimiento no es sabiduría
y sabiduría no es inteligencia.

PIERRE PAUL DASNY

Director de DASNYAPP SRL
Psicólogo, terapeuta y tecnólogo.

«La inteligencia puede mostrarte el camino y la sabiduría advertirte su precio; pero lo que deseas, evitas, meditas, controlas y defiendes revelará qué estaba gobernando tu vida antes de que llamaras elección a lo ocurrido».
—Pierre Paul Dasny

CONTENIDO

CONTENIDO

PRELIMINARES

PRESENTACIÓN

Las redes sociales, internet, la televisión, los teléfonos móviles y las múltiples aplicaciones y sistemas digitales de comunicación han convertido el acceso a la información en una experiencia casi permanente. Cada día recibimos datos, mensajes, imágenes y relatos de acontecimientos ocurridos en diferentes partes del mundo.

Vivimos en una época de acceso inmediato a la información. Esta conexión ofrece oportunidades, pero también nos expone continuamente a noticias, opiniones e imágenes que pueden influir en nuestro estado emocional y en la manera en que interpretamos el mundo. Sin embargo, surge una pregunta necesaria: si una noticia es simplemente una información considerada importante para ser divulgada, ¿por qué en nuestra época la palabra parece asociarse con tanta frecuencia a crisis, violencia, corrupción, pérdidas y amenazas?

La noticia no es negativa por naturaleza. Lo que ocurre es que la mente humana suele prestar mayor atención a aquello que puede representar peligro, mientras los medios y sistemas digitales tienden a destacar los contenidos que provocan reacciones más intensas. Cuando esta exposición se vuelve constante y repetitiva, puede aumentar la preocupación, el estrés o la ansiedad, hasta llevarnos a percibir la realidad como si estuviera formada casi únicamente por tragedias. Los avances tecnológicos no han originado por sí solos los conflictos sociales, morales ni de convivencia, pero pueden amplificar su presencia y mantenerlos continuamente ante nuestros ojos.

Dentro de ese flujo informativo conocemos actos de violencia, abuso, corrupción e irresponsabilidad que vulneran la dignidad humana y deterioran la convivencia. Pero recibir más información no significa necesariamente comprender mejor la realidad. También necesitamos

aprender a cuestionar lo que recibimos, interpretar su contexto y decidir cómo responderemos a la influencia que puede ejercer en nuestra manera de pensar y actuar. Ante estas situaciones surge el deseo de contribuir a un futuro más responsable para las generaciones presentes y futuras. Pero ¿por dónde empezar?

Esta obra invita al lector a examinar sus hábitos, sus decisiones cotidianas y la manera en que interpreta las consecuencias de sus actos. Muchas decisiones aparentemente pequeñas pueden influir en su porvenir, en sus relaciones y en la dirección de sus proyectos.

Ese examen también permite considerar cómo nuestra manera de pensar, decidir y actuar influye en las relaciones y en la sociedad de la que formamos parte.

Considero que la obra articula perspectivas psicológicas, filosóficas, jurídicas y sociales para examinar la relación entre pensamiento, decisión y conducta. Su valor reside en la claridad que busca alcanzar, en la coherencia de sus argumentos y en la utilidad práctica de sus aplicaciones.

El cambio social no comienza únicamente en las instituciones; también empieza en la manera en que cada persona piensa, decide, convive y asume las consecuencias de sus actos.

Miguelina C. Ureña Hernández
Asistente administrativa, intérprete judicial
y secretaria ejecutiva bilingüe

PRÓLOGO

Quienes aprendan a interpretar y aplicar los códigos de la inteligencia podrán comprender mejor cómo piensan, cómo escogen y qué consecuencias producen sus actos. También podrán examinar los efectos beneficiosos, perjudiciales o mixtos de su conducta en la vida personal, familiar y social. Los códigos de la inteligencia, los cinco grandes efectos y los productos conductuales constituyen la estructura desde la cual se estudiarán esas elecciones y sus consecuencias.

Aunque una persona acumule información, estudios, experiencias, habilidades, poder, riquezas o títulos, esos recursos no garantizan por sí solos buenas decisiones. Si no sabe comprender lo que conoce, evaluar las consecuencias de sus actos y aplicar sus capacidades con responsabilidad, puede poseer mucho y, aun así, actuar sin dirección.

La reflexión parte de una distinción esencial: conocimiento, sabiduría e inteligencia se relacionan, pero no significan lo mismo. Saber algo no garantiza comprender su valor, y comprenderlo no garantiza aplicarlo de manera adecuada. Las diferencias entre estos tres conceptos serán definidas, contrastadas y puestas a prueba a lo largo de la obra.

El universo presenta regularidades y principios que la inteligencia humana intenta comprender; no es la inteligencia humana la que los produce. Del mismo modo, los sistemas educativos, económicos, políticos y organizacionales son construcciones humanas influidas por conocimientos, decisiones, intereses, recursos, circunstancias históricas y relaciones de poder. La inteligencia puede intervenir en su formación y funcionamiento, pero no es la causa única de su existencia ni de sus jerarquías.

El propósito es examinar la relación entre la persona, la familia y la sociedad: cómo las decisiones individuales afectan a los demás y cómo los entornos familiares y sociales influyen en la conducta de cada persona.

La inteligencia se estudia como la capacidad de comprender una situación, discernir entre alternativas, escoger con fundamento, ejecutar o revisar lo escogido y responder responsablemente por sus consecuencias previsibles. No garantiza el éxito ni elimina la posibilidad de equivocarse, porque toda elección también depende del conocimiento disponible, la sabiduría, los principios, la autorregulación, las circunstancias y la responsabilidad personal.

¿Cuántas veces has fallado al decidir, pensar, actuar o dejar de actuar? ¿Cuántas consecuencias surgieron de tus propias decisiones y cuántas procedieron de las decisiones de otras personas, de tu familia, de tus relaciones o de las instituciones que te rodean? ¿Qué errores se repiten en tu vida personal, afectiva, educativa, económica, social, profesional o institucional? ¿Qué experiencias han alterado tus proyectos, tu estado de ánimo o la imagen que tenías de ti mismo?

De estas preguntas surge el núcleo de la obra: ¿a quién atribuyes lo que salió mal? ¿Qué parte corresponde a tus decisiones, qué parte a las decisiones de otros y qué parte a circunstancias que nadie podía controlar? ¿Hasta cuándo seguirás confundiendo responsabilidad con condena? Asumir responsabilidad no significará cargar con toda la culpa ni aceptar culpas ajenas, sino reconocer con precisión qué ocurrió, qué te corresponde y qué puedes corregir.

Y después de reconocerlo, ¿qué vas a hacer?

En este libro encontrarás criterios para examinar tus decisiones desde perspectivas psicológicas, educativas, sociales, económicas y políticas. Estos criterios pueden ayudarte a reconocer oportunidades que conviene aceptar, hábitos y vínculos que necesitan límites, y situaciones que requieren continuidad, revisión o cierre. No escogerán por ti: te exigirán justificar qué aceptas, qué rechazas, qué mantienes y por qué.

Eres tú quien debe decidir, con criterio y responsabilidad, qué personas, hábitos, ideas y compromisos pueden entrar en tu vida, cuáles deben salir y cuáles requieren límites. En ocasiones tendrás que entrar en espacios que has evitado, salir de situaciones que te perjudican o permanecer donde estás hasta comprender mejor las consecuencias de actuar.

Pierre Paul Dasny
Director de DASNYAPP SRL
Psicólogo, terapeuta y tecnólogo.

INTRODUCCIÓN

Elegir parece sencillo mientras ninguna alternativa nos obliga a renunciar a algo. La dificultad comienza cuando cada posibilidad ofrece una ventaja, impone un costo, exige una responsabilidad o puede producir consecuencias que todavía no alcanzamos a prever. En ese momento ya no basta con saber qué opciones existen. Es necesario distinguirlas, valorarlas y decidir cuál merece convertirse en conducta.

Toda elección comienza antes de pronunciar un sí o un no. Empieza en aquello que percibimos, en la información que aceptamos, en los criterios que utilizamos y en lo que dejamos fuera de nuestra atención. También intervienen experiencias, hábitos, emociones, necesidades, temores, normas y expectativas. Algunas veces creemos estar escogiendo libremente cuando solo repetimos una respuesta aprendida; otras veces pensamos que no tenemos alternativas porque todavía no hemos logrado reconocerlas.

Entonces surge una pregunta incómoda: ¿qué demuestra realmente que una persona escogió con inteligencia? ¿El resultado obtenido? ¿La cantidad de conocimientos que poseía? ¿La seguridad con la que actuó? ¿La aprobación de los demás? Una decisión mal razonada puede producir accidentalmente un resultado favorable, mientras que una elección responsable puede enfrentar circunstancias que nadie podía anticipar. Acertar no siempre demuestra inteligencia, del mismo modo que equivocarse no siempre demuestra su ausencia.

La calidad de una elección también depende del proceso que la produjo. Importa qué sabía la persona, qué podía saber, qué alternativas reconoció, qué criterios utilizó, qué consecuencias eran previsibles y qué disposición conservó para corregirse. Juzgar una decisión únicamente por su desenlace puede llevarnos a premiar la imprudencia cuando tuvo suerte y a condenar la responsabilidad cuando encontró un resultado inesperado.

La inteligencia comienza a revelarse cuando comprender deja de ser suficiente y debemos escoger. No consiste solamente en encontrar una respuesta, sino en reconocer qué respuesta corresponde a una situación determinada, por qué debe aplicarse, cuándo conviene hacerlo, durante cuánto tiempo debe sostenerse y qué deberá ocurrir si sus consecuencias muestran que necesita ser revisada. Escoger no es tomar algo y marcharse. También significa aceptar lo que acompaña a lo escogido.

Por eso, una decisión no puede evaluarse únicamente por lo que deseamos obtener. También debemos preguntarnos qué estamos intentando evitar, qué razones hemos examinado, qué condiciones pretendemos regular y qué persona, vínculo, valor o límite tratamos de proteger. Una misma conducta puede contener propósitos distintos, y dos personas pueden realizar una acción semejante por motivos completamente opuestos.

Tampoco toda norma conduce automáticamente a una buena elección, ni todo conocimiento garantiza un uso responsable. Podemos conocer una regla sin comprender su finalidad, dominar una técnica sin considerar sus consecuencias o defender un principio sin reconocer el daño que produce su aplicación. Saber, obedecer, comprender, valorar y escoger se relacionan, pero no son actos equivalentes.

Los códigos de la inteligencia nacen de este conflicto. No ofrecen una respuesta idéntica para todas las personas ni sustituyen la responsabilidad de decidir. Proporcionan principios, criterios y formas de examinar aquello que con frecuencia aceptamos sin preguntar: por qué escogemos, desde qué conocimiento lo hacemos, qué límites reconocemos, cuánto control poseemos y qué consecuencias estamos dispuestos a asumir.

La pregunta central no será solamente si una elección fue buena o mala. Habrá que preguntar cómo fue construida, qué la sostuvo, a quién afectó, qué produjo y si todavía merece permanecer. Porque algunas decisiones necesitan firmeza; otras necesitan límites; y otras solo pueden demostrar inteligencia cuando somos capaces de corregirlas.

El desafío que comienza aquí no consiste en recibir una respuesta para cada situación de la vida. Consiste en aprender a reconocer cuándo una respuesta posee razones suficientes para dirigir una elección y cuándo solo estamos llamando inteligencia a una decisión que nunca nos atrevimos a examinar.

Pierre Paul Dasny
Director de DASNYAPP SRL
Psicólogo, terapeuta y tecnólogo.

PARTE I
FUNDAMENTOS DE LA ELECCIÓN INTELIGENTE

DISCERNIMIENTO
DE LOS CÓDIGOS DE LA INTELIGENCIA

«Los que poseen el espíritu de discernimiento saben cuánta diferencia puede mediar entre dos palabras parecidas, según los lugares y las circunstancias que las acompañen».
—Blaise Pascal, Pensamientos

Este capítulo introduce el fundamento de los códigos de la inteligencia: aprender a distinguir antes de escoger. Conocimiento, ley, inteligencia, sabiduría y principios pueden intervenir en una misma elección, pero no cumplen la misma función ni producen necesariamente las mismas consecuencias. Confundirlos puede llevar a una persona a saber mucho y escoger mal, obedecer una norma sin comprender su finalidad o actuar con seguridad sin haber evaluado lo suficiente.
Las preguntas que aparecerán a lo largo de esta obra no sustituirán las respuestas. Servirán para revelar supuestos, comparar alternativas, descubrir contradicciones y orientar la búsqueda de criterios más sólidos. El propósito no es acumular dudas, sino enseñar a convertirlas en investigación, discernimiento y elección.

Discernir no significa adivinar, sospechar de todo ni juzgar apresuradamente. Significa distinguir aquello que parece igual, comparar alternativas, identificar los criterios utilizados, considerar el contexto, examinar las pruebas disponibles y anticipar consecuencias antes de aceptar una conclusión o tomar una decisión. También exige reconocer lo que todavía no sabemos y revisar nuestra elección cuando aparecen datos nuevos.

Los códigos de la inteligencia son principios, métodos, estrategias, patrones y criterios de análisis que pueden fortalecer la capacidad de comprender una situación, discernir entre alternativas y escoger con mayor fundamento. Su aplicación permite examinar qué escogemos, por qué lo escogemos, cuándo debemos hacerlo, cómo actuaremos sobre lo escogido, durante cuánto tiempo conviene sostenerlo y qué consecuencias estamos dispuestos a asumir.

Estos códigos no actúan únicamente por haber sido leídos. Su efecto depende de la comprensión, la práctica, la revisión y la aplicación consciente que cada persona realice en situaciones concretas.

Entiendo la inteligencia como la capacidad de comprender una situación, discernir entre alternativas, escoger con fundamento, ejecutar o revisar lo escogido y responder responsablemente por sus consecuencias previsibles.

La inteligencia no es completamente fija ni ilimitadamente modificable. Las capacidades relacionadas con comprender, razonar, aprender y resolver problemas presentan diferentes grados de estabilidad y cambio. En ellas intervienen factores biológicos, educativos, sociales, ambientales y experienciales. Reconocer estas influencias no significa reducir el destino de una persona a su genética ni afirmar que toda capacidad puede transformarse sin límites mediante la voluntad.

La atención se dirige especialmente a una dimensión que puede entrenarse: la manera en que una persona examina alternativas, utiliza criterios, anticipa consecuencias y revisa sus elecciones.

Una elección inteligente no garantiza un resultado perfecto. Su calidad depende de la información disponible, los criterios utilizados, las consecuencias razonablemente previsibles y la disposición de revisar lo escogido. Una decisión mal razonada puede acertar por azar, mientras que una decisión bien fundamentada puede producir un resultado desfavorable por circunstancias que no podían anticiparse.

Cuando una persona piensa, decide, actúa o deja de actuar, su conducta no surge de un solo factor. Pueden intervenir conocimientos, normas, experiencias, emociones, hábitos, valores, necesidades, circunstancias y capacidades para evaluar, relacionar y razonar. Algunas respuestas son deliberadas; otras se ejecutan por costumbre, presión, aprendizaje previo o reacción automática.

El propósito no es afirmar que cada reflejo o movimiento involuntario sea una elección inteligente, sino estudiar las conductas que pueden examinarse, orientarse, sostenerse, corregirse o evaluarse en relación con una elección. En esas conductas, los cinco efectos y los cinco productos conductuales —desear, evitar, meditar, controlar y defender— permiten estudiar qué busca la persona, qué evita, qué examina, qué regula y qué protege.

¿Por qué dos personas expuestas a una información semejante pueden realizar elecciones diferentes? ¿Por qué una misma norma puede proteger en un contexto y producir daño cuando se aplica sin considerar las circunstancias? ¿Por qué alguien puede conocer las consecuencias de una conducta y, aun así, repetirla? Estas preguntas muestran que conocer, obedecer, comprender, valorar y escoger no son acciones equivalentes.

La palabra efecto posee distintos significados según el campo y el contexto en que se utilice. En su acepción más directa, designa aquello que se produce como consecuencia de una causa; también puede nombrar una impresión, una modificación, una influencia o un fenómeno particular. Por eso, antes de presentar los cinco grandes efectos, conviene distinguir algunos usos concretos del término.

En el deporte, se habla de efecto cuando el giro aplicado a una pelota modifica su recorrido. En el cine, un efecto visual, digital o mecánico permite producir una imagen, un movimiento o un ambiente que no estaba disponible de esa misma manera durante la grabación. El llamado efecto dominó describe una sucesión en la que un acontecimiento desencadena otros de manera encadenada.

La psicología también utiliza la palabra para identificar influencias que pueden alterar la percepción y la decisión. El efecto de anclaje muestra cómo una información inicial puede recibir más peso del que merece e influir en estimaciones posteriores. El efecto Horn describe cómo un rasgo negativo puede influir indebidamente en la valoración global de una persona.

Estos fenómenos comparten una palabra, pero no pertenecen a la misma categoría. El giro de una pelota no pertenece a la misma categoría que una influencia psicológica; una técnica cinematográfica no equivale a una consecuencia conductual o social; y una reacción en cadena no es idéntica a un sesgo de decisión. Discernir exige reconocer esas diferencias antes de utilizar un término como si explicara lo mismo en todas las situaciones.

A partir de aquí, efecto tendrá dos sentidos estrechamente relacionados. Primero, será la influencia que el conocimiento, la ley, la inteligencia, la sabiduría o los principios ejercen sobre una elección. Segundo, será el conjunto de consecuencias que esa intervención produce en la persona, en otras personas o en su entorno.

Un efecto puede ser beneficioso, perjudicial o mixto; previsto o imprevisto; inmediato o tardío; directo o indirecto. Su valoración no depende solamente de la intención de quien actúa, sino también del contexto, los criterios utilizados, las personas afectadas y las consecuencias producidas.

Entre esta diversidad, destaco cinco grandes efectos: conocimiento, ley, inteligencia, sabiduría y principios. Los llamo grandes no porque actúen solos ni porque expliquen por sí mismos toda la conducta humana, sino porque intervienen de manera amplia en la comprensión de las situaciones, la formación de criterios, la valoración de alternativas, la ejecución de las decisiones y la responsabilidad por sus consecuencias.

El conocimiento amplía o limita lo que una persona puede comprender; la ley establece marcos, obligaciones, permisos y prohibiciones; la inteligencia permite discernir y escoger entre alternativas; la sabiduría ayuda a valorar el uso, la oportunidad y las consecuencias de lo escogido; y los principios de la vida proporcionan criterios y límites fundamentales para orientar, sostener o revisar la conducta, además de permitirnos reconocer condiciones y consecuencias que no desaparecen simplemente porque decidamos ignorarlas.

La interacción entre los efectos y los productos puede observarse con mayor claridad en una situación concreta.

Imaginemos a una persona que decide crear una empresa. Su conducta no se explica únicamente diciendo que quiere emprender. Puede desear independencia económica, evitar una situación laboral inestable, meditar sobre el mercado y los riesgos, controlar los recursos disponibles y defender el proyecto, su patrimonio o los principios con los que desea trabajar.

En esa misma elección actúan los cinco grandes efectos. El conocimiento le permite comprender el mercado; la ley establece obligaciones y límites; la inteligencia facilita la comparación de alternativas; la sabiduría orienta la valoración de las consecuencias humanas y económicas; y los principios aportan criterios para decidir qué prácticas considera aceptables o inaceptables.

Crear la empresa es una conducta compleja. Los cinco productos no funcionan como cajas separadas, sino como operaciones que pueden aparecer simultáneamente. Los cinco efectos tampoco deciden por la persona: intervienen dentro de una voluntad, una situación y un contexto determinados.

Las preguntas no deben utilizarse para ocultar la falta de respuestas ni para presentar la confusión como profundidad. Una pregunta resulta útil cuando permite identificar un problema, distinguir alternativas, buscar información, revisar criterios y orientar una decisión.
Algunas respuestas pueden ser provisionales porque dependen del contexto o de información todavía incompleta. Sin embargo, eso no significa que todas posean el mismo valor: una respuesta sustentada por pruebas, argumentos y consecuencias examinadas tiene mayor solidez que una afirmación sin fundamento.

Una pregunta bien formulada orienta la investigación; una respuesta bien fundamentada permite comprender y actuar. La pregunta sin búsqueda puede convertirse en confusión, mientras que la respuesta sin pruebas puede convertirse en dogma. Ninguna sustituye a la otra: ambas forman parte del discernimiento.

Toda elección relaciona al menos una persona, una situación, uno o varios criterios y determinadas consecuencias. Algunas de esas consecuencias dependen parcialmente de quien decide; otras dependen de acciones ajenas, condiciones sociales o acontecimientos que nadie podía controlar.
Discernir exige distinguir qué podemos escoger, qué podemos influir, qué debemos aceptar, qué necesitamos evitar y qué debemos corregir. La inteligencia no consiste en controlar todo, sino en reconocer con precisión el alcance y los límites de nuestra intervención.

La calidad de vida no exige una existencia perfecta ni libre de dificultades. Puede evaluarse a partir de cómo una persona percibe su salud, vive sus relaciones, afronta sus condiciones, reconoce sus posibilidades y organiza sus responsabilidades y proyectos.

Los cinco efectos pueden influir en esas dimensiones, pero no las explican por sí solos. Su utilidad consiste en ayudar a examinar cómo el conocimiento, las normas, las elecciones, la valoración de las consecuencias y los principios modifican la manera en que una persona vive y responde ante sus circunstancias.

Analizar los efectos de una elección puede ayudarnos a reconocer patrones, describir consecuencias y evaluar qué necesita conservarse, fortalecerse, limitarse o corregirse. Algunos resultados pueden medirse mediante frecuencia, duración o intensidad; otros requieren comparación, observación y reflexión a lo largo del tiempo.

El propósito no es reducir a una persona a una lista de cualidades y defectos, sino comprender cómo actúa, qué criterios utiliza, qué consecuencias repite y qué posibilidades de corrección conserva.

Este proceso puede ayudarnos a observarnos con mayor honestidad, distinguir capacidades de limitaciones y asumir con más precisión aquello que podemos decidir, revisar o corregir. Pero ningún efecto actúa de manera completamente aislada. El conocimiento puede entrar en conflicto con la ley; una ley puede carecer de sabiduría; la inteligencia puede emplearse contra un principio; y un principio puede aplicarse sin comprender adecuadamente sus consecuencias.

Por eso, antes de estudiar cada efecto por separado, debemos examinar la relación y la tensión entre conocimiento, ley, inteligencia, sabiduría y principios.

RELACIÓN Y TENSIÓN ENTRE CONOCIMIENTO, LEY, INTELIGENCIA, SABIDURÍA Y PRINCIPIOS

«El conflicto comienza cuando saber, obedecer, escoger, valorar y permanecer fiel a un principio no conducen al mismo resultado».
—Pierre Paul Dasny

Muchas personas desean ser inteligentes; otras creen que ya lo son. Sin embargo, la inteligencia no posee por sí sola una dirección moral. Puede utilizarse para resolver un problema, proteger una vida o construir una institución, pero también para ejecutar con eficacia una decisión perjudicial. Por eso no basta preguntar para qué sirve la inteligencia. También debemos examinar qué conocimiento la alimenta, qué ley delimita su actuación, qué sabiduría valora sus consecuencias y qué principios orientan su uso.

Los conflictos familiares, la vulnerabilidad social, los riesgos tecnológicos, la violencia, la desigualdad y el deterioro ambiental no demuestran necesariamente que la humanidad carezca de conocimientos. En muchos casos revelan un problema más profundo: podemos saber cómo producir algo sin haber decidido responsablemente para qué utilizarlo; podemos crear normas sin garantizar su aplicación justa; y podemos escoger medios eficaces para alcanzar fines que no han sido examinados con sabiduría ni confrontados con principios.

El problema no consiste simplemente en tener demasiado conocimiento o demasiada inteligencia. El conocimiento amplía los medios disponibles y la inteligencia puede ayudar a seleccionar estrategias, pero ninguno determina por sí solo el fin que se persigue.

La ley puede autorizar o restringir; la sabiduría puede ponderar el momento, la proporción y las consecuencias; y los principios pueden establecer límites que una persona decide no sobrepasar.

La verdadera tensión surge cuando esos efectos no conducen a la misma respuesta. Podemos saber qué hacer y, aun así, no tener derecho a hacerlo; podemos estar autorizados por una ley y considerar que actuar sería imprudente; podemos encontrar una solución eficaz que contradiga aquello que afirmamos defender.

La inteligencia no nos coloca al margen del error. Sin embargo, equivocarse tampoco nos vuelve sabios por sí solo. Un error puede convertirse en aprendizaje cuando se reconoce, se examinan sus causas, se reparan sus consecuencias cuando es posible y se modifica la conducta que lo produjo.

Para comprender esta relación debemos evitar que los cinco conceptos respondan a una sola pregunta. El conocimiento nos permite preguntar qué sabemos, cómo lo aprendimos y qué información todavía nos falta. La ley nos obliga a examinar qué está permitido, prohibido, ordenado o protegido dentro de un marco jurídico. La inteligencia interviene cuando debemos comparar alternativas, escoger y revisar la elección. La sabiduría pregunta si el uso de aquello que sabemos y podemos hacer resulta oportuno, proporcionado y responsable. Los principios, por su parte, ofrecen criterios de coherencia para decidir qué estamos dispuestos a defender y qué no deberíamos sacrificar, incluso cuando una opción parezca conveniente.

Estos cinco efectos no son enemigos; sin embargo, pueden conducir a respuestas diferentes ante una misma situación.

Una ley puede responder al bien común, pero también puede estar influida por intereses económicos, políticos o institucionales. Esa posibilidad no convierte la ley en una mercancía ni permite medir su valor mediante el precio que alguien esté dispuesto a pagar.

Para evaluar una norma debemos examinar, entre otros aspectos, su origen, su finalidad, su claridad, la autoridad que la establece, los derechos que protege o limita, la proporcionalidad de sus medidas, la manera en que se aplica y las consecuencias que produce. Del mismo modo, el valor del conocimiento no depende únicamente de cuánto cuesta obtenerlo, ni el valor de la inteligencia de cuánta ventaja permite alcanzar. Ambos deben evaluarse también por su uso, sus límites y sus efectos sobre otras personas.

La ley es una norma jurídica creada o reconocida por una autoridad competente dentro de un ordenamiento. Puede establecer derechos, obligaciones, permisos, prohibiciones y procedimientos. No todas las leyes poseen la misma jerarquía, alcance o forma de aplicación, y su existencia formal tampoco garantiza por sí sola que sean justas, sabias o correctamente aplicadas.
En numerosos ordenamientos se establece que ignorar una ley no libera automáticamente de su cumplimiento. El Código Civil español, por ejemplo, dispone en su artículo 6.1 que la ignorancia de las leyes no excusa de cumplirlas y que el error de derecho producirá únicamente los efectos que determine la legislación. El alcance concreto de este principio y sus posibles excepciones dependen de cada sistema jurídico.

Una ley jurídica no es lo mismo que un principio de la vida. Llamo principios de la vida al conjunto de condiciones, regularidades y criterios fundamentales que orientan, limitan o condicionan la existencia y la conducta humana. Algunos operan como realidades naturales o biológicas; otros expresan relaciones prácticas entre acciones y consecuencias; y otros orientan la conciencia, la convivencia y la responsabilidad. Si una persona retira el soporte que la mantiene a cierta altura, no puede anular la caída únicamente porque rechace sus consecuencias. Si deja de alimentarse durante un tiempo incompatible con la supervivencia, su organismo no obedecerá a su deseo de ignorar esa necesidad. Si vive sola y nadie lava los platos, estos no se limpiarán mediante la simple intención. Si incumple un contrato de alquiler, las consecuencias dependerán de la ley y del procedimiento aplicable, pero no desaparecerán únicamente porque decida no reconocerlas.

Estos ejemplos no pertenecen todos a una misma categoría. Una regularidad física no es un juicio de conciencia; una necesidad biológica no es una obligación contractual; y un criterio moral no es una norma promulgada por el Estado. Sin embargo, todos muestran que nuestras elecciones se realizan dentro de condiciones, relaciones y límites cuyas consecuencias no siempre dependen de nuestra aceptación.

Algunos Estados poseen leyes que organizan o regulan sus servicios de inteligencia. En ese contexto, la palabra inteligencia se refiere a instituciones, actividades de obtención de información, seguridad o protección estatal; no significa lo mismo que la capacidad humana de discernir y escoger. Dos expresiones pueden compartir una palabra y pertenecer a categorías distintas. Una ley sobre servicios de inteligencia no es inteligencia humana, del mismo modo que conocer una norma no equivale a comprender su finalidad ni a aplicarla sabiamente.

Nadie comienza pensando completamente por sí solo ni construye su pensamiento desde cero. Nacemos dependientes de personas que nos alimentan, nos protegen, nos enseñan un lenguaje e interpretan el mundo antes de que podamos hacerlo conscientemente. Durante años, la familia, la educación, la cultura, las instituciones y el entorno influyen en lo que consideramos verdadero, permitido, peligroso o deseable. Esa dependencia inicial no significa que estemos condenados a permitir que otros piensen indefinidamente por nosotros. La madurez intelectual exige reconocer qué ideas recibimos, cuáles aceptamos, cuáles rechazamos y con qué fundamentos. Pensar por uno mismo no consiste en despreciar todo lo aprendido de otros, sino en dejar de aceptarlo únicamente porque procede de una autoridad, una costumbre o una mayoría.

Cada vez que una ciudadanía elige representantes, no entrega literalmente su capacidad de pensar; delega determinadas decisiones públicas dentro de un sistema de autoridad y límites. El problema aparece cuando la delegación se convierte en renuncia al juicio, cuando obedecer sustituye comprender o cuando alguien acepta que una institución determine por completo lo que debe pensar, valorar y escoger. ¿Hasta qué punto es legítimo que otros decidan por nosotros, y en qué momento delegar se convierte en dejar de discernir?

Cuando dos normas, jurisdicciones o intereses parecen entrar en conflicto, no basta con defender mecánicamente una disposición. Es necesario identificar qué norma resulta aplicable, qué jerarquía posee, qué derechos están comprometidos, qué finalidad persigue y qué consecuencias produciría su interpretación.

Un semáforo permite observar esta relación de manera sencilla. La señal distribuye el derecho de paso, coordina movimientos incompatibles y reduce el riesgo de que todos intenten ocupar el mismo espacio al mismo tiempo. Si el dispositivo se avería, la intervención de un agente introduce una decisión situacional para conservar la finalidad de la regla: ordenar la circulación y proteger a quienes utilizan la vía. Pero ¿qué ocurre si el semáforo deja de funcionar y tampoco aparece un agente? La ausencia momentánea de una señal externa no elimina el peligro ni convierte el cruce en un espacio sin responsabilidad. Permanecen las normas de tránsito aplicables, el deber de precaución, la necesidad de observar a los demás y el principio práctico de que dos vehículos no pueden ocupar de manera segura el mismo lugar al mismo tiempo. Si cada conductor insiste en cruzar primero, nadie quiere ceder y todos actúan únicamente desde su interés inmediato, aumentan la confusión, el bloqueo y el riesgo de colisión. La situación revela una diferencia decisiva: una norma puede organizar desde fuera, pero su finalidad solo se conserva plenamente cuando las personas comprenden el riesgo y aceptan limitar su propia ventaja. El semáforo representa la ley; el conocimiento permite reconocer el funcionamiento del cruce; la inteligencia compara cuándo avanzar, detenerse o ceder; la sabiduría valora el peligro y la oportunidad; y los principios de la vida recuerdan que proteger la integridad propia y ajena posee más valor que ganar unos segundos.

La convivencia necesita leyes, en parte, porque las personas no reconocen ni aplican siempre los mismos principios. Podemos priorizar nuestro beneficio, negarnos a ceder, esperar recibir sin contribuir o ignorar las necesidades de otros. Una norma pública establece límites comunes precisamente allí donde la conciencia individual puede ser insuficiente, contradictoria o utilizada para justificar intereses particulares. La ley no debería reducirse a castigar. También puede proteger derechos, coordinar conductas, distribuir responsabilidades, establecer procedimientos y ofrecer vías para resolver conflictos. Sin embargo, obedecer únicamente por miedo a una sanción no demuestra que la persona haya comprendido la finalidad de la norma. La regulación exterior puede contener una conducta sin transformar el criterio que la produce. Una persona no pierde su dignidad ni debe ser tratada como un objeto desechable cuando sus capacidades disminuyen o cuando comete una infracción. El agotamiento, el estrés, la enfermedad o determinadas experiencias pueden debilitar algunas capacidades; del mismo modo, una conducta perjudicial puede exigir límites, responsabilidad y reparación. Ninguna de esas situaciones convierte automáticamente al ser humano en alguien incapaz de aprender, recibir ayuda, asumir consecuencias o modificar su conducta.

Una ley responsable debe proteger a la sociedad y aplicar las consecuencias correspondientes, pero también, cuando sea posible y pertinente, considerar la reparación, la rehabilitación y la reintegración.

La pregunta permanece: si una ley únicamente consigue obediencia momentánea, pero no protege, no corrige ni ayuda a comprender las consecuencias, ¿qué parte de su finalidad está cumpliendo y qué parte ha perdido?

Una persona que ha interiorizado principios de la vida vinculados con la responsabilidad, el cuidado y el respeto puede necesitar menos vigilancia externa para actuar correctamente en determinadas situaciones. Sin embargo, eso no elimina la necesidad social de las leyes. Los principios orientan la conciencia; la ley establece reglas públicas, instituciones y procedimientos para personas que pueden sostener valores, intereses e interpretaciones diferentes de lo justo. El problema no consiste en escoger entre principios o leyes. Una sociedad puede tener muchas leyes y poca justicia, o proclamar grandes principios sin mecanismos capaces de protegerlos. La contradicción se vuelve visible cuando una ley vulnera la dignidad o la protección que afirma defender, cuando alguien invoca un principio para ignorar derechos ajenos o cuando cumple formalmente una norma mientras traiciona su finalidad.

El conocimiento aporta información, técnicas y posibilidades, pero también puede abrir nuevas preguntas. La duda puede impulsar la investigación, aunque no constituye el destino obligatorio de todo conocimiento. La ley regula conductas; la inteligencia compara alternativas y permite escoger; la sabiduría valora el uso, el momento, la proporción y las consecuencias; y los principios de la vida confrontan la elección con condiciones, límites y criterios fundamentales. La sabiduría no es inteligencia, aunque ambas se relacionan. Una persona puede resolver problemas con eficacia y, al mismo tiempo, carecer de prudencia, perspectiva o consideración por los demás. Del mismo modo, actuar sabiamente no significa conocerlo todo ni ser intelectualmente infalible.

Esta relación entre inteligencia y sabiduría tampoco significa que todas las leyes nazcan de una valoración sabia ni que se apliquen mediante elecciones inteligentes. Pueden surgir de necesidades sociales, compromisos políticos, conflictos, conocimientos disponibles, errores históricos, relaciones de poder o intereses particulares. Su existencia formal no garantiza automáticamente que sean justas ni que su aplicación produzca consecuencias favorables.

La protección de la integridad, los derechos y la convivencia constituye una de las finalidades más importantes de la ley, aunque no sea la única. La ley también puede coordinar conductas, autorizar acciones, organizar instituciones, distribuir responsabilidades y establecer procedimientos para prevenir o resolver conflictos. Sin embargo, la validez jurídica de una norma no garantiza automáticamente su justicia moral. Una ley puede haber sido aprobada por la autoridad competente y, aun así, ser cuestionada por la desproporción de sus medidas, por los derechos que vulnera, por los intereses que protege o por las consecuencias que produce. Por eso, obedecer una norma y examinar críticamente su legitimidad no son necesariamente acciones incompatibles.

El discernimiento ocupa un lugar central dentro de la inteligencia, pero no la agota. Permite distinguir información, alternativas, criterios y consecuencias; la inteligencia incluye además la capacidad de escoger con fundamento, ejecutar o revisar lo escogido y responder responsablemente por sus consecuencias previsibles. La adaptación tampoco depende de un solo efecto. Puede requerir conocimiento del entorno, límites jurídicos, elección inteligente, valoración sabia y principios de la vida que permitan reconocer qué consecuencias no podemos ignorar, qué condiciones pueden modificarse y qué no estamos dispuestos a sacrificar para adaptarnos.

La palabra adaptación también exige discernimiento. En biología evolutiva, adaptación puede referirse tanto al proceso por el cual determinados rasgos heredables se vuelven más frecuentes a lo largo de generaciones como a los rasgos resultantes que favorecen la supervivencia o la reproducción en determinadas condiciones. En psicología y en la vida social puede referirse al ajuste de una persona ante circunstancias nuevas mediante aprendizaje, regulación y cambio de conducta. No debemos confundir ambas categorías. El pelaje, la forma corporal o la tolerancia al frío de un animal no constituyen decisiones personales. Del mismo modo, el agua ocupa la forma del recipiente que la contiene sin comprender ni escoger. Una modificación orgánica o fisiológica puede ser adaptativa sin demostrar discernimiento.

En los seres humanos, adaptarse puede incluir inteligencia cuando la persona reconoce un cambio, compara alternativas y modifica su conducta con algún fundamento. Sin embargo, no toda adaptación es inteligente: también podemos adaptarnos por presión, miedo, hábito, agotamiento o necesidad, incluso aceptando condiciones perjudiciales.

Los cambios de color de ciertos animales muestran por qué no debe confundirse una respuesta fisiológica con una elección reflexiva. En los camaleones, el color puede participar en camuflaje, comunicación social y regulación térmica. La investigación ha mostrado que esos cambios dependen de mecanismos celulares y estructurales de la piel; no son simplemente el resultado de un "esfuerzo personal" semejante a una decisión humana. Los peces planos también pueden modificar rápidamente su coloración y patrón para aproximarse al fondo sobre el que se encuentran. Esa capacidad constituye un mecanismo de camuflaje dinámico, pero no demuestra por sí sola que el animal haya comparado conscientemente alternativas bajo los criterios que aplicamos a una elección inteligente.

La comparación con los animales resulta útil únicamente si conserva sus límites. Nos permite distinguir adaptación biológica, respuesta fisiológica, aprendizaje y elección reflexiva, sin convertir todos esos procesos en sinónimos de inteligencia.

La pregunta, entonces, no es bajo cuál único efecto nos adaptamos. Debemos preguntar qué condiciones no podemos ignorar, qué consecuencias podemos prever y cómo interviene cada uno de los cinco grandes efectos. El conocimiento permite reconocer la situación y las alternativas; la ley establece derechos, obligaciones y límites públicos; la inteligencia ayuda a escoger y revisar una respuesta; la sabiduría valora su oportunidad, su proporción y sus consecuencias; y los principios de la vida permiten distinguir entre aquello que podemos transformar, aquello que debemos respetar y aquello que no desaparece simplemente porque decidamos negarlo. Una persona puede adaptarse a una nueva familia, sociedad, institución o situación de peligro, pero la simple supervivencia no demuestra que haya escogido bien. Adaptarse puede protegernos, aunque también puede llevarnos a normalizar una injusticia, tolerar un daño, obedecer sin comprender o renunciar a un principio para evitar un conflicto inmediato. No somos únicamente productos de nuestras circunstancias ni controlamos por completo todo lo que nos sucede. Recibimos influencias, límites y decisiones ajenas desde antes de poder examinarlas; después desarrollamos distintos grados de capacidad para aceptarlas, cuestionarlas, transformarlas o responder ante ellas.

Por eso, antes de decidir cómo adaptarnos, necesitamos reconocer qué sabemos, qué ignoramos y qué consecuencias puede producir ese conocimiento cuando interviene en nuestras elecciones. Ese será el punto de partida del capítulo siguiente.

EFECTO DEL CONOCIMIENTO

«Nada es más peligroso que una idea cuando no se tiene más que una».
—Alain (Émile Chartier), Propos sur la religion, n.º 74, 1938

Los seres humanos actuamos bajo la influencia de lo que conocemos, de lo que ignoramos y de aquello que erróneamente damos por conocido. Estas tres condiciones no son equivalentes: saber, desconocer y creer que sabemos pueden conducir a decisiones completamente diferentes.

Para los fines de este capítulo, el conocimiento comprende información, entendimientos y habilidades adquiridos mediante el estudio, la experiencia, la observación, el testimonio o la práctica, y que pueden utilizarse para interpretar una situación o actuar sobre ella. Una afirmación falsa o sin fundamento también puede influir en la conducta, pero no debe convertirse en conocimiento únicamente porque una persona crea en ella.

El efecto del conocimiento es la influencia y el conjunto de consecuencias que se producen cuando aquello que sabemos modifica nuestra interpretación de una situación, las alternativas que reconocemos, los medios que utilizamos o las decisiones que ejecutamos. El conocimiento puede ampliar una elección, pero no escoge por nosotros. Otros animales, incluidos numerosos insectos, pueden aprender, recordar y utilizar información del ambiente. Sin embargo, sería impreciso atribuir indistintamente a todas las especies acciones humanas tan diferentes como criticar, culpar, editar, inventar o manipular. El análisis se concentrará principalmente en la forma en que el conocimiento interviene en las elecciones humanas.

¿Puede existir ciencia sin producir conocimiento? ¿Todo conocimiento es científico? ¿Puede una persona conocer profundamente una materia y continuar siendo ignorante en otras? ¿Puede poseer conocimientos y, aun así, escoger sin inteligencia?

Thomas Hobbes escribió en Leviatán que la ciencia es conocimiento de las consecuencias y de la dependencia de un hecho respecto de otro. Su formulación destaca la importancia de comprender relaciones causales, pero no significa que ciencia y conocimiento sean palabras intercambiables.

Afirmar que el conocimiento científico es conocimiento no permite concluir que todo conocimiento sea científico. La relación puede entenderse mediante una comparación sencilla: todo gato es un mamífero, pero no todo mamífero es un gato.
Del mismo modo, todo conocimiento científico pretende ser conocimiento, pero existen conocimientos cotidianos, prácticos, técnicos, personales y procedimentales que no constituyen por sí solos una ciencia. La ciencia tampoco es únicamente un conjunto terminado de proposiciones verdaderas. Incluye preguntas, hipótesis, métodos, observaciones, experimentos, argumentaciones, revisiones y correcciones mediante los cuales se intenta producir conocimiento confiable. Por eso, no toda afirmación formulada por un científico es automáticamente conocimiento científico, ni todo saber no científico carece necesariamente de utilidad o fundamento.

En su columna «From Nuts to Soup», publicada por The New York Times el 31 de agosto de 1924, el humorista estadounidense Will Rogers escribió: «Todos somos ignorantes, solo que en asuntos diferentes». La frase no afirma que todas las personas posean el mismo grado de conocimiento, sino que nadie domina todos los campos. Una persona puede conocer profundamente una materia y desconocer casi por completo otra. La ignorancia, por tanto, no debe convertirse en una identidad permanente ni en una condena sobre la capacidad total de alguien: describe la relación entre una persona y aquello que todavía no conoce.

Imaginemos a alguien capaz de reconocer todas las marcas de automóviles, explicar su historia y recordar los nombres de sus fabricantes, pero que no sabe conducir. Esa persona posee conocimientos declarativos sobre los vehículos, pero carece de la habilidad procedimental necesaria para manejarlos. Saber qué es algo y saber cómo hacerlo son formas distintas de conocimiento que pueden relacionarse sin ser equivalentes. No saber conducir tampoco demuestra por sí solo que la persona carezca de inteligencia. Revela una limitación concreta dentro de una actividad determinada. La inteligencia no debe medirse únicamente por la cantidad de datos memorizados ni por la ausencia de una habilidad aislada, sino por la manera en que la persona comprende la situación, reconoce lo que desconoce, aprende, compara alternativas y utiliza lo aprendido.

Una valoración exagerada de las propias capacidades puede relacionarse con el llamado efecto Dunning-Kruger, pero no debe reducirse a la frase «cuanto menos sabemos, más inteligentes creemos ser». Los estudios originales observaron que personas con bajo rendimiento en ciertas tareas podían sobreestimar su desempeño, en parte porque las mismas limitaciones que afectaban la ejecución dificultaban reconocer los propios errores. No significa que toda persona ignorante se considere brillante ni que toda persona competente viva necesariamente llena de dudas.

Poseer conocimiento y saber aplicarlo son capacidades relacionadas, pero diferentes. La aplicación exige comprender el contexto, reconocer límites, escoger medios y evaluar consecuencias. Una persona puede saber mucho acerca de una actividad y, aun así, utilizar ese saber de manera ineficaz, imprudente o perjudicial. El conocimiento no es una fuerza independiente que produzca por sí sola todos los acontecimientos positivos y negativos del mundo. Puede aumentar la capacidad de curar, construir, prevenir y resolver, pero también la capacidad de vigilar, engañar, explotar o destruir. Sus consecuencias dependen de la finalidad perseguida, de la persona que lo utiliza, de las circunstancias y de su relación con la ley, la inteligencia, la sabiduría y los principios.

Cuando estudiaba en la universidad, un profesor de lengua española me llamó «el más bruto de la clase» después de que reprobara su asignatura. En varias ocasiones me observó mirando el abanico del techo y supuso que aquello demostraba falta de interés. Sin embargo, no miraba el aparato porque fuera más importante que la clase, sino porque me preguntaba por qué giraba en aquella dirección y qué mecanismo producía su movimiento.

Mi idioma materno era el francés. Ya hablaba otros dos idiomas y estaba aprendiendo español como cuarto idioma. Nada de eso eliminaba mi dificultad en aquella asignatura ni la necesidad de mejorar; pero reprobar una materia tampoco permitía convertir una limitación concreta en una definición absoluta de todas mis capacidades.

Bertrand Russell escribió que una causa fundamental de los problemas del mundo moderno es que los necios se muestran seguros mientras las personas inteligentes están llenas de dudas. La frase no significa que dudar demuestre automáticamente inteligencia ni que toda seguridad revele necedad. Advierte que la confianza puede superar lo que realmente sabemos y cerrar la puerta a la corrección.

Años después, en 2015, desarrollé Dasnyapp, una aplicación destinada a ofrecer orientación y servicios terapéuticos en línea mediante chat para dispositivos Android. Ese logro no demuestra que yo fuera inteligente en todas las áreas ni que aquel profesor careciera de conocimientos. Demuestra algo más preciso: una evaluación realizada dentro de una asignatura no puede utilizarse para determinar definitivamente la capacidad total ni el futuro de una persona.

Acumular conocimientos puede mejorar la competencia de una persona, pero también puede alimentar una confianza que excede las pruebas disponibles. Cuando alguien confunde lo que domina con una autoridad absoluta, puede despreciar la corrección, ignorar perspectivas diferentes y extender su seguridad hacia materias que realmente desconoce. Esta conducta puede describirse como sobreconfianza, arrogancia intelectual o incapacidad para reconocer los propios límites. No debe diagnosticarse automáticamente como síndrome de Hubris. David Owen y Jonathan Davidson propusieron ese concepto para describir un patrón asociado especialmente con el ejercicio prolongado de poder en dirigentes políticos; no es una enfermedad genérica aplicable a cualquier persona que crea saberlo todo.

El efecto del conocimiento se vuelve peligroso cuando la confianza crece más rápido que la evidencia, cuando la persona deja de distinguir lo que sabe de lo que supone y cuando interpreta toda corrección como una amenaza contra su identidad. La distinción establecida anteriormente es suficiente: el conocimiento científico es una forma de conocimiento, pero no todo conocimiento es científico. Una igualdad matemática como 2 + 2 = 4 expresa una relación entre cantidades; no demuestra por analogía cuál es la relación entre ciencia y conocimiento.

La pregunta más importante no es cuánta información ha acumulado una persona, sino qué conoce realmente, cómo lo justifica, cuáles son sus límites y qué consecuencias produce cuando utiliza ese saber.

Un mismo conocimiento puede intervenir en resultados muy diferentes. El conocimiento jurídico puede emplearse para proteger los derechos de una persona o para aprovecharse de quien desconoce la ley. El conocimiento de los datos de usuarios puede mejorar un servicio o utilizarse para manipular su conducta. El conocimiento de una técnica de comunicación puede ayudar a resolver un conflicto o perfeccionar una mentira. Por eso, el resultado no depende únicamente de poseer conocimiento. También intervienen su precisión, su relevancia, la finalidad perseguida, las condiciones de aplicación, las personas afectadas y las consecuencias previsibles.

El llamado efecto de opción predeterminada ofrece un ejemplo relacionado con la elección. Cuando una alternativa aparece seleccionada de antemano, aumenta la probabilidad de que muchas personas la conserven. El fenómeno no depende simplemente de «cómo lo utilice» quien decide; describe una influencia de la arquitectura de elección. Sin embargo, conocer ese efecto puede servir para diseñar opciones transparentes y beneficiosas o para dirigir decisiones de manera manipuladora. El conocimiento, por tanto, no determina por sí solo su uso. La inteligencia compara alternativas; la ley establece límites y responsabilidades; la sabiduría valora el momento, la proporción y las consecuencias; y los principios confrontan la finalidad de la elección. La combinación puede ampliar un beneficio o multiplicar un daño.

Immanuel Kant afirmó que nuestro conocimiento comienza con los sentidos, pasa al entendimiento y culmina en la razón. Esta formulación pertenece a su sistema filosófico y permite distinguir la recepción de información, su organización conceptual y el razonamiento que relaciona unas afirmaciones con otras. No debe presentarse, sin embargo, como una descripción científica definitiva de todo aprendizaje humano. No todo conocimiento exige un razonamiento consciente en cada momento. Podemos adquirir habilidades mediante la práctica, reconocer patrones aprendidos o ejecutar procedimientos sin reconstruir deliberadamente todos sus fundamentos. Saber que algo es así y saber cómo realizarlo pueden apoyarse en procesos diferentes.

La razón cumple una función decisiva cuando necesitamos examinar pruebas, relacionar premisas, descubrir contradicciones y justificar conclusiones. Pero razonar no vuelve infalible una afirmación: también podemos comenzar con información falsa, utilizar premisas incompletas o cometer errores al inferir. La validez de un conocimiento exige revisar tanto el razonamiento como la calidad de aquello en lo que se apoya.

El conocimiento influye en lo que podemos comprender y realizar, pero no explica por sí solo todo lo que somos. También intervienen nuestra constitución biológica, las emociones, las relaciones, las experiencias, el contexto, las leyes, la inteligencia, la sabiduría y los principios. El conocimiento puede clasificarse de diferentes maneras según el criterio utilizado. Mezclar todas las categorías en una sola lista produce confusión porque algunas describen la forma del conocimiento, otras su origen y otras el asunto al que se refieren.

Según su forma, puede distinguirse entre conocimiento declarativo —saber que algo es de determinada manera— y conocimiento procedimental —saber cómo realizar una actividad—. Según su grado de expresión o conciencia, puede hablarse de conocimiento explícito, tácito o implícito. Según su origen, puede proceder de la percepción, la experiencia, el testimonio, la memoria, la reflexión o la práctica. Según su campo, puede ser científico, filosófico, artístico, jurídico, técnico, médico, político, interpersonal, intrapersonal o religioso. Estas clasificaciones no son compartimentos aislados. Un conocimiento médico puede ser científico, explícito y declarativo, mientras una habilidad clínica puede ser procedimental y contener componentes tácitos adquiridos mediante la experiencia.

El efecto del conocimiento no depende solamente de la categoría a la que pertenezca. Depende también de su confiabilidad, de su pertinencia para la situación y de la manera en que interviene en una elección. Confundir conocimiento con sabiduría constituye uno de los errores centrales que debemos evitar. El conocimiento puede ayudarnos a ganarnos la vida, protegerla, transformarla o perjudicarla; pero no determina por sí solo cómo debemos vivir. La sabiduría interviene cuando valoramos el uso, el momento, la proporción y las consecuencias de aquello que sabemos.

El conocimiento revela posibilidades y amplía los medios disponibles. Sin embargo, una vez que sabemos lo que puede hacerse, surge otra pregunta: ¿qué está permitido, prohibido, exigido o protegido? Esa pregunta nos conduce al efecto de la ley.

EFECTO DE LA LEY

«La ley es el último resultado de la sabiduría humana actuando sobre la experiencia humana para beneficio del público».
—Samuel Johnson, citado por Hester Lynch Piozzi en Anecdotes of the Late Samuel Johnson (1786; traducción propia)

La expresión efecto de la ley no debe confundirse con la ley del efecto formulada por Edward Thorndike dentro de la psicología del aprendizaje. En su planteamiento original, las respuestas seguidas por consecuencias satisfactorias tendían a fortalecerse, mientras las asociadas con consecuencias molestas podían debilitarse. Thorndike revisó posteriormente parte de su formulación, especialmente la idea de que el castigo operara como un reflejo exactamente inverso de la recompensa.

La ley del efecto intenta describir cómo las consecuencias pueden modificar la probabilidad de una conducta. El efecto de la ley, en cambio, designa la influencia y el conjunto de consecuencias que se producen cuando una norma jurídica, un procedimiento, una institución o una sanción intervienen en las elecciones y en la conducta de las personas.

Actuar dentro de un orden jurídico puede ofrecer protección, coordinación, previsibilidad y mecanismos para resolver conflictos. Sin embargo, la simple existencia de una ley no demuestra que sea justa, eficaz ni correctamente aplicada. Una norma puede proteger a unas personas y perjudicar injustificadamente a otras; también puede perseguir una finalidad legítima y fracasar por su contenido, su interpretación o su ejecución.

La ley no "juzga la voluntad" del ser humano ni pretende necesariamente ser perfecta. Es un instrumento institucional creado, interpretado y aplicado por personas y organismos que pueden acertar, equivocarse, actuar con prudencia o responder a intereses particulares. Regular una conducta tampoco consiste exclusivamente en castigar. La ley puede reconocer derechos, conceder permisos, imponer obligaciones, establecer procedimientos, crear incentivos, reparar daños y aplicar sanciones. El castigo puede contener temporalmente una conducta, pero no garantiza que la persona comprenda la finalidad de la norma ni transforme el criterio que orienta sus decisiones.

Una ambulancia en servicio de emergencia permite observar que la igualdad ante la ley no significa aplicar mecánicamente la misma respuesta a todas las personas y situaciones. Cuando existe una urgencia real, proteger una vida puede justificar que un vehículo de emergencia reciba prioridad y quede sujeto a reglas diferentes de las que gobiernan la circulación ordinaria.
Esa prioridad no constituye favoritismo. Se apoya en una condición relevante —el peligro inmediato para la vida o la salud— y en una finalidad legítima: evitar un daño mayor. Del mismo modo, atender primero a una persona en estado crítico no significa considerar menos humanas a las demás que esperan. Significa reconocer que una diferencia objetiva puede exigir una respuesta proporcionada. La igualdad jurídica admite diferencias de trato cuando se basan en criterios razonables, objetivos y vinculados con una finalidad legítima; lo que prohíbe es la diferencia arbitraria o discriminatoria.

La excepción, sin embargo, tampoco elimina la responsabilidad. Una ambulancia no adquiere el derecho de crear otra emergencia mientras intenta resolver la primera. Su conductor debe advertir su presencia, valorar el riesgo y actuar con la precaución necesaria. La ley puede flexibilizar una regla ordinaria sin abandonar la finalidad protectora que justificó esa regla.

Aquí aparece una paradoja más profunda. La ley puede proteger la vida, la libertad y la propiedad, pero también puede restringirlas mediante multas, detención, prisión, expropiación u otras sanciones. En algunos ordenamientos jurídicos incluso autoriza la pena de muerte; en otros, permite el uso de fuerza potencialmente letal bajo condiciones limitadas. Por tanto, no es falso afirmar que la misma estructura jurídica que protege puede también castigar y, bajo determinados sistemas, autorizar que el Estado quite una vida. La existencia internacional de legislaciones que mantienen y aplican la pena capital demuestra que esa posibilidad no pertenece únicamente a una metáfora.

La imperfección de la ley no consiste simplemente en que trate de manera diferente a una persona enferma, a una ambulancia o a quien se encuentra en una condición excepcional. La imperfección aparece cuando la diferencia no responde a una necesidad legítima, cuando la excepción se concede por dinero, influencia, nacionalidad, poder político o interés privado, o cuando una regla concebida para proteger se utiliza para favorecer a quienes controlan su creación o aplicación. La ley no posee ego, ambición ni interés propio. Esas características pertenecen a quienes la redactan, negocian, interpretan y ejecutan. Cuando un legislador condiciona su voto a un beneficio personal, no está "vendiendo" la ley como si fuera un objeto material: está comercializando el poder público que recibió para producirla. El resultado puede conservar la forma de una norma válida y, al mismo tiempo, llevar dentro un interés privado contrario a su finalidad pública.

La pregunta correcta, entonces, no es si la ley debe tratar siempre a todos de manera idéntica. Debemos preguntar si aplica los mismos criterios a situaciones equivalentes, si las diferencias están justificadas y si las excepciones protegen una necesidad real o encubren un privilegio. Una ley puede ser general sin ser ciega, flexible sin ser arbitraria y firme sin convertirse en crueldad.

La ley no es completamente estática. Necesita estabilidad para que las personas puedan conocer las reglas, organizar su conducta y prever razonablemente las consecuencias de sus actos. Pero esa estabilidad no puede convertirse en inmovilidad: una norma también puede ser interpretada, modificada, derogada o sustituida cuando cambian las circunstancias, aparecen conocimientos nuevos o se reconocen errores y consecuencias que no habían sido previstas.

La seguridad jurídica exige leyes accesibles, claras, relativamente estables y aplicadas de manera consistente. Sin esas condiciones, las personas no pueden planificar sus decisiones ni confiar en que casos semejantes recibirán respuestas semejantes. Sin embargo, la estabilidad no es un fin absoluto: conservar indefinidamente una norma injusta, ineficaz o desproporcionada no la convierte en correcta. La Comisión de Venecia reconoce precisamente que la estabilidad y la previsibilidad forman parte del Estado de derecho, pero advierte que la estabilidad no debe impedir los cambios necesarios.

Tampoco toda ley nace de la sabiduría ni la inteligencia constituye siempre su fuerza motriz. Las normas pueden surgir de necesidades sociales, conocimientos disponibles, deliberaciones públicas y acuerdos legítimos, pero también de conflictos, negociaciones opacas, relaciones de poder, intereses económicos o errores históricos.

Por eso, su efecto depende de algo más que de su intención declarada. Debemos examinar qué finalidad persigue, cómo fue creada, qué intereses participaron, a quién protege, a quién limita, cómo se aplica y qué consecuencias produce. La distancia entre el texto de una norma y su ejecución puede convertir una promesa legítima en una experiencia injusta.

Hace algunos años entrevisté a un joven haitiano que se encontraba próximo a concluir una carrera universitaria de larga duración en la República Dominicana. Omito su nombre, la institución y otros datos que podrían identificarlo. El caso no llegó a mí únicamente mediante una publicación o un rumor: hablé directamente con la persona afectada y examiné su relato dentro de una investigación más amplia sobre la aplicación de las normas migratorias.

Según explicó, fue detenido durante un operativo mientras llevaba consigo su carnet universitario, pero no su pasaporte ni su documento migratorio. Había dejado el pasaporte en su vivienda para evitar que se deteriorara bajo la lluvia. Afirmó que comunicó dónde se encontraban sus documentos y que las autoridades verificaron en el sistema académico que era estudiante activo y se encontraba próximo a graduarse. A pesar de esa comprobación, sostuvo que fue trasladado a un centro de detención y posteriormente deportado.

Debemos distinguir cuatro situaciones que no son equivalentes: no portar un documento en un momento determinado; no poseer un estatus migratorio vigente; no poder demostrar inmediatamente ese estatus; y que la autoridad impida o no complete una verificación disponible. Confundirlas puede convertir una obligación documental en una presunción automática de irregularidad.

Es jurídicamente cierto que un carnet universitario no sustituye el pasaporte, la visa ni el permiso migratorio de estudiante. La Dirección General de Migración exige documentos diferentes para el permiso E-1, entre ellos pasaporte vigente, visa de estudiante, constancia de inscripción, seguro y otros requisitos. Por eso, una persona puede continuar matriculada académicamente mientras su permiso migratorio ha vencido, no ha sido renovado o presenta otra irregularidad administrativa. La universidad certifica una relación académica; no sustituye a la autoridad migratoria.

Pero esa distinción no resuelve el caso a favor de la deportación. La comprobación oficial de que la persona era estudiante activo, había permanecido durante años en el país y se encontraba próxima a completar sus estudios constituía un indicio material que exigía una verificación individual más profunda. No probaba automáticamente su regularidad, pero tampoco debía ser tratada como si no demostrara nada. La propia Ley General de Migración impone a los extranjeros autorizados el deber de mantener vigente y portar su documento migratorio. Al mismo tiempo, exige que los procedimientos administrativos o judiciales respeten las garantías constitucionales, que las deportaciones se realicen con respeto a los derechos humanos y que la orden de deportación esté motivada, informe los recursos disponibles y preserve el debido proceso. Por tanto, no portar el documento puede justificar una verificación o determinadas consecuencias legales; no demuestra por sí solo que deba ejecutarse una deportación inmediata sin permitir confirmar el estatus real.

Ante una situación semejante, una aplicación responsable debía comprobar los registros migratorios, permitir que los documentos fueran localizados o aportados cuando ello fuera razonablemente posible, verificar la vigencia del permiso, individualizar las circunstancias y emitir una decisión motivada. La expulsión no debería depender únicamente de lo que una persona llevaba en el bolsillo durante el operativo, especialmente cuando existían datos verificables capaces de confirmar o descartar su condición legal.

Los estándares interamericanos han insistido en que una persona sometida a expulsión debe contar con un procedimiento individual, oportunidad para presentar pruebas sobre su estatus, una decisión fundamentada y medios efectivos para cuestionarla. En casos relacionados con expulsiones desde la República Dominicana, se ha denunciado precisamente la falta de oportunidad para demostrar documentación, residencia o vínculos antes de una salida ejecutada rápidamente.

El joven afirmó que permaneció desde la mañana en un espacio insalubre, con fuertes olores, sin acceso adecuado a agua o alimentos, y que observó menores de edad sin acompañamiento adulto. También sostuvo que algunas personas detenidas negociaban pagos con agentes o intermediarios para obtener su liberación, mientras quienes no disponían de dinero permanecían sujetos al proceso de deportación.

No presento esas afirmaciones como una sentencia judicial que haya declarado responsables a funcionarios concretos. Las presento como el testimonio directo que recibí de la persona afectada. Esa distinción no convierte el relato en falso ni obliga a desecharlo: establece con honestidad qué parte procede de la entrevista y qué parte necesitaría registros, declaraciones independientes o una investigación oficial para atribuir responsabilidad individual.
Tampoco se trata de una preocupación nacida únicamente de un episodio aislado. Durante cinco años de trabajo en una fundación dedicada a niños, niñas y adolescentes en condiciones de riesgo social en la República Dominicana, conocí testimonios coincidentes y participé en la preparación de informes relacionados con actuaciones migratorias, menores y posibles abusos. La falta de una respuesta institucional eficaz no demuestra automáticamente que cada alegación fuera cierta, pero sí permite preguntar por qué denuncias repetidas no producían investigaciones transparentes, conclusiones públicas ni mecanismos visibles de corrección.

Además, organismos interamericanos han documentado durante años preocupaciones sobre discriminación racial estructural contra personas haitianas o percibidas como tales, así como problemas vinculados con operativos migratorios, expulsiones y ausencia de procedimientos individualizados. Por otra parte, en junio de 2026 la Procuraduría General de la República informó sobre la imposición de prisión preventiva a un agente migratorio y a un conductor acusados de cobrar sobornos a migrantes indocumentados. Estos antecedentes no prueban cada detalle del caso narrado, pero impiden descalificar como mera fantasía la posibilidad de cobros irregulares, discriminación o abuso dentro de operaciones migratorias.

Sería igualmente incorrecto concluir que todos los agentes migratorios, todos los centros de detención o todo el sistema actúan de manera corrupta. Una acusación contra una institución completa exige evidencia sistemática. Sin embargo, cuando existen testimonios repetidos, antecedentes internacionales, informes institucionales y procesos penales contra agentes, la pregunta deja de limitarse a si una sola persona actuó mal. Debe examinarse si los controles, la supervisión, los canales de denuncia y las sanciones son suficientes para detectar y prevenir una práctica recurrente.

La ley escrita puede reconocer dignidad, igualdad, debido proceso y recursos; pero esas garantías se convierten en una especie de poema jurídico cuando no funcionan en el momento en que una persona necesita utilizarlas. El texto puede ser impecable y la aplicación corrupta; la norma puede declarar una protección y el procedimiento impedir que el afectado acceda a ella.

La imperfección no reside únicamente en que una ley contenga un error. También aparece cuando una norma correcta depende de un sistema que no verifica, no escucha, no motiva, no investiga y no sanciona. En ese punto, la ley deja de ser un límite contra el poder y se convierte en el lenguaje mediante el cual el poder intenta justificar lo que hizo.

El caso del estudiante no demuestra automáticamente que se encontraba legal ni que toda la actuación fuera ilegal. Demuestra algo más importante para este capítulo: cuando existen señales razonables de que una persona puede probar su estatus, la ley debe ofrecer una oportunidad real para verificarlo. Si deportar resulta más rápido que comprobar, si pagar resulta más eficaz que reclamar y si el documento escrito vale menos que la decisión de quien controla la puerta, el problema ya no es solamente la persona que no llevaba su pasaporte. Es el efecto de una ley cuya promesa y cuya aplicación han dejado de coincidir.

"Nadie se va de casa a menos que casa sea la boca de un tiburón"
– Warsan Shire

Las personas migran por razones diferentes: estudio, trabajo, familia, seguridad, persecución, necesidad económica o proyectos personales. Una legislación responsable debe distinguir esas situaciones sin reducir a toda persona extranjera a una amenaza ni confundir control migratorio con negación de derechos. Todo Estado posee facultades para establecer requisitos de entrada, permanencia y salida. Esa facultad no es ilimitada: debe ejercerse mediante normas públicas, procedimientos verificables, decisiones individualizadas y mecanismos de revisión compatibles con la Constitución y los derechos humanos. La Ley General de Migración dominicana reconoce expresamente esas garantías y exige respeto por los derechos humanos en los procedimientos de deportación.

El problema no consiste en que existan condiciones para estudiar, residir o trabajar en otro país. Surge cuando esas condiciones se aplican selectivamente, se vuelven inaccesibles sin justificación, se utilizan como negocio irregular o permiten que la nacionalidad, el color de piel o la capacidad económica sustituyan la evaluación jurídica individual.

La calidad de una ley no debería depender exclusivamente de la inteligencia, la buena intención o la moralidad de una persona que ocupa el poder. Precisamente porque los gobernantes y legisladores pueden equivocarse, una sociedad necesita deliberación pública, controles institucionales, revisión judicial, transparencia, rendición de cuentas y mecanismos para corregir normas perjudiciales.

Concentrar el poder sin controles permite que una decisión individual se convierta en obligación colectiva. La pregunta no es qué ocurrirá cuando "los tontos" gobiernen, sino qué instituciones impedirán que la incompetencia, el interés particular o el abuso de cualquier gobernante se transformen en ley sin posibilidad de revisión.

La ley opera dentro del tiempo. Una norma puede responder adecuadamente a las circunstancias en que fue creada y resultar insuficiente cuando cambian la tecnología, las relaciones sociales, los riesgos o los conocimientos disponibles.
La seguridad jurídica exige cierta estabilidad: las personas necesitan conocer las reglas y prever razonablemente las consecuencias de sus actos. Pero la justicia también exige capacidad de revisión, porque conservar indefinidamente una norma perjudicial no la vuelve correcta.

El desafío consiste en evitar dos extremos: cambiar las leyes con tanta frecuencia que nadie pueda confiar en ellas, o mantenerlas de manera tan rígida que dejen de responder a la realidad que deben regular. Una legislación responsable requiere evaluación periódica, procedimientos claros para modificarla y protección frente a cambios arbitrarios.

El efecto de la ley puede conectar o separar a personas e instituciones de manera concreta: reconoce matrimonios, crea contratos, concede permisos, establece nacionalidades, impone obligaciones, limita actividades, distribuye competencias y determina procedimientos. Cada conexión o exclusión debe poseer una finalidad identificable y estar abierta a examen cuando afecte derechos o produzca consecuencias desproporcionadas.
La ley no puede superar el tiempo ni eliminar por anticipado todo margen de error. Puede, en cambio, aprender de la experiencia, anticipar riesgos razonables y conservar mecanismos para corregir aquello que no funcionó como se esperaba.

La mejora de una sociedad exige responsabilidad individual e institucional. La libertad constituye un derecho fundamental, pero no significa actuar sin límites ni ignorar los derechos de otras personas. Una libertad jurídicamente protegida debe convivir con la dignidad, la igualdad, la seguridad y el debido proceso.
La política y la ley no pueden separarse completamente, porque las decisiones políticas intervienen en la creación y modificación de las normas. El problema aparece cuando el poder político deja de someterse a la Constitución y utiliza la ley únicamente para conservar privilegios, silenciar críticas, excluir grupos o aplicar cargas de manera selectiva.
Una campaña de sensibilización, un programa humanitario o una política de protección no son manipulaciones por naturaleza. Deben evaluarse por la transparencia de sus objetivos, la evidencia que los sustenta, el uso de sus recursos, la participación de las personas afectadas y la posibilidad de exigir responsabilidades.
Manipular la ley no siempre elimina toda libertad de una sola vez. Puede debilitarla gradualmente mediante excepciones arbitrarias, procedimientos inaccesibles, aplicación selectiva, miedo o falta de mecanismos efectivos para reclamar. Por eso la defensa de la libertad también exige instituciones capaces de examinar y limitar el poder.

Henry David Thoreau advirtió: «La ley jamás hizo a los hombres un ápice más justos». Su crítica no demuestra que toda ley sea inútil ni que cada conciencia individual sea infalible. Señala un peligro más preciso: obedecer sin examinar puede convertir el cumplimiento formal en colaboración con una injusticia.

La ley puede ordenar, proteger, autorizar, restringir y sancionar, pero no puede sustituir completamente el discernimiento de quien debe interpretarla, aplicarla, obedecerla o cuestionarla. Una norma define parte del marco de la elección; todavía queda por decidir cómo actuar dentro de ese marco, qué hacer cuando varias reglas entran en conflicto y cómo responder cuando lo legal parece separarse de lo justo.

Esa tarea nos conduce al efecto de la inteligencia.

EFECTO DE LA INTELIGENCIA

«La inteligencia no se demuestra por escoger siempre sin error, sino por comprender, justificar, revisar y responder por lo escogido».
—Pierre Paul Dasny

La palabra inteligencia procede del latín intelligentia, relacionada con intellegere: comprender, discernir o llegar a conocer. Tradicionalmente se ha vinculado este término con inter, «entre», y legere, «escoger, recoger o leer». Esta raíz resulta compatible con la idea de distinguir entre posibilidades, pero la etimología por sí sola no constituye una definición psicológica ni demuestra todo lo que significa escoger inteligentemente.

La psicología ha desarrollado diferentes concepciones de la inteligencia. Alfred Binet destacó procesos relacionados con la comprensión, el juicio, el razonamiento y la invención. Décadas después, Howard Gardner propuso la teoría de las inteligencias múltiples para cuestionar que todas las capacidades humanas pudieran resumirse adecuadamente mediante una única medición psicométrica. Estas propuestas poseen valor histórico, pero no serán la estructura central de este capítulo.

No utilizaré inteligencia como sinónimo de memoria, talento musical, habilidad lingüística, capacidad corporal, creatividad ni puntuación obtenida en una prueba. Una persona puede poseer fortalezas destacadas en alguna de esas áreas sin que ello determine automáticamente cómo examina y ejecuta sus elecciones.

En la práctica, el efecto de la inteligencia se observa cuando una persona no se limita a reaccionar ante la primera opción disponible. Puede descubrir una posibilidad que no había considerado, buscar información, comparar cursos de acción, aplazar una respuesta, abstenerse de actuar o revisar lo escogido cuando aparecen datos nuevos. Su intervención no garantiza el acierto; modifica la calidad del proceso mediante el cual se comprende, se decide y se responde.

No actuar también puede constituir una elección, pero no toda omisión lo es. Existe una elección cuando la persona reconoce que podría intervenir y decide abstenerse o esperar por alguna razón examinada. En cambio, alguien puede permanecer inactivo porque desconoce lo que ocurre, no percibe alternativas, carece de capacidad, está bajo coacción, actúa por hábito o se encuentra bloqueado. La misma ausencia de acción puede representar prudencia, evasión, negligencia, imposibilidad o miedo, según el proceso que la produjo.

Supongamos que una persona debe decidir entre actuar inmediatamente, esperar información adicional o no intervenir. Esperar puede ser una elección inteligente cuando una acción precipitada produciría un daño irreversible y existe tiempo para obtener evidencia. Pero la misma espera puede ser irresponsable cuando conoce una emergencia y sabe que el retraso agravará sus consecuencias. Lo que revela inteligencia no es simplemente actuar o permanecer inmóvil, sino reconocer las alternativas, justificar la respuesta y asumir lo que razonablemente podía preverse.

Actuar bajo el efecto de la inteligencia no significa escoger siempre la mejor alternativa ni vivir sin problemas. En muchas situaciones no existe una opción perfecta: cada posibilidad puede contener beneficios, costos, riesgos, renuncias o consecuencias que no pueden anticiparse completamente. La inteligencia permite identificar alternativas, examinar la información disponible, aplicar criterios, reconocer límites y escoger con algún fundamento. También permite revisar la decisión cuando aparecen datos nuevos o cuando sus consecuencias muestran que debe corregirse.

Imaginemos a una persona que debe escoger entre dos empleos. Uno ofrece mayor salario, pero menos estabilidad y tiempo familiar; el otro ofrece ingresos menores, mayor seguridad y mejores condiciones personales. No existe una respuesta universalmente inteligente. La calidad de la elección dependerá de sus necesidades, responsabilidades, información, prioridades, riesgos previsibles y capacidad para asumir las consecuencias. Por eso, no debemos evaluar la inteligencia únicamente por el resultado. Una elección prudente puede fracasar por una circunstancia imprevisible, y una decisión mal razonada puede producir temporalmente un resultado favorable por casualidad.

Esta diferencia entre capacidad cognitiva y calidad de la elección también debe conservarse cuando pasamos de una persona a una población completa. Obtener mejores o peores resultados en determinadas pruebas no demuestra por sí solo que una sociedad comprenda mejor sus problemas, examine más alternativas o responda con mayor responsabilidad por sus decisiones. Podemos, entonces, formular una pregunta distinta: cuando se afirma que la humanidad se vuelve más o menos inteligente, ¿se está hablando de puntuaciones cognitivas, de conocimientos acumulados, de adaptación tecnológica o de la calidad con la que las personas escogen y revisan sus actos?

La película Idiocracy, estrenada en 2006, presenta una ficción satírica sobre una sociedad futura intelectualmente degradada. Su argumento puede utilizarse para formular preguntas culturales, pero no constituye por sí mismo una hipótesis científica ni demuestra que la humanidad se esté volviendo progresivamente menos inteligente.

El efecto Flynn describe el aumento observado durante varias décadas en las puntuaciones medias de determinadas pruebas cognitivas en diferentes poblaciones. Sin embargo, esas variaciones no significan que cada generación sea superior en todas las formas de comprensión, discernimiento o elección.
Tampoco pueden identificarse directamente las puntuaciones de una prueba con toda la inteligencia humana.

Investigaciones posteriores han encontrado estancamientos o descensos en algunas poblaciones y cohortes. Un estudio noruego mostró que tanto el aumento como su posterior reversión podían observarse incluso dentro de familias, lo que respalda la importancia de factores ambientales y descarta una explicación simplista basada únicamente en cambios genéticos.

Por tanto, no disponemos de fundamento para declarar que toda la humanidad se vuelve más inteligente o más ignorante. La pregunta pertinente para este capítulo es otra: aunque aumenten ciertas capacidades cognitivas, ¿también mejora la manera en que comprendemos, escogemos y respondemos por nuestras decisiones?

También está muy claro que la inteligencia a menudo se puede confundir con el conocimiento; sin embargo, son dos conceptos muy diferentes porque producen resultados diferentes. De hecho, son muy pocas las personas en este mundo que están viviendo bajo el efecto de la inteligencia.

El conocimiento y la inteligencia se relacionan, pero no producen la misma función. El conocimiento aporta información, experiencias, conceptos y habilidades; la inteligencia interviene cuando debemos comprender la situación, comparar alternativas y decidir qué hacer con aquello que sabemos.

Una persona puede poseer conocimientos y utilizarlos sin suficiente discernimiento. Puede dominar una técnica, conocer una ley o comprender un sistema y, aun así, aplicarlo de manera imprudente, perjudicial o incoherente. La inteligencia tampoco opera desde una ausencia absoluta de conocimiento. Necesita algún contacto con la situación, aunque la información disponible sea limitada. Su función no consiste en saberlo todo, sino en reconocer qué sabemos, qué ignoramos, qué debemos comprobar y hasta dónde permiten llegar los datos existentes.

Por eso, una persona puede tener conocimientos sin realizar una elección inteligente, y puede escoger con inteligencia aun cuando no posea información completa, siempre que reconozca esa limitación, reduzca riesgos y conserve la posibilidad de corregirse.
Mirar más allá de una emoción difícil tampoco depende exclusivamente de la inteligencia. En ello pueden intervenir la regulación emocional, la experiencia, el apoyo recibido, la salud psicológica, la sabiduría y los principios que orientan la respuesta.

La inteligencia no garantiza escoger siempre lo mejor ni permite evitar todo conflicto. Algunos conflictos pueden prevenirse mediante comprensión, comunicación y anticipación; otros resultan inevitables porque existen intereses, derechos, necesidades o principios incompatibles. Incluso puede haber situaciones en las que evitar el conflicto sea menos responsable que enfrentarlo.

Una elección inteligente puede consistir en negociar, ceder, establecer límites, retirarse, denunciar, resistir o sostener una posición. La respuesta dependerá del problema, de las alternativas disponibles, de los derechos comprometidos y de las consecuencias previsibles. Por ejemplo, una persona que descubre una práctica fraudulenta en su trabajo podría guardar silencio para evitar una confrontación inmediata. Sin embargo, también podría recopilar información, identificar canales seguros, evaluar riesgos, proteger a quienes podrían resultar afectados y decidir si debe denunciar. La inteligencia no elimina el conflicto: ayuda a comprenderlo y a escoger cómo responder. El conocimiento tampoco se limita a explicar el porqué de las cosas, ni la ciencia actúa con independencia de toda consecuencia. El conocimiento puede describir, explicar, predecir y ofrecer medios; la ciencia utiliza diferentes métodos para investigar problemas y producir resultados que permanecen abiertos a comprobación y revisión. Las finalidades y decisiones sobre su utilización pertenecen a personas, instituciones y sociedades.

Nicolás Gómez Dávila escribió: «La inteligencia no consiste en encontrar soluciones, sino en no perder de vista los problemas». La frase no niega la necesidad de resolver. Advierte que una solución aparente puede ocultar, desplazar o agravar el problema que pretendía corregir.

El propósito operativo de la inteligencia es permitir que una persona comprenda una situación, distinga alternativas y transforme esa comprensión en una elección examinada, ejecutable y revisable. No se limita a producir respuestas rápidas: también debe reconocer cuándo una solución conserva el problema, lo desplaza hacia otra persona o genera consecuencias mayores que aquellas que pretendía evitar.

Las expectativas externas pueden influir en el desempeño, pero no determinan absoluta ni uniformemente el resultado de una persona. El llamado efecto Pigmalión se refiere a situaciones en las que las expectativas de otras personas influyen en su trato, en las oportunidades que ofrecen y, bajo determinadas condiciones, en el rendimiento de quien las recibe. Su intensidad depende del contexto y no convierte toda expectativa en una profecía inevitable.

La inteligencia no necesita ser inmune a toda influencia. Necesita reconocerla. Una persona puede preguntarse qué expectativas ajenas están condicionando su conducta, qué pruebas las respaldan y si está escogiendo por convicción, por miedo a decepcionar o por necesidad de aprobación. Tampoco toda decisión conduce al control. Controlar es uno de los cinco productos conductuales y puede manifestarse de forma protectora o perjudicial. La inteligencia puede ayudar a regular una situación, pero también debe reconocer aquello que no puede dominar y evitar que el deseo de control sustituya la comprensión, la cooperación o la revisión.

La ciencia, el conocimiento y la inteligencia no son sujetos que compiten entre sí. La ciencia comprende prácticas y métodos de investigación; el conocimiento constituye uno de sus posibles resultados; y la inteligencia interviene cuando una persona utiliza información para comprender y escoger. Los métodos científicos deben distinguirse de sus productos, entre ellos las explicaciones, predicciones y conocimientos obtenidos.

La imaginación puede proponer hipótesis, visualizar alternativas y descubrir relaciones que todavía no han sido comprobadas. Pero imaginar una respuesta no confirma que sea verdadera. La evidencia, el razonamiento, la observación, la experimentación y la revisión permiten someterla a examen.
La inteligencia tampoco posee todas las respuestas ni constituye la confirmación automática de lo que sabemos. Puede trabajar con información falsa, incompleta o sesgada; puede aplicar criterios defectuosos y puede equivocarse al anticipar consecuencias. Precisamente por eso incluye la capacidad de revisar lo escogido.

La ciencia puede cometer errores porque es una actividad humana, pero también dispone de mecanismos de corrección como la revisión crítica, la reproducción de resultados, la replicación y la acumulación de evidencia. No es la inteligencia personificada la que corrige siempre a la ciencia: son las personas y las comunidades que vuelven a examinar métodos, datos e interpretaciones.

La inteligencia utiliza conocimientos científicos y no científicos, reconoce su grado de confiabilidad y decide hasta dónde permiten actuar. No está por encima de toda ciencia ni nace automáticamente de la acumulación de conocimientos.

Lo que determina la inteligencia no es el control aislado, sino el proceso completo mediante el cual una persona comprende, discierne, escoge, ejecuta, revisa y responde por las consecuencias previsibles. El control puede participar en ese proceso, pero también puede aparecer sin inteligencia, como ocurre cuando una persona impone su voluntad sin comprender el sistema que intenta dominar.

En el ámbito político, concentrar el control en el gobierno puede convertir a la población en objeto de decisiones que no puede examinar ni corregir. Pero afirmar que "el pueblo controla" tampoco resuelve automáticamente el problema. Una población puede equivocarse, actuar bajo desinformación o aprobar medidas que perjudican derechos fundamentales. El control democrático requiere límites constitucionales, separación de funciones, participación, transparencia, rendición de cuentas y mecanismos de revisión. No significa que cada ciudadano gobierne directamente cada acto, sino que ninguna autoridad debería quedar fuera de la posibilidad de ser examinada, limitada o sustituida mediante procedimientos legítimos.

Una estructura puede ser eficaz para controlar y, sin embargo, resultar injusta. Dentro de este modelo, controlar no demuestra por sí solo inteligencia: es necesario preguntar qué se controla, para qué, mediante qué medios, durante cuánto tiempo y con qué consecuencias. La ignorancia puede conducir a conclusiones rápidas porque no siempre reconoce todo lo que falta por examinar. Sin embargo, detenerse tampoco demuestra inteligencia por sí solo. Una persona puede analizar indefinidamente y nunca escoger, o puede actuar con rapidez porque ya conoce la situación, ha practicado una respuesta y dispone de criterios suficientes.

El efecto de la inteligencia aparece cuando la comprensión se convierte en una elección fundamentada y cuando esa elección puede ejecutarse, evaluarse y corregirse. Su función no es eliminar toda incertidumbre, sino impedir que la incertidumbre sea ocultada bajo una seguridad que no posee fundamento.

Aun así, comprender y escoger no responden completamente otra pregunta: ¿cuándo conviene utilizar aquello que podemos hacer, en qué proporción, durante cuánto tiempo y a favor de qué consecuencias humanas? Esa valoración nos conduce al efecto de la sabiduría.

EFECTO DE LA SABIDURÍA

«Reconocer lo que sabes como conocido y reconocer lo que no sabes como desconocido: eso es saber».
—Confucio, Analectas, 2.17; traducción propia.

Una persona puede dominar una técnica, conocer las leyes aplicables, identificar diferentes alternativas y disponer de inteligencia suficiente para ejecutar una decisión. Sin embargo, todavía debe responder preguntas que no quedan resueltas únicamente por aquello que sabe o puede hacer: ¿conviene utilizarlo ahora?, ¿hasta dónde?, ¿durante cuánto tiempo?, ¿a quién beneficiará?, ¿quién asumirá el costo?, ¿qué consecuencias aparecerán después de alcanzar el resultado inmediato?

El conocimiento aporta contenido. La ley establece derechos, obligaciones, prohibiciones y procedimientos públicos. La inteligencia permite comprender una situación, comparar alternativas, escoger, ejecutar y revisar. La sabiduría interviene cuando debemos valorar el uso, el momento, la proporción, el alcance y las consecuencias humanas de aquello que conocemos y podemos realizar.

En esta obra, la sabiduría es la capacidad de valorar el uso de lo que se sabe y puede hacerse, ponderando el contexto, la incertidumbre, los límites, el tiempo y las consecuencias humanas, para decidir cuándo, cómo, cuánto, para qué y a favor de quién actuar o abstenerse.

El efecto de la sabiduría se manifiesta cuando esa valoración modifica una elección. Puede llevar a una persona a utilizar un conocimiento de manera diferente, limitar una acción que parecía conveniente, aplazar una decisión, renunciar a una ventaja, escuchar otra perspectiva, corregir lo escogido o reconocer que todavía no posee fundamento suficiente para actuar.

La sabiduría no convierte automáticamente a una persona en alguien infalible. Tampoco garantiza que una decisión produzca el resultado esperado. Una valoración sabia puede enfrentar circunstancias imposibles de anticipar, mientras una respuesta imprudente puede beneficiarse temporalmente de la suerte. Su calidad debe examinarse por el proceso, los criterios, el contexto y las consecuencias que podían preverse cuando se decidió.

La psicología no posee una única definición universal de sabiduría. No obstante, varios modelos coinciden en elementos como el conocimiento sobre los problemas fundamentales de la vida, la consideración del contexto, el reconocimiento de incertidumbre, la atención a distintas perspectivas y la coordinación entre bienestar personal y colectivo. El paradigma de la sabiduría de Berlín, por ejemplo, incluye conocimiento práctico, contextualización a lo largo de la vida, reconocimiento de diferentes valores y manejo de la incertidumbre. Investigaciones posteriores sobre razonamiento sabio también han estudiado la humildad intelectual, la posibilidad de cambio, la perspectiva de otras personas y la búsqueda de una comprensión más amplia de la situación.

La sabiduría tampoco es simplemente una acumulación de años. La edad puede ofrecer experiencias, pero la experiencia no se convierte sola en buen juicio. Una persona puede vivir durante décadas y repetir la misma interpretación, justificar el mismo daño o utilizar cada nueva experiencia para confirmar aquello que ya había decidido creer. En estudios sobre conflictos personales, las personas no mostraron automáticamente un razonamiento más sabio por pertenecer a un grupo de mayor edad; la capacidad de distanciarse de la propia posición resultó más importante para reconocer límites, incertidumbre y perspectivas diferentes.

La experiencia es materia prima. La sabiduría aparece cuando esa experiencia es examinada, comparada y transformada en criterio.

Haber sufrido no demuestra que alguien comprenda el sufrimiento de los demás. Haber cometido muchos errores no demuestra que haya aprendido de ellos. Haber alcanzado éxito tampoco prueba que las decisiones utilizadas para obtenerlo puedan repetirse de manera responsable.

Una persona puede aprender de una experiencia por lo menos de cuatro maneras diferentes. Puede limitarse a recordarla; puede utilizarla para justificar lo que ya piensa; puede evitar cualquier situación semejante por miedo; o puede examinar qué ocurrió, qué ignoraba, qué dependía de ella, qué no podía controlar y qué debería modificar. Solo esta última posibilidad aproxima la experiencia a la sabiduría.

Una oportunidad que podía convertirse en una amenaza

Elena dirigía una pequeña empresa que distribuía alimentos a comercios locales. Después de varios años de crecimiento moderado, una cadena comercial le ofreció un contrato capaz de duplicar sus ingresos. El acuerdo era legal, el cliente tenía capacidad de pago y las cifras iniciales parecían favorables.

El conocimiento le permitía comprender los precios, los costos, las rutas de distribución y las obligaciones contractuales. La inteligencia le permitía reconocer varias opciones: aceptar inmediatamente, rechazar la oferta, solicitar financiamiento, contratar más personal, reducir otros clientes o negociar una implementación progresiva.

La opción más atractiva era firmar de inmediato. El contrato podía aumentar sus ganancias, darle reconocimiento y abrirle otros mercados. También existía el temor de que el cliente buscara otro proveedor si Elena pedía más tiempo.

Sin embargo, una revisión más profunda reveló otros elementos. Para satisfacer toda la demanda tendría que endeudarse, aumentar las jornadas de trabajo, depender de un solo cliente y reducir la reserva destinada a emergencias. Un retraso en los pagos podría dejarla sin dinero para cubrir salarios y proveedores. Además, si concentraba la operación en aquella cadena, los comercios pequeños que la habían sostenido durante años recibirían un servicio inferior.

Elena no rechazó la oportunidad ni se dejó dominar por ella. Propuso comenzar con una parte del volumen durante tres meses, estableció condiciones de pago verificables, conservó una reserva financiera, incorporó personal de manera gradual y fijó una fecha para revisar la capacidad real de la empresa.

Esa decisión no garantizaba el éxito. El cliente todavía podía cancelar, la demanda podía disminuir o surgir una crisis inesperada. Lo que demuestra el efecto de la sabiduría no es que Elena conociera el futuro, sino que evitó convertir una posibilidad favorable en una obligación capaz de destruir aquello que pretendía mejorar.

Aceptar todo habría podido parecer valiente e inteligente. Rechazar todo habría podido parecer prudente. La sabiduría no se encontraba necesariamente en ninguno de esos extremos, sino en comprender la proporción adecuada para aquellas condiciones.

Este caso también muestra que la sabiduría no consiste siempre en escoger menos, avanzar lentamente o evitar riesgos. En otras circunstancias, actuar con excesiva lentitud puede destruir una oportunidad, aumentar un peligro o abandonar a quien necesita ayuda. La proporción sabia depende del contexto.

Si una persona presencia un riesgo inmediato contra la vida, esperar a tener una explicación perfecta puede resultar irresponsable. En cambio, si recibe una acusación grave basada en información incompleta, actuar de inmediato y hacerla pública puede causar un daño difícil de reparar. En un caso, la demora aumenta el peligro; en el otro, la demora permite verificar.

Por tanto, actuar y abstenerse no son respuestas sabias por sí mismas. Tampoco la rapidez es siempre imprudente ni la lentitud siempre reflexiva. La sabiduría pregunta qué exige el tiempo de la situación.

Una persona puede guardar silencio porque ha reconocido que hablar agravaría un conflicto sin aportar una solución. Otra puede guardar silencio para proteger su comodidad mientras alguien sufre una injusticia. Exteriormente ambas permanecen calladas; la diferencia está en lo que comprendieron, en la finalidad de su omisión y en las consecuencias que aceptaron.

La sabiduría también exige reconocer incertidumbre. Decir «no lo sé todavía» no representa necesariamente debilidad. Puede ser una forma de impedir que una suposición se convierta en decisión irreversible. La humildad intelectual consiste en reconocer que el propio conocimiento posee límites y que una creencia puede necesitar corrección. La investigación contemporánea la relaciona con la disposición para buscar información, considerar que una conclusión puede ser equivocada y revisar posiciones ante nueva evidencia.

Reconocer incertidumbre no significa dudar de todo ni permanecer paralizado. Una persona puede actuar sin tener certeza absoluta cuando identifica qué sabe, qué desconoce, qué riesgo puede asumir y qué mecanismo utilizará para corregirse. El problema no es decidir con información incompleta; casi todas las decisiones humanas se realizan bajo algún grado de limitación. El problema es ocultar esa limitación y actuar como si no existiera.

La sabiduría también modifica la manera de contemplar el tiempo. Una decisión puede producir un beneficio inmediato y un perjuicio posterior, o exigir un costo inmediato para evitar un daño mayor. Sin embargo, tampoco todo beneficio futuro justifica cualquier sacrificio presente.

Una familia no debería quedar sin alimentos básicos porque alguien afirma que todo el dinero debe invertirse para alcanzar una prosperidad posible dentro de diez años. Del mismo modo, gastar todos los recursos actuales para obtener satisfacción inmediata puede eliminar cualquier capacidad de responder mañana. La sabiduría no idolatra el presente ni el futuro: examina la relación entre ambos.

La pregunta no es simplemente:

¿Qué obtendré?

También es necesario preguntar:

¿Qué tendré que mantener después de obtenerlo?

Una persona puede desear una casa más grande y tener capacidad para comprarla, pero debe valorar la deuda, los costos permanentes, el tiempo de trabajo adicional y la reducción de otras posibilidades. El objeto deseado puede ser alcanzable y, aun así, no ser sostenible.

Algo semejante ocurre en las relaciones. Ganar una discusión puede producir satisfacción inmediata y destruir la confianza necesaria para resolver el problema. Evitar toda confrontación puede conservar una paz aparente y permitir que el daño continúe. La sabiduría no busca solamente que el conflicto termine, sino que la respuesta no produzca una herida mayor que aquella que intentaba corregir.

Considerar otras perspectivas tampoco significa aceptar que todas sean igualmente correctas. Comprender por qué una persona actúa de determinada manera no obliga a justificar su conducta. La perspectiva permite identificar motivaciones, temores, necesidades y consecuencias; no elimina la responsabilidad.

Tampoco todo compromiso representa sabiduría. Cuando dos posiciones poseen intereses legítimos, buscar un acuerdo puede proteger la relación y distribuir costos. Pero cuando una parte exige el derecho de abusar y la otra pide que el abuso termine, dividir la diferencia no produce justicia. El equilibrio entre intereses personales y colectivos no significa mantener una neutralidad automática frente al daño. Las investigaciones sobre razonamiento sabio relacionan la consideración de perspectivas y del panorama general con respuestas más equilibradas, pero esos componentes funcionan conjuntamente; una perspectiva aislada no basta para garantizar una decisión justa.

La sabiduría puede exigir ceder, pero también sostener un límite. Puede recomendar perdonar, pero no necesariamente restablecer inmediatamente la confianza. Puede reconocer la necesidad de ayudar a alguien y, al mismo tiempo, impedir que esa ayuda mantenga su irresponsabilidad.

Ayudar no siempre significa entregar lo que la persona solicita. Pensemos en alguien que pide dinero repetidamente, promete devolverlo y utiliza cada ayuda para evitar enfrentar las consecuencias de sus decisiones. Darle nuevamente puede parecer generoso, pero también puede fortalecer el patrón que lo perjudica. Negarse puede parecer duro, pero podría acompañarse de otra forma de ayuda: pagar directamente una necesidad urgente, organizar un presupuesto, buscar empleo o establecer condiciones claras.

La sabiduría no se mide solo por la intención de hacer el bien. También examina si la ayuda realmente ayuda.

El conocimiento puede mostrar cómo influir sobre las personas. La inteligencia puede diseñar una estrategia eficaz para conseguir su obediencia. La ley puede permitir determinadas técnicas de persuasión. La sabiduría pregunta si esa influencia respeta su capacidad de decidir o si utiliza sus necesidades, temores y vulnerabilidades para manipularlas.

Una empresa puede conocer con precisión los hábitos de sus usuarios y utilizar ese conocimiento para mejorar un servicio. También puede emplearlo para mantenerlos conectados más tiempo del que habían decidido, ocultar costos, dificultar una cancelación o dirigirlos hacia una compra que no necesitan. La diferencia no está únicamente en la calidad técnica del sistema, sino en la valoración del uso.

Por eso, una acción técnicamente inteligente puede carecer de sabiduría. La inteligencia puede encontrar el medio más eficaz; la sabiduría examina si el medio debe utilizarse, en qué proporción y a costa de quién.

La sabiduría tampoco debe confundirse con una personalidad serena. Una persona puede hablar lentamente, citar grandes pensamientos y mantener una apariencia de equilibrio mientras evita asumir responsabilidades. Otra puede expresar indignación y actuar con firmeza porque ha reconocido un daño que no debería normalizarse.

Parecer tranquilo no demuestra sabiduría. La pregunta es si la emoción ayuda a comprender y responder o si sustituye el examen de la situación.

La indignación puede advertir que un límite fue violado, pero también puede exagerar, generalizar o castigar sin proporción. El miedo puede revelar un riesgo verdadero, pero también puede impedir una acción necesaria. La alegría puede ampliar la esperanza, pero también reducir la percepción de peligro. La sabiduría no elimina las emociones; las escucha sin entregarles por completo la decisión.

Tampoco existe una persona sabia en todas las circunstancias. Alguien puede mostrar gran juicio al orientar a otras personas y actuar impulsivamente ante sus propios conflictos. La investigación sobre la llamada paradoja de Salomón encontró que las personas podían razonar con mayor sabiduría sobre problemas ajenos que sobre los propios; adoptar una perspectiva más distanciada redujo esa diferencia.

Esto permite convertir una idea psicológica en una práctica concreta. Antes de tomar una decisión cargada de emoción, una persona puede preguntarse:

¿Qué le aconsejaría a alguien que amo si estuviera en esta misma situación?

También puede describir el problema utilizando su propio nombre, observarlo desde la perspectiva de una persona externa o escribir qué consecuencias esperaría dentro de una semana, un año y cinco años. Distanciarse no significa dejar de sentir; significa evitar que la cercanía emocional oculte alternativas y consecuencias.

La sabiduría también afecta los cinco productos conductuales. Puede modificar aquello que deseamos, evitamos, meditamos, controlamos o defendemos.

Un deseo puede orientar el crecimiento o convertir toda la vida en persecución insaciable. Evitar puede protegernos de un peligro o mantenernos encerrados por miedo. Meditar puede permitir comprender o transformarse en una demora interminable. Controlar puede organizar una situación o convertirse en dominación. Defender puede proteger una vida, una relación o un principio, pero también puede utilizarse para justificar el orgullo, el privilegio o una creencia dañina.

La sabiduría no elimina esos productos. Examina su dirección, su proporción y sus consecuencias.

Una persona sabia tampoco necesita tener una respuesta definitiva para cada problema. Puede reconocer que ciertas situaciones contienen bienes incompatibles, pérdidas inevitables o preguntas que ninguna alternativa resuelve completamente. En esas condiciones, la sabiduría no ofrece perfección: ayuda a escoger la responsabilidad que puede sostenerse sin ocultar el costo.

Un médico puede tener que distribuir recursos insuficientes. Una familia puede decidir cómo cuidar a alguien sin destruir por completo la salud de quienes lo atienden. Una comunidad puede proteger la seguridad sin convertir la vigilancia en una eliminación permanente de la privacidad. En estos casos, cualquier opción puede dejar una deuda moral, emocional o social.

La sabiduría no borra esa deuda. Impide que la persona se engañe afirmando que su elección no tuvo costo.

También reconoce límites. No todo problema puede resolverse mediante esfuerzo individual. No toda relación puede repararse. No toda pérdida puede compensarse. No toda persona acepta ayuda. No toda institución cambia porque alguien presenta un argumento correcto.

Aceptar un límite no significa rendirse automáticamente. Significa distinguir entre aquello que puede transformarse, aquello que requiere otro método y aquello que no depende de nuestra voluntad.

La sabiduría puede llevar a insistir, pero también a abandonar un camino que consume recursos sin acercarse al propósito. Puede exigir paciencia o señalar que la paciencia ya se convirtió en tolerancia del daño. Puede sostener una esperanza sin convertirla en negación de los hechos.

El efecto de la sabiduría aparece, entonces, cuando la elección deja de evaluarse únicamente por lo que consigue para quien decide. La pregunta se amplía:

- ¿Qué consecuencias produce en otras personas?
- ¿Qué parte del costo estoy trasladando a quienes no eligieron?
- ¿Qué beneficio es temporal?
- ¿Qué daño puede volverse permanente?
- ¿Qué condición todavía ignoro?
- ¿Qué límite debo aceptar?
- ¿Qué debería revisar si el resultado contradice mis razones?

La sabiduría no reemplaza el conocimiento, la ley ni la inteligencia. Sin conocimiento puede valorar una situación inexistente. Sin límites jurídicos puede justificar decisiones privadas que lesionan derechos. Sin inteligencia puede reconocer lo conveniente y no encontrar una manera de ejecutarlo. Pero el conocimiento, la ley y la inteligencia también pueden actuar sin suficiente sabiduría y producir resultados técnicamente eficaces, jurídicamente permitidos y humanamente destructivos.

El conocimiento responde principalmente a lo que sabemos. La ley determina parte de lo permitido, prohibido, exigido o protegido. La inteligencia ayuda a comprender y escoger entre alternativas. La sabiduría pregunta cómo debe utilizarse aquello que sabemos y podemos hacer, en qué momento, en qué proporción y con qué consideración por sus consecuencias.

Sin embargo, incluso esa valoración necesita una base. ¿Qué criterio permite decidir que una ventaja no debe obtenerse a cualquier precio? ¿Por qué una persona considera que la dignidad, la responsabilidad, la verdad o la protección de la vida deben limitar una elección conveniente? ¿Qué diferencia existe entre un principio, un valor, una preferencia, una costumbre, una norma y una ley?

Estas preguntas conducen al efecto de los principios.

EFECTO DE LOS PRINCIPIOS

«Nada puede darte paz sino tú mismo. Nada puede darte paz sino el triunfo de los principios».
—Ralph Waldo Emerson, Self-Reliance (1841); traducción propia.

Es fácil proclamar un principio cuando seguirlo no exige renunciar a nada. La verdadera prueba comienza cuando conservarlo amenaza una ventaja, retrasa un deseo, obliga a reconocer un error o impide obtener algo que parecía estar al alcance de la mano.

Una persona puede afirmar que valora la verdad mientras decirla no la perjudique; defender la igualdad mientras no tenga que compartir una oportunidad; exigir responsabilidad mientras no sea ella quien deba responder; y proclamar respeto por la dignidad hasta que encuentra a alguien a quien considera inferior.

Un principio que solo se mantiene cuando favorece a quien lo proclama puede no ser realmente un principio. Puede ser una preferencia disfrazada, una estrategia de conveniencia o una regla que se aplica únicamente a los demás.

En esta obra, un principio es un criterio fundamental que orienta, limita o exige coherencia en una elección, incluso cuando seguirlo impone un costo o contradice una conveniencia inmediata.

El efecto de los principios es la influencia y el conjunto de consecuencias que se producen cuando esos criterios intervienen en aquello que una persona acepta, rechaza, sostiene, limita, revisa o defiende.

Los principios no escogen por nosotros. Pueden orientar una elección, impedir determinados medios, exigir coherencia o señalar que una ventaja no debe obtenerse de cualquier manera. Sin embargo, necesitan ser comprendidos, examinados e interpretados dentro de situaciones concretas.

En la filosofía moral, los principios y las normas suelen recibir un peso especial porque pretenden gobernar la conducta más allá del gusto momentáneo. La razón práctica, por su parte, se ocupa precisamente de la reflexión mediante la cual una persona intenta determinar qué debe hacer.

Pero no todo aquello que una persona llama principio posee esa función.

Principio, valor, preferencia, costumbre, norma y ley

Un **valor** expresa aquello que una persona o una comunidad considera importante, digno o deseable. Alguien puede valorar la salud, la libertad, la familia, el conocimiento, la seguridad o el reconocimiento.

Una **preferencia** indica que una alternativa resulta más atractiva que otra. Podemos preferir determinado alimento, horario, color, profesión o lugar para vivir. Una preferencia puede cambiar sin que la identidad moral de la persona quede necesariamente comprometida.

Una **costumbre** es una práctica repetida que puede pertenecer a una persona, una familia o una comunidad. Saludar de determinada manera, comer a cierta hora o reunirse en una fecha concreta puede convertirse en costumbre sin constituir un principio.

Una **norma** establece o comunica una conducta esperada, permitida, prohibida u obligatoria dentro de un grupo, una institución o una situación. Puede ser formal o informal.

Una **ley jurídica** es una norma creada o reconocida por una autoridad competente dentro de un ordenamiento, con capacidad para establecer derechos, obligaciones, permisos, prohibiciones, procedimientos o consecuencias institucionales.

Un **principio**, en cambio, ofrece un criterio fundamental para valorar esas acciones, normas y leyes. Puede ayudar a preguntar si una regla es justa, si una costumbre merece conservarse, si una preferencia debe limitarse o si un valor está siendo defendido mediante medios contradictorios.

Una persona puede valorar la honestidad y, sin embargo, preferir ocultar un dato que la perjudica. Puede vivir dentro de una costumbre familiar de silencio y reconocer después que esa costumbre protegía un abuso. Puede obedecer una norma institucional y descubrir que su aplicación contradice la dignidad que la institución afirma defender.

Por eso, tener valores no garantiza vivir de acuerdo con ellos. Repetir una costumbre no demuestra que sea correcta. Cumplir una norma no prueba que sea justa. Y proclamar un principio no demuestra que haya sido comprendido ni aplicado con coherencia.

Los principios de la vida

Llamo **principios de la vida** al conjunto de condiciones, regularidades y criterios fundamentales que orientan, limitan o condicionan la existencia y la conducta humana. Algunos operan como realidades naturales o biológicas; otros expresan relaciones prácticas entre acciones y consecuencias; y otros orientan la conciencia, la convivencia y la responsabilidad. No todos actúan de la misma manera ni poseen el mismo grado de inevitabilidad, pero sus consecuencias no desaparecen simplemente porque una persona los ignore, los niegue o decida rechazarlos.

No utilizo esta expresión para afirmar que la física, la biología, la ética y el derecho sean una misma disciplina. La utilizo como una categoría operativa que permite distinguir varias clases de límites y criterios que intervienen en nuestras elecciones.

Algunos principios de la vida expresan **condiciones naturales o biológicas**. Una persona no puede respirar normalmente debajo del agua sin un medio que le permita obtener oxígeno. Si permanece sin alimentos durante un tiempo incompatible con la supervivencia, su organismo sufrirá consecuencias aunque haya decidido negar esa necesidad. Si pierde el soporte que la sostiene a determinada altura, su voluntad no suspenderá por sí sola la caída.

Otros expresan **relaciones prácticas entre acción y consecuencia**. Sentarse frente al volante no pone automáticamente un vehículo en movimiento. Los platos no se lavan mediante la simple intención de que aparezcan limpios. Un proyecto no se ejecuta solamente porque alguien haya imaginado su resultado. Estas relaciones pueden incluir herramientas, ayuda externa y condiciones variables, pero alguna acción compatible con el resultado debe producirse.

Otros principios orientan la **conciencia y la convivencia**: no engañar deliberadamente, no utilizar injustamente a una persona, respetar límites, cumplir responsabilidades, proteger la dignidad, reparar daños o reconocer que la libertad propia no elimina los derechos ajenos. También existen **principios jurídicos**, como la legalidad, la igualdad, la proporcionalidad, la buena fe o el debido proceso. Estos orientan la interpretación y la aplicación del derecho, pero no funcionan con la misma inevitabilidad que una condición física. Pueden ser ignorados, manipulados o vulnerados por personas e instituciones, aunque esa vulneración produzca consecuencias jurídicas, políticas o humanas.

Un principio natural no necesita la aprobación de un parlamento para operar. Un principio ético necesita interpretación y puede ser discutido. Un principio jurídico depende de instituciones que lo reconozcan y apliquen. Una relación práctica puede cambiar cuando aparecen nuevos medios.

Por eso, no debemos llamar absoluto a todo principio ni tratar todos sus efectos como si fueran idénticos.

No todo principio es correcto

Una persona puede organizar su vida alrededor de criterios perjudiciales y llamarlos principios.

Puede afirmar:

«Nunca debo pedir ayuda».

«La familia debe protegerse, aunque alguien dentro de ella cause daño».

«La lealtad exige guardar silencio ante cualquier conducta».

«Lo importante es ganar, sin importar el medio».

«Quien demuestra debilidad merece ser utilizado».

«Una autoridad nunca debe ser cuestionada».

Estas formulaciones pueden poseer estabilidad, dirigir conductas y exigir sacrificios. Sin embargo, su permanencia no las convierte en correctas.

Un principio puede ser:

- beneficioso o perjudicial;
- consciente o implícito;
- personal o compartido;
- flexible o rígido;
- revisable o protegido contra toda evidencia.

No todo principio produce justicia. Algunos pueden organizar prejuicios, justificar violencia, perpetuar desigualdades o convertir la obediencia en complicidad.

La conciencia tampoco es infalible. Una persona puede no sentir culpa después de perjudicar a alguien porque ha normalizado el daño. Otra puede sentirse culpable por establecer un límite legítimo porque aprendió que protegerse era egoísmo.

Sentir tranquilidad no demuestra que un principio sea correcto. Sentir incomodidad tampoco demuestra que sea incorrecto. La conciencia necesita conocimiento, discernimiento, revisión y confrontación con las consecuencias.

Una cláusula legal y una excepción que no debía convertirse en privilegio

Marina administraba una empresa que ofrecía servicios esenciales mediante contratos mensuales. Los acuerdos establecían una penalidad cuando el cliente no realizaba el pago dentro del plazo correspondiente. La cláusula era conocida, se aplicaba regularmente y ayudaba a sostener la operación.

Uno de los clientes, Andrés, acumuló un retraso después de permanecer hospitalizado durante varias semanas. Había cumplido puntualmente durante años, pero ahora no podía pagar la totalidad ni asumir la penalidad sin dejar desatendidas otras necesidades básicas.

Marina disponía del conocimiento necesario: conocía el contrato, el historial del cliente, el costo del servicio y la situación económica de la empresa.

La ley y el acuerdo firmado le permitían exigir el pago completo y aplicar la penalidad.

La inteligencia le mostraba diferentes alternativas: cobrar todo, suspender el servicio, eliminar la penalidad, conceder un plazo, ofrecer cuotas o solicitar documentos que permitieran verificar la situación.

La sabiduría exigía valorar el momento, la proporción y las consecuencias. Perdonar cualquier deuda sin criterio podía perjudicar la sostenibilidad de la empresa. Cobrar mecánicamente podía convertir una norma destinada a garantizar responsabilidad en un instrumento incapaz de reconocer una situación excepcional.

Los principios introdujeron un conflicto más profundo.

El principio de **responsabilidad contractual** exigía respetar lo firmado.

El principio de **igualdad** impedía favorecer arbitrariamente a una persona.

El principio de **compasión** obligaba a considerar una vulnerabilidad real.

El principio de **proporcionalidad** exigía que la consecuencia no fuera mayor que lo necesario para proteger la finalidad del contrato.

El principio de **sostenibilidad** recordaba que ayudar a un cliente no debía destruir la capacidad de servir a los demás.

Marina podía eliminar la deuda solo porque conocía personalmente a Andrés. Eso habría sido favoritismo. También podía ignorar toda su situación afirmando que «la ley es igual para todos». Eso habría confundido igualdad con aplicación mecánicamente idéntica.

Finalmente, estableció un procedimiento verificable para situaciones extraordinarias. Los clientes que pudieran demostrar una hospitalización, una emergencia grave u otra circunstancia definida tendrían acceso a una suspensión temporal de la penalidad y a un plan de pago. La medida se aplicaría a cualquier persona que cumpliera los mismos criterios, no únicamente a Andrés.

Marina no abandonó la responsabilidad contractual. La aplicó de manera proporcional y coherente con otros principios.

El caso muestra que un principio no siempre ofrece una respuesta aislada. Puede entrar en relación o conflicto con otros criterios legítimos.

Tratar de manera igual no siempre significa tratar de manera idéntica. Dos situaciones equivalentes deben recibir criterios equivalentes; pero una diferencia relevante puede justificar una respuesta distinta cuando la finalidad, la proporcionalidad y las condiciones están claramente definidas.

Cuando dos principios legítimos entran en conflicto

No todos los conflictos aparecen entre un principio correcto y uno claramente dañino. A veces chocan dos criterios que, por separado, merecen protección.

La verdad puede entrar en conflicto con la privacidad.

La lealtad puede entrar en conflicto con la justicia.

La libertad puede entrar en conflicto con la protección de personas vulnerables.

La igualdad puede entrar en conflicto con la necesidad de responder proporcionalmente a condiciones diferentes.

Cumplir una promesa puede entrar en conflicto con evitar un daño grave que no existía cuando fue formulada.

La reflexión filosófica sobre los dilemas morales reconoce precisamente situaciones en las que dos normas o exigencias relevantes parecen conducir hacia acciones incompatibles.

Cuando esto ocurre, repetir uno de los principios con más fuerza no resuelve automáticamente el problema. Es necesario examinar:

- qué bien protege cada principio;
- qué daño intenta impedir;
- qué personas soportarán las consecuencias;
- qué resultado sería irreversible;
- qué alternativas permiten conservar la mayor cantidad posible de ambos principios;
- qué sacrificio puede justificarse;
- qué decisión podrá explicarse públicamente sin ocultar sus verdaderos motivos.

Una persona puede prometer confidencialidad y después descubrir que la información recibida revela un peligro grave para alguien. Puede valorar la lealtad hacia una institución y descubrir una conducta que perjudica a sus usuarios. Puede defender la libertad individual y reconocer que una acción concreta invade la libertad o la integridad de otras personas.

No existe una fórmula única que elimine todos esos conflictos. La elección debe mostrar qué principio recibió prioridad, por qué la recibió y qué se hizo para reducir el sacrificio del otro.

Fidelidad no significa rigidez

Un principio necesita cierta estabilidad. Si cambia cada vez que aparece una dificultad, no puede orientar ninguna conducta.

Pero estabilidad no significa inmovilidad absoluta.

Una persona puede descubrir que la formulación de un principio era demasiado amplia, que ignoraba determinadas consecuencias o que estaba protegiendo algo diferente de aquello que afirmaba defender.

Alguien puede haber vivido bajo esta regla:

«Siempre debo cumplir lo que prometo».

La intención puede ser responsable. Sin embargo, si prometió participar en una acción perjudicial, cumplir mecánicamente no demostraría integridad. La corrección consistiría en reconocer que ninguna promesa convierte automáticamente en correcto aquello que daña injustificadamente.

El principio puede reformularse:

Debo cumplir mis compromisos legítimos y asumir responsabilidad cuando una promesa no pueda o no deba ejecutarse.

La revisión no destruye necesariamente el principio. Puede depurarlo.

Cambiar un criterio porque la evidencia muestra que producía daño no es lo mismo que abandonarlo únicamente porque dejó de favorecerme.

La primera conducta puede expresar aprendizaje.

La segunda puede revelar oportunismo.

La fidelidad auténtica no consiste en repetir una frase contra todos los hechos, sino en proteger con coherencia el bien que aquella frase intentaba representar.

Un principio se parece a una referencia utilizada para orientar una ruta. Indica dirección, pero no contiene por sí solo el mapa completo, las condiciones del terreno ni todos los obstáculos. Si la referencia está mal formulada, seguirla con mayor rigidez puede alejarnos todavía más del propósito.

Principios explícitos e implícitos

No todos los principios son pronunciados.

Una familia puede no decir nunca:

«Los problemas deben ocultarse».

Sin embargo, cada vez que alguien intenta hablar, recibe silencio, amenaza o vergüenza. La conducta repetida revela un principio implícito: proteger la apariencia posee más importancia que enfrentar el daño.

Una organización puede declarar que las personas son su mayor recurso, mientras premia únicamente los resultados económicos y castiga a quien comunica un riesgo. Su principio real quizá no sea el que aparece escrito en la pared, sino aquel que gobierna las recompensas y las sanciones.

Una persona puede afirmar que valora la libertad y vivir sometida al principio implícito de que nunca debe decepcionar a nadie.

Los principios implícitos se descubren observando patrones:

- ¿qué se premia?
- ¿qué se castiga?
- ¿qué se evita mencionar?
- ¿qué se protege cuando aparece un conflicto?
- ¿qué se sacrifica primero?
- ¿qué conducta se exige a los demás, pero no a uno mismo?

El principio declarado explica lo que una persona afirma ser. El principio operativo puede revelarse en lo que hace cuando debe pagar el costo de sostenerlo.

Una prueba para examinar los principios

Antes de permitir que un principio gobierne una elección, conviene someterlo a varias preguntas.

Primera: ¿Puedo formularlo con claridad o solo utilizo una palabra amplia como justicia, respeto, lealtad o libertad?

Segunda: ¿Qué bien intenta proteger y qué daño intenta evitar?

Tercera: ¿Lo aplicaría también cuando me perjudica o solamente cuando limita a otras personas?

Cuarta: ¿Qué ocurriría si este criterio se utilizara repetidamente en situaciones semejantes?

Quinta: ¿Quién recibe el beneficio y quién asume el costo?

Sexta: ¿Contradice hechos comprobables, derechos fundamentales o consecuencias que no puedo justificar?

Séptima: ¿Qué evidencia o experiencia demostraría que su formulación necesita ser revisada?

Octava: ¿Estoy defendiendo realmente un principio o protegiendo una preferencia, una costumbre, un privilegio o una herida personal?

Estas preguntas no garantizan una respuesta perfecta. Impiden, sin embargo, que una palabra solemne sustituya el examen de la conducta.

Principios y consecuencias

Un principio no debe juzgarse únicamente por su intención. También deben observarse las consecuencias previsibles de su aplicación.

Afirmar que «cada persona debe resolver sola sus problemas» puede intentar promover responsabilidad, pero aplicado de manera rígida puede negar ayuda a quien enfrenta una incapacidad real.

Sostener que «la familia debe permanecer unida» puede proteger vínculos y compromiso, pero también puede utilizarse para mantener violencia o impedir una separación necesaria.

Defender que «todos deben ser tratados igual» puede combatir privilegios, pero también ignorar barreras que afectan de manera diferente a determinadas personas.

Proclamar que «la libertad es absoluta» puede proteger autonomía, pero destruir la libertad ajena cuando una acción produce daño.

Esto no significa que los principios deban reducirse a sus resultados inmediatos. Significa que una persona no puede defenderlos responsablemente mientras se niega a observar lo que producen.

También existe el peligro contrario: abandonar todo principio cada vez que una consecuencia incómoda aparece. En ocasiones, actuar con justicia, decir la verdad o proteger un límite legítimo produce conflictos, pérdidas o rechazo. Una consecuencia dolorosa no demuestra automáticamente que el principio estaba equivocado.

La pregunta exige mayor precisión:

¿El costo es una consecuencia necesaria de proteger algo legítimo o un daño evitable producido por una aplicación defectuosa?

Los principios y los cinco efectos

Los principios no operan aislados.

El conocimiento permite identificar los hechos relevantes y reconocer qué afirmaciones poseen fundamento.

La ley establece parte del marco público dentro del cual se realiza la elección.

La inteligencia compara alternativas, escoge, ejecuta y revisa.

La sabiduría valora el momento, la proporción, los límites y las consecuencias humanas.

Los principios determinan qué criterios deben conservarse cuando una opción conveniente amenaza con contradecir aquello que la persona considera fundamental.

Una persona puede poseer conocimientos suficientes para manipular un sistema.

La ley puede no prohibir expresamente esa conducta.

La inteligencia puede encontrar el método más eficaz para obtener una ventaja.

La sabiduría puede advertir consecuencias perjudiciales a largo plazo.

Un principio de honestidad, dignidad o no explotación puede establecer que la opción no debe ejecutarse, aunque sea posible, rentable y difícil de descubrir.

Sin embargo, el principio también debe ser examinado. Alguien puede invocar la lealtad para ocultar corrupción, la autoridad para impedir preguntas o la tradición para perpetuar un daño.

Los cinco efectos no forman una cadena automática ni una jerarquía donde uno elimine a los demás. Pueden complementarse, limitarse, corregirse o entrar en conflicto dentro de una misma elección.

El principio que nadie observa

La prueba más profunda de un principio aparece cuando nadie vigila, cuando no existe una sanción inmediata y cuando traicionarlo ofrecería una ventaja.

Una persona encuentra una cantidad de dinero que nadie puede vincular con su propietario.

Un empleado descubre que puede alterar un dato sin ser detectado.

Una autoridad puede favorecer a un conocido sin dejar evidencia visible.

Una empresa puede ocultar una condición dentro de un contrato que casi ningún cliente leerá.

En esas situaciones, la ley puede no llegar a tiempo. La reputación quizá no esté en peligro. La recompensa inmediata puede parecer segura.

El principio actúa como límite interno solamente si la persona considera que cierta conducta no debe realizarse, incluso cuando podría obtener beneficio y evitar la sanción.

Pero el principio no debe evaluarse únicamente por la ausencia de vigilancia. También debe responder por las consecuencias que produce. Una conciencia entrenada en un criterio injusto puede ser coherente y, aun así, causar daño.

Por eso, la integridad no consiste solamente en hacer lo mismo en público y en privado. Consiste en conservar criterios examinados que puedan justificarse más allá del interés propio.

De los efectos a los productos conductuales

Con el efecto de los principios se completa la estructura de los cinco grandes efectos:

- conocimiento;
- ley;
- inteligencia;
- sabiduría;
- principios.

Estos efectos intervienen en la forma en que una persona comprende y utiliza una elección. Sin embargo, todavía falta observar cómo esa intervención adquiere orientación conductual.

Un principio puede modificar aquello que una persona **desea**. Puede impedir que el beneficio sea perseguido a cualquier precio.

Puede orientar aquello que **evita**. Puede alejarla de una amenaza real o mantenerla encerrada dentro de un temor convertido en regla.

Puede determinar sobre qué **medita**. Puede llevarla a examinar razones y consecuencias o utilizar la reflexión para justificar lo que ya decidió.

Puede limitar aquello que intenta **controlar**. Puede organizar responsabilidades o legitimar dominación.

Puede establecer aquello que decide **defender**. Puede proteger dignidad, vida, verdad o justicia, pero también un privilegio, una costumbre o una identidad dañina.

Los principios no producen automáticamente una conducta correcta. Orientan, restringen o justifican las operaciones mediante las cuales la persona se relaciona con aquello que desea, evita, examina, regula y protege.

La pregunta que se abre ahora ya no consiste solamente en identificar qué efecto interviene en una elección.

Debemos preguntar:

¿En qué se convierte esa elección cuando comienza a orientar la conducta?

Esa pregunta nos conduce a los **productos conductuales**.

PARTE II
LOS CINCO PRODUCTOS CONDUCTUALES

¿QUÉ ES UN PRODUCTO CONDUCTUAL?

«Una conducta no se comprende solamente por lo que hace visible, sino por aquello que busca, evita, examina, regula o protege».
—Pierre Paul Dasny

Dos personas pueden realizar exactamente la misma acción y, sin embargo, no estar produciendo la misma orientación conductual. Ambas pueden guardar silencio, cerrar una puerta, entregar dinero, abandonar un lugar o rechazar una propuesta, pero las razones, los criterios y las consecuencias de sus decisiones pueden ser completamente diferentes. Una persona puede guardar silencio porque necesita tiempo para comprender. Otra puede callar para evitar responsabilidad. Una tercera puede hacerlo para proteger una información confidencial, controlar una reacción impulsiva o defender a alguien que se encuentra en peligro.

La conducta visible no basta siempre para determinar lo que está ocurriendo. Necesitamos examinar qué intenta obtener la persona, de qué intenta alejarse, qué está considerando, qué pretende regular y qué considera necesario proteger.

Una diferencia necesaria

En el análisis aplicado de la conducta se utiliza la expresión **producto permanente** para referirse a una huella o resultado físico que permanece después de que una conducta ha ocurrido: una hoja completada, una habitación organizada, un informe escrito o determinada modificación observable del ambiente. Esa medición permite evaluar indirectamente una conducta mediante su impacto físico, sin haberla observado necesariamente mientras se producía. Ese no es el sentido utilizado aquí. Un examen escrito puede constituir un producto permanente de la conducta de responder preguntas, pero no es lo que llamaremos **producto conductual**. Una cama tendida, un automóvil lavado o un informe terminado son resultados materiales o medibles; no explican por sí solos qué orientación produjo la conducta.

Una persona puede limpiar una habitación porque desea recibir una visita, porque intenta evitar una sanción, porque medita mejor en un espacio organizado, porque necesita controlar su entorno o porque defiende una norma de higiene. El resultado físico puede ser el mismo, pero el producto conductual cambia según la función que organiza la acción.

Un **producto conductual** es una orientación operativa que surge de la interacción entre los efectos, la voluntad, el contexto y el procesamiento de una situación, y que se manifiesta mediante **desear, evitar, meditar, controlar o defender algo**. Puede expresarse en una acción, una omisión, una decisión o una disposición mantenida.

La palabra *producto* no designa aquí una mercancía ni un objeto terminado. Señala aquello que emerge de un proceso y comienza a orientar la conducta. Cuando el conocimiento, la ley, la inteligencia, la sabiduría y los principios intervienen en una elección, no permanecen como conceptos aislados. Su interacción puede producir una dirección práctica:

- acercarse a algo;
- alejarse de algo;
- examinar algo;
- regular algo;
- proteger algo.

Esas cinco direcciones constituyen los cinco productos conductuales:

Desear

Desear es la orientación hacia obtener, conservar o aproximarse a un resultado que la persona considera valioso. Puede tratarse de dinero, conocimiento, reconocimiento, seguridad, descanso, una relación, una oportunidad o una experiencia.

Desear no significa necesariamente actuar. Una persona puede desear algo y no perseguirlo porque reconoce límites, riesgos o consecuencias que considera inaceptables.

Evitar

Evitar es la orientación hacia prevenir, reducir, abandonar o alejarse de un resultado percibido como perjudicial, incómodo o indeseable. Puede proteger frente a un peligro verdadero, pero también puede mantener a una persona encerrada dentro del miedo, la vergüenza o la negación.

Evitar no es automáticamente cobardía. Tampoco constituye siempre prudencia. Su valor depende de aquello que se evita, de las razones utilizadas y de las consecuencias producidas.

Meditar

Meditar es el examen deliberado de información, alternativas, razones, consecuencias y límites antes de aceptar una conclusión o sostener una elección.

No significa necesariamente pensar durante mucho tiempo. Una reflexión breve puede ser suficiente cuando existen conocimientos y criterios claros. También puede deformarse. Meditar puede convertirse en una demora interminable utilizada para evitar una decisión que ya necesita ser tomada.

Controlar

Controlar es regular variables internas o externas conforme a un criterio, objetivo o límite.

Una persona puede controlar su tiempo, sus gastos, una emoción, el acceso a una información, el desarrollo de un proyecto o las condiciones de una actividad.

El control puede organizar y proteger, pero también puede convertirse en dominación cuando pretende anular la autonomía de otras personas o eliminar toda incertidumbre.

Defender

Defender es proteger a una persona, un objeto, un vínculo, una identidad, un límite, un valor o un principio frente a una amenaza real, anticipada o percibida.

Defender puede significar intervenir, resistir, establecer un límite, presentar evidencia, solicitar ayuda o retirarse estratégicamente.

Pero una persona también puede defender un privilegio, una mentira, una costumbre dañina o una imagen falsa de sí misma. El producto no determina por sí solo la justicia de aquello que protege.

Un producto no es una emoción

Las emociones pueden intervenir en la formación de un producto conductual, pero no son equivalentes.

El miedo puede orientar a evitar o defender.

La ira puede impulsar a controlar, atacar o proteger un límite.

La alegría puede fortalecer un deseo.

La culpa puede llevar a meditar, reparar o esconderse.

Sin embargo, ninguna emoción determina automáticamente una única conducta. Varias personas pueden sentir miedo y responder de manera diferente: una se retira, otra busca ayuda, otra oculta lo ocurrido y otra se prepara para enfrentar el peligro.

El producto describe la orientación operativa que surge dentro de la situación, no solamente la emoción experimentada.

Tampoco es un rasgo fijo

Una persona no es permanentemente «deseante», «evitadora», «meditativa», «controladora» o «defensora».

Puede manifestar productos diferentes según la situación.

Alguien puede evitar conflictos familiares, controlar rigurosamente sus finanzas, meditar sus decisiones profesionales, defender sus creencias y desear reconocimiento social.

Los productos no son identidades psicológicas ni diagnósticos. Son formas en que la conducta puede orientarse dentro de una situación concreta.

Acción, omisión, decisión y disposición

Un producto conductual no siempre aparece mediante una acción visible.

Puede expresarse como **acción**:

denunciar una irregularidad.

Como **omisión**:

decidir no difundir una acusación que todavía no ha sido comprobada.

Como **decisión**:

rechazar una propuesta.

Como **disposición mantenida**:

conservar la voluntad de proteger a una persona durante un proceso prolongado.

La misma omisión puede representar productos diferentes.

No responder un mensaje puede significar:

- evitar una conversación;
- meditar antes de contestar;
- controlar el tiempo;
- defender la privacidad;
- no haber visto el mensaje;
- no disponer de capacidad para responder.

Solo las primeras cuatro posibilidades describen productos conductuales identificables dentro del modelo. Las dos últimas recuerdan que no toda ausencia de acción constituye una elección deliberada.

Alcance y límites

Los cinco productos no pretenden explicar absolutamente todos los movimientos del cuerpo, reflejos, automatismos o procesos involuntarios.

Un estornudo, una contracción muscular refleja o una reacción fisiológica inmediata no deben clasificarse automáticamente como desear, evitar, meditar, controlar o defender.

El análisis se concentra inicialmente en conductas:

- relacionadas con una elección;
- susceptibles de examen;
- orientadas hacia alguna finalidad;
- capaces de mantenerse, corregirse o evaluarse;
- vinculadas con consecuencias previsibles.

Las conductas repetidas pueden transformarse en hábitos activados por señales sin una deliberación nueva cada vez. En esos casos, la orientación que originó la conducta puede continuar influyendo, pero no debe suponerse que la persona vuelve a realizar conscientemente todo el proceso en cada repetición.

Los productos pueden coexistir

Una misma elección puede producir varias orientaciones simultáneas.

Raquel recibió una llamada de la escuela. Le informaron que su hijo había sido acusado de llevarse una tableta perteneciente al centro educativo.

Su primera reacción fue defenderlo. Quería ir inmediatamente a la escuela, exigir explicaciones y publicar en las redes sociales que estaban acusando injustamente a un menor.

Pero todavía no conocía los hechos completos.

Raquel **deseaba** proteger la reputación y el bienestar de su hijo.

También quería **evitar** que fuera humillado o castigado injustamente.

Necesitaba **meditar** qué se sabía, quién había visto lo ocurrido y qué evidencia existía.

Debía **controlar** su enojo y decidir cómo comunicarse sin transformar una investigación en un enfrentamiento público irreversible.

Y tenía que **defender** no solo a su hijo, sino también el derecho de la escuela a recuperar su propiedad y esclarecer lo sucedido.

Durante la reunión, el hijo explicó que había tomado la tableta sin autorización para terminar un trabajo y pensaba devolverla después. No había pretendido venderla ni destruirla, pero sabía que no tenía permiso.

Raquel podía defenderlo negando todo y atacando a la institución. También podía abandonarlo ante la acusación para demostrar que ella respetaba las reglas.

Eligió una respuesta diferente. Exigió que no fuera tratado como un delincuente, pero reconoció que debía asumir responsabilidad, devolver el dispositivo, disculparse y aceptar una consecuencia proporcionada.

En esa situación coexistieron los cinco productos:

- deseaba protegerlo;

- evitaba una condena desproporcionada;
- meditaba los hechos;
- controlaba su propia reacción;
- defendía la dignidad del hijo sin defender la conducta incorrecta.

La acción final no surgió de un solo producto.

Producto principal y productos asociados

Aunque varios productos pueden coexistir, uno puede ocupar una función dominante dentro de una decisión.

Una persona puede trabajar muchas horas porque desea comprar una vivienda. Durante ese proceso controla sus gastos, evita ciertas compras y medita inversiones. El producto dominante puede ser **desear**, mientras los demás colaboran con su ejecución.

Otra puede trabajar muchas horas principalmente para evitar perder su empleo. Aunque también desea estabilidad, la orientación dominante puede ser **evitar**.

La conducta externa —trabajar durante muchas horas— es semejante. La función que la organiza es diferente.

No debemos clasificar un producto únicamente por la apariencia de la conducta.

La finalidad declarada y la finalidad operativa

Las personas no siempre reconocen con precisión qué producto orienta sus actos.

Alguien puede afirmar:

«Lo hago porque quiero ayudarte».

Pero su conducta puede revelar que intenta controlar.

Otra persona puede decir:

«Solo estoy defendiendo la verdad».

Mientras evita reconocer un error propio.

También puede ocurrir lo contrario. Alguien puede creer que está evitando por cobardía cuando en realidad está protegiéndose de un peligro objetivo.

Para identificar un producto deben examinarse conjuntamente:

- lo que la persona declara;
- lo que hace;
- lo que omite;
- el contexto;
- los patrones repetidos;
- aquello que obtiene o conserva;
- aquello de lo que se aleja;
- las consecuencias previsibles.

Ninguno de esos elementos aislados es suficiente en todos los casos.

Los productos no son moralmente buenos o malos

Desear puede impulsar una obra valiosa o una explotación.

Evitar puede preservar la vida o sostener una huida permanente.

Meditar puede mejorar una elección o servir para aplazarla indefinidamente.

Controlar puede organizar recursos o dominar personas.

Defender puede proteger la dignidad o mantener un privilegio injusto.

La clasificación identifica una orientación; no emite todavía un juicio moral definitivo.

Para valorar un producto debemos observar cómo interactúa con:

- el conocimiento disponible;
- la ley aplicable;
- la inteligencia empleada;
- la sabiduría de la proporción;
- los principios que lo orientan;
- las consecuencias que produce.

De los cinco efectos a los cinco productos

Los efectos y los productos no pertenecen a la misma categoría.

Los cinco efectos muestran cómo intervienen:

- el conocimiento;
- la ley;
- la inteligencia;
- la sabiduría;
- los principios.

Los productos muestran hacia dónde comienza a orientarse la conducta:

- desear;
- evitar;
- meditar;
- controlar;
- defender.

La relación puede representarse de esta manera:

Efectos + voluntad + contexto + procesamiento → producto o combinación de productos → acción, omisión, decisión o disposición → consecuencias.

Esta relación no es mecánica.

El mismo conocimiento puede alimentar un deseo o permitir evitar un peligro.

La misma ley puede llevar a controlar una actividad o defender un derecho.

La misma inteligencia puede utilizarse para meditar una alternativa o encontrar una forma más eficaz de alcanzar un deseo.

La misma sabiduría puede aconsejar actuar, esperar, limitar o abandonar.

El mismo principio puede orientar una defensa legítima o ser interpretado de manera rígida para evitar cualquier revisión.

Los efectos influyen en los productos, pero no los producen de manera idéntica en todas las personas.

Cinco preguntas iniciales

Para reconocer qué producto puede estar operando dentro de una conducta, pueden formularse cinco preguntas:

¿Qué intenta obtener, conservar o alcanzar?

Esta pregunta explora **desear**.

¿Qué intenta impedir, reducir, abandonar o dejar atrás?

Explora **evitar**.

¿Qué información, alternativas o consecuencias está examinando?

Explora **meditar**.

¿Qué variables, impulsos, recursos o personas intenta regular?

Explora **controlar**.

¿Qué persona, vínculo, límite, valor o interés intenta proteger?

Explora **defender**.

Las respuestas pueden revelar un producto dominante, varios productos simultáneos o una contradicción entre lo que la persona declara y lo que su conducta sostiene.

Estas preguntas no constituyen todavía el protocolo completo de análisis. Establecen la entrada necesaria para comprender las cinco orientaciones que serán desarrolladas individualmente.

El primer producto

Toda persona desea algo, aunque aquello que desea no siempre sea consciente, alcanzable, conveniente ni compatible con sus otros intereses.

Puede desear obtener, conservar, repetir, recuperar, cambiar o impedir que algo desaparezca.

El deseo puede abrir una dirección, pero no determina por sí solo la conducta que seguirá. Puede relacionarse con la necesidad, el placer, la seguridad, la identidad, el reconocimiento, la pertenencia, el miedo a perder o la expectativa de una recompensa.

También puede ser influido por experiencias, relaciones, empresas, publicidad, sistemas digitales y ambientes construidos para captar la atención. Ese problema merece un desarrollo propio porque no todo deseo nace del mismo lugar ni todo aquello que una persona persigue fue escogido con el mismo grado de libertad.

El primer producto conductual que debemos examinar es:

DESEAR

EL PRODUCTO DESEAR

«No todo lo que deseas nació en ti; y no todo lo que nació en ti merece gobernarte».
—Pierre Paul Dasny

Desear puede iniciar una búsqueda, sostener un esfuerzo, transformar una vida o llevar a una persona hacia aquello que terminará destruyéndola. El deseo no es bueno ni perjudicial por naturaleza. Su dirección, su intensidad, los medios que utiliza y las consecuencias que acepta determinan lo que llega a producir.

Una persona puede desear aprender, formar una familia, crear una empresa, recuperar su salud, obtener reconocimiento, conservar una relación, demostrar que tenía razón o poseer algo que todavía no necesita. Puede incluso perseguir una meta durante años sin haber examinado si aquella meta nació realmente de su voluntad, de una necesidad, de una comparación o de la presión de quienes le enseñaron qué debía considerar valioso.

En este modelo, **desear es la orientación hacia obtener, conservar, recuperar, repetir, transformar o aproximarse a un resultado que la persona valora o anticipa como significativo.**

El resultado deseado puede ser concreto, como una vivienda; abstracto, como respeto; inmediato, como descansar; o lejano, como terminar una carrera. También puede dirigirse a conservar algo que ya existe: una posición, una relación, una identidad, una costumbre o una imagen pública.

Desear no significa necesariamente actuar. Una persona puede desear algo y decidir no perseguirlo porque reconoce que el costo sería desproporcionado, que vulneraría un principio, que la ley lo prohíbe o que todavía no dispone de condiciones suficientes.

Tampoco actuar demuestra por sí solo que exista deseo. Alguien puede cumplir una orden por miedo, repetir un hábito sin deliberación, reaccionar automáticamente, actuar bajo coacción o realizar una conducta porque no percibe otra alternativa.

Por eso, no debe afirmarse que cada acción y cada omisión nacen siempre de un deseo identificable. La conducta humana también puede estar influida por reflejos, hábitos, obligaciones, presiones, automatismos, desconocimiento y limitaciones reales.

Deseo, necesidad, preferencia, impulso, intención y meta

Estas palabras pueden relacionarse, pero no significan lo mismo.

Una **necesidad** se refiere a una condición cuya ausencia puede afectar el funcionamiento, la supervivencia o un ámbito importante del bienestar. Necesitar agua no es lo mismo que desear una bebida determinada.

Una **preferencia** indica que una alternativa resulta más atractiva que otra. Puedo preferir trabajar por la mañana sin convertir esa preferencia en una meta central.

Un **impulso** puede aparecer con urgencia y empujar hacia una respuesta inmediata. Puede alimentar un deseo, aunque no todo deseo sea impulsivo.

Una **intención** expresa la decisión provisional de realizar una acción.

Una **meta** convierte un resultado deseado en un punto definido hacia el cual se organiza la conducta.

Una persona puede desear escribir un libro durante años y no haber formado todavía la intención de comenzarlo. Puede decidir escribirlo, establecer una fecha y convertir el deseo en meta. También puede iniciar el trabajo y abandonarlo cuando descubre que el esfuerzo necesario no coincide con el valor que había atribuido al resultado.

El deseo abre una dirección. No garantiza movimiento, planificación ni permanencia.

No todo deseo nace de una carencia

Algunos deseos aparecen porque percibimos que algo falta. El hambre puede orientar hacia la comida; la soledad puede intensificar la búsqueda de compañía; la inseguridad económica puede fortalecer el deseo de estabilidad.

Pero no todo deseo procede exclusivamente de una pérdida.

También puede surgir de:

- curiosidad;
- anticipación de una experiencia;
- exposición repetida;
- aprendizaje;
- comparación social;
- admiración;
- identidad;
- hábito;
- señales del ambiente;
- promesas de recompensa;
- influencia de otras personas.

Una persona puede comenzar a desear un objeto que nunca había considerado necesario después de verlo repetidamente asociado con éxito, belleza o pertenencia.

Por eso, percibir un deseo no demuestra automáticamente que exista una necesidad verdadera. Tampoco toda necesidad genera un deseo consciente. Alguien puede necesitar descanso y continuar deseando trabajar porque ha asociado detenerse con fracaso.

Desear no es lo mismo que disfrutar

En el lenguaje cotidiano solemos suponer que perseguimos aquello que nos produce placer. Sin embargo, la investigación sobre recompensa distingue entre procesos de **«querer»** o *wanting* y procesos de **«gustar»** o *liking*. Aunque suelen aparecer juntos, una persona puede experimentar una motivación intensa por obtener algo y disfrutarlo mucho menos de lo que esperaba. Esta separación resulta especialmente importante para comprender ciertas conductas compulsivas y adictivas.

Alguien puede revisar repetidamente una aplicación sin experimentar verdadero disfrute.

Puede perseguir una compra, sentir alivio al obtenerla y poco después necesitar otra.

Puede insistir en recuperar una relación que le produjo daño, no porque la convivencia fuera satisfactoria, sino porque la pérdida activó el deseo de recuperar lo conocido.

El deseo puede crecer mientras el placer disminuye.

Esta diferencia obliga a formular dos preguntas:

¿Cuánto deseo esto?

y:

¿Qué ocurre realmente cuando lo obtengo?

Confundir intensidad con valor puede llevarnos a concluir que aquello que más deseamos es necesariamente lo que más nos conviene.

El vehículo que prometía más que transporte

Daniel deseaba comprar un vehículo nuevo. Su automóvil todavía funcionaba, pero ya no correspondía con la imagen de éxito que quería proyectar.

Al principio justificaba la compra mediante razones prácticas: mayor seguridad, menos reparaciones y más espacio para su familia. Todas eran razones posibles.

Sin embargo, después de examinar su deseo, aparecieron otros elementos.

Había comenzado a comparar su vehículo con los de sus compañeros de trabajo. Cada vez que veía fotografías de alguien frente a un modelo más costoso, sentía que su propio progreso era insuficiente. También recibía anuncios relacionados con vehículos después de buscar precios, visitar páginas y observar videos sobre financiamiento.

Daniel no deseaba únicamente transporte.

Deseaba reconocimiento.

Deseaba confirmar que había avanzado.

Deseaba que otras personas pudieran verlo.

El conocimiento le permitía revisar ingresos, tasas, seguros y costos de mantenimiento.

La ley establecía las obligaciones del contrato y del financiamiento.

La inteligencia le permitía comparar comprar, reparar, arrendar, esperar o escoger un vehículo menos costoso.

La sabiduría exigía valorar qué ocurriría con la economía familiar durante los años siguientes.

Los principios lo confrontaban con una pregunta: ¿era responsable comprometer recursos destinados a necesidades familiares para sostener una imagen pública?

Daniel no eliminó su deseo. Lo descompuso.

Descubrió que necesitaba mejorar la confiabilidad de su transporte, pero no necesitaba adquirir el modelo utilizado para demostrar estatus.

Decidió ahorrar durante un período definido, reparar temporalmente su automóvil y revisar la compra después de fortalecer su reserva económica.

La decisión no demuestra que comprar un vehículo costoso sea incorrecto. Demuestra que el objeto visible puede contener varios deseos diferentes y que cada uno necesita ser identificado antes de dirigir una elección.

Lo que deseamos y lo que creemos desear

No todos los deseos son completamente conscientes.

Los objetivos pueden dirigir la atención hacia determinada información y hacer que ciertas señales resulten más visibles. Además, las respuestas habituales pueden activarse dentro de contextos repetidos sin que la persona reconstruya deliberadamente cada intención.

Una persona que desea reconocimiento puede prestar mayor atención a cualquier señal de aprobación o rechazo.

Quien desea evitar una pérdida puede interpretar una oportunidad principalmente por su riesgo.

Alguien puede decir que desea descansar y, al mismo tiempo, organizar su vida de forma que nunca pueda hacerlo, porque otro deseo —ser indispensable— domina sus elecciones.

También podemos confundir lo que deseamos con lo que creemos que deberíamos desear.

Una familia puede haber enseñado a un joven que solamente determinadas profesiones representan éxito. El joven puede avanzar hacia una carrera sin saber si desea ejercerla o si desea conservar la aprobación familiar.

Una persona puede afirmar que desea una relación estable, mientras sus decisiones muestran que valora principalmente la emoción de conquistar y retirarse antes de establecer compromiso.

La discrepancia no demuestra necesariamente engaño consciente. Puede indicar que la persona todavía no ha identificado con precisión qué resultado orienta su conducta.

Cuando otros intentan orientar el deseo

Las empresas no necesitan leer la mente para influir en lo que una persona observa o considera.

Las plataformas digitales y los sistemas publicitarios pueden utilizar búsquedas, clics, tiempo de visualización, compras, interacciones, características del dispositivo, ubicación aproximada e intereses inferidos para seleccionar contenidos o anuncios. Informes e investigaciones sobre publicidad digital han documentado la creación de perfiles e inferencias basadas en la actividad de los usuarios.

Por eso, cuando una persona busca información sobre alimentación, interactúa con videos de ejercicio o visita páginas de productos, puede comenzar a recibir publicidad relacionada.

No es necesario afirmar que el teléfono conoció un pensamiento secreto.

La explicación puede encontrarse en:

- conductas digitales anteriores;
- intereses semejantes de usuarios comparables;
- ubicación;
- datos aportados a una plataforma;
- información compartida entre servicios;
- coincidencia;
- campañas dirigidas a un grupo amplio.

Sin embargo, que la publicidad no lea literalmente el pensamiento no significa que su influencia sea irrelevante.

La repetición puede aumentar la familiaridad.

La ubicación de una opción puede hacerla más visible.

La asociación con personas admiradas puede aumentar su atractivo.

La urgencia artificial puede reducir el tiempo disponible para examinar.

La personalización puede hacer que el mensaje parezca creado específicamente para una necesidad íntima.

Un sistema no necesita obligar a una persona para modificar el campo dentro del cual comienza a desear.

¿El deseo fue descubierto o construido?

Supongamos que una plataforma muestra repetidamente cursos que prometen riqueza rápida.

La persona puede comenzar con una inquietud económica real. El anuncio no creó desde cero su necesidad de estabilidad, pero puede transformar esa necesidad en el deseo de comprar una solución concreta.

El mensaje podría utilizar:

- testimonios selectivos;
- cifras sin contexto;
- tiempo limitado;
- comparación con personas exitosas;
- miedo a quedarse atrás;
- promesa de pertenecer a un grupo exclusivo.

La persona continúa siendo responsable de examinar la compra, pero esa responsabilidad no obliga a ignorar que otros diseñaron activamente el ambiente para orientar su atención.

La libertad de elección no significa ausencia de influencia.

Significa, entre otras cosas, capacidad para reconocerla, examinarla y decidir cuánto poder se le concederá.

Cuando la prohibición aumenta el atractivo

Algo prohibido puede parecer más deseable. La explicación no debe formularse así:

«No existe deseo sin prohibición».

Muchos deseos aparecen sin que nadie haya prohibido su objeto.

Lo que sí puede ocurrir es que una restricción percibida como amenaza contra la libertad produzca **reactancia psicológica**: una motivación orientada a restaurar la posibilidad de elegir. En determinadas condiciones, aquello que se limita puede adquirir mayor atractivo precisamente porque parece inaccesible. Este efecto no ocurre de manera idéntica en todas las personas ni ante toda prohibición. Depende del valor de la libertad amenazada, del contexto, de la forma en que se comunica la restricción y de las alternativas disponibles.

Un adolescente puede interesarse más por una actividad después de recibir una prohibición sin explicación.

Un consumidor puede reaccionar ante la frase «últimas unidades» porque percibe que perderá la oportunidad.

Una persona puede intensificar la búsqueda de alguien que la ha rechazado, no porque la relación sea conveniente, sino porque la inaccesibilidad ha aumentado el valor psicológico del objetivo.

La prohibición puede intensificar un deseo. También puede reducirlo, desplazarlo o no producir ningún cambio.

Por tanto, la pregunta no debe ser únicamente:

¿Por qué lo deseo?

También:

¿Lo deseaba antes de que alguien intentara impedírmelo?

«No deseo» y «deseo no hacerlo»

Estas expresiones parecen iguales, pero no siempre lo son.

No deseo estudiar.

Puede significar que la persona no siente suficiente motivación para estudiar.

Deseo no estudiar.

Expresa una orientación activa hacia evitar el estudio o preservar otra alternativa.

En el primer caso puede existir ausencia de deseo.

En el segundo existe un deseo dirigido hacia la no realización de una conducta.

La diferencia será importante en el capítulo siguiente, porque **desear que algo no ocurra** puede coexistir con el producto **Evitar**, pero no son idénticos.

Una persona puede no desear aprender otro idioma porque el asunto no le interesa.

Otra puede desear no aprenderlo porque teme equivocarse, porque rechaza una cultura, porque no quiere invertir tiempo o porque aprenderlo alteraría una identidad que desea conservar.

La conducta final puede ser la misma: no estudiar.

La orientación que la produce es diferente.

El deseo no equivale a una orden

No escogemos necesariamente la aparición inicial de todos nuestros deseos.

Una atracción, una curiosidad, una urgencia o una imagen mental puede presentarse sin autorización consciente.

Pero la aparición del deseo no determina automáticamente lo que deberá ocurrir después.

La persona puede:

- alimentarlo;
- examinarlo;
- aplazarlo;
- limitarlo;
- transformarlo;
- perseguirlo;
- abandonar su ejecución;
- buscar ayuda cuando pierde capacidad para regularlo.

La responsabilidad debe evaluarse considerando la libertad real, el conocimiento disponible, la intensidad de la compulsión, el contexto y las consecuencias previsibles.

No es preciso condenar a una persona por experimentar un deseo para exigirle responsabilidad por la forma en que decide tratarlo.

El deseo y los cinco efectos

El deseo no nace ni opera fuera de los cinco efectos.

El **conocimiento** puede revelar qué es el objeto deseado, qué requiere y qué riesgos contiene.

La **ley** puede permitirlo, limitarlo, regularlo o prohibir los medios utilizados para obtenerlo.

La **inteligencia** permite comparar caminos y escoger cómo responder.

La **sabiduría** valora el momento, la proporción, la sostenibilidad y las consecuencias humanas.

Los **principios** determinan qué medios no deberían aceptarse, aunque el resultado resulte atractivo.

Una persona puede desear dinero.

El conocimiento le muestra diferentes formas de obtenerlo.

La ley separa algunas actividades permitidas de otras prohibidas.

La inteligencia puede diseñar una estrategia eficaz.

La sabiduría examina el costo a largo plazo.

Los principios impiden tratar a otras personas como instrumentos.

El deseo no explica por sí solo la conducta final. Debe observarse dentro de la estructura completa.

Desear puede coexistir con los demás productos

Una persona puede desear una oportunidad y evitar el riesgo de perderla.

Puede meditar si merece la pena.

Puede controlar recursos para alcanzarla.

Puede defenderla ante quienes intentan impedirla.

Los cinco productos pueden intervenir dentro de una misma situación.

Sin embargo, uno puede ocupar la dirección dominante.

Una estudiante puede organizar sus horarios, evitar distracciones y defender su tiempo porque desea graduarse. En ese caso, desear organiza los demás productos.

Otra estudiante puede completar la misma carrera principalmente para evitar la desaprobación familiar. Aunque desea terminar, evitar puede ser la orientación dominante.

El comportamiento visible no siempre revela el producto principal.

Fases del protocolo de interrogación introspectiva

Estas preguntas no constituyen por sí solas una psicoterapia ni sustituyen una evaluación profesional. Funcionan como una exploración organizada del deseo.

Primera fase: identificar

- ¿Qué deseo exactamente?
- ¿Deseo obtenerlo, conservarlo, recuperarlo, repetirlo o transformarlo?
- ¿Cuándo comenzó este deseo?
- ¿Qué ocurrió antes de que apareciera?
- ¿Qué imagen, persona o experiencia lo intensifica?
- ¿Cómo sabré que lo he obtenido?
- ¿Existe un punto final identificable?

Segunda fase: descubrir su función

- ¿Qué creo que este resultado cambiará en mi vida?
- ¿Qué emoción espero sentir?
- ¿Qué temor espero eliminar?
- ¿Lo seguiría deseando si nadie supiera que lo obtuve?
- ¿Deseo el objeto o lo que representa?
- ¿Estoy intentando satisfacer una necesidad, demostrar algo o evitar una herida?

Tercera fase: examinar influencias

- ¿Quién se beneficia de que yo desee esto?
- ¿Cuánto de este deseo procede de comparación, publicidad, costumbre o presión?
- ¿Qué información recibí y qué información todavía me falta?
- ¿He confundido repetición con importancia?
- ¿La urgencia es real o fue creada para impedirme examinar?

Cuarta fase: evaluar costo y coherencia

- ¿Qué tendré que entregar para obtenerlo?
- ¿Qué deberé mantener después de conseguirlo?
- ¿A quién afectará?

- ¿Qué ley, límite o responsabilidad interviene?
- ¿Qué principio podría comprometer?
- ¿Qué ocurrirá si no lo obtengo?
- ¿Existe una forma parcial, gradual o reversible de perseguirlo?

Quinta fase: escoger respuesta

- ¿Debo actuar ahora, esperar, limitarlo o abandonarlo?
- ¿Qué primer paso es verificable?
- ¿Qué condición me obligará a revisar la decisión?
- ¿Qué señal indicaría que el deseo ya controla más de lo que orienta?
- ¿Qué haré si obtenerlo no produce el resultado esperado?

El objetivo no es encontrar una respuesta perfecta. Es impedir que el deseo permanezca oculto detrás de palabras generales.

La medida del deseo

La fuerza de un deseo no debe medirse únicamente por cuánto dolor produce no obtenerlo.

También debemos observar:

- cuánto tiempo ocupa;
- qué recursos consume;
- qué responsabilidades desplaza;
- qué límites rompe;
- qué identidad construye;
- qué consecuencias deja después de ser satisfecho.

Un deseo puede ser intenso y transitorio.

Otro puede ser sereno y dirigir toda una vida.

La intensidad no demuestra profundidad.

La duración no demuestra legitimidad.

La dificultad no demuestra que el objetivo valga la pena.

Cuando alcanzar no es suficiente

Conseguir algo no resuelve automáticamente el deseo que lo produjo.

Una persona puede desear reconocimiento y obtener un premio, pero continuar dependiendo de una aprobación cada vez mayor.

Puede desear seguridad y acumular recursos sin llegar a sentirse segura.

Puede desear controlar una relación y descubrir que cada nueva forma de control aumenta su temor a perderla.

Puede desear libertad y construir una vida tan desconectada de los demás que termina perdiendo apoyo, pertenencia y responsabilidad compartida.

Algunos deseos poseen un resultado claramente delimitado.

Otros se expanden cada vez que son satisfechos.

Esta diferencia se desarrollará más adelante al estudiar **productos conductuales delimitados** y **productos conductuales abiertos**.

Por ahora basta reconocer que un deseo sin criterio de suficiencia puede convertir cada logro en la entrada de una nueva insuficiencia.

El costo que estamos dispuestos a pagar

Todo deseo sostenido consume algo:

- tiempo;
- atención;
- dinero;
- energía;
- relaciones;
- oportunidades;
- reputación;

- tranquilidad;
- posibilidades futuras.

Eso no significa que todo sacrificio sea incorrecto.

Construir algo valioso puede exigir renuncias reales.

El problema aparece cuando la persona calcula únicamente lo que obtendrá y se niega a reconocer qué está entregando.

Antes de perseguir un deseo debemos preguntar:

¿Qué estoy dispuesto a perder?

Y después:

¿Tengo derecho a imponer ese costo a otras personas?

Una madre puede sacrificar tiempo personal para cuidar a un hijo, pero no debería asumir que todos los miembros de la familia deben abandonar sus vidas sin deliberación.

Un empresario puede invertir sus ahorros en una idea, pero no debería ocultar a su socio riesgos capaces de destruir recursos compartidos.

El sacrificio elegido no es igual al sacrificio impuesto.

Del deseo hacia la evitación

Desear orienta hacia aquello que queremos obtener, conservar o aproximar.

Pero toda aproximación puede despertar también una dirección contraria.

Quien desea éxito puede evitar el fracaso.

Quien desea intimidad puede evitar el rechazo.

Quien desea seguridad puede evitar cualquier cambio.

Quien desea reconocimiento puede evitar situaciones donde su capacidad sea examinada.

A veces perseguimos una meta.

Otras veces creemos perseguirla, cuando en realidad nuestra conducta está organizada principalmente por aquello de lo que intentamos escapar.

Por eso, después de examinar lo que buscamos, debemos estudiar qué intentamos impedir, reducir, abandonar o dejar atrás.

EL PRODUCTO EVITAR

«A menudo encontramos nuestro destino por los caminos que tomamos para evitarlo».
—Jean de La Fontaine, «El horóscopo», Fábulas, libro VIII, fábula 16 (1678); traducción propia

La frase no significa que todo intento de evitar un resultado termine produciéndolo inevitablemente. Presenta una paradoja más precisa: ciertas estrategias creadas para protegernos pueden acercarnos al resultado temido cuando el miedo sustituye la verificación, cuando la retirada impide aprender o cuando la prevención se vuelve rígida y desproporcionada.

Desear orienta hacia aquello que queremos obtener, conservar, recuperar o transformar. Evitar dirige la conducta hacia otra finalidad: impedir, reducir, abandonar o alejarnos de algo que percibimos como perjudicial, incómodo, costoso o incompatible con lo que deseamos proteger.

Ambos productos pueden aparecer dentro de una misma elección.

Quien desea conservar su salud puede evitar una conducta de riesgo.

Quien desea aprobación puede evitar expresar desacuerdo.

Quien desea estabilidad puede evitar una oportunidad incierta.

Quien desea libertad puede evitar todo compromiso, incluso aquellos que podrían enriquecer su vida.

Por eso, no basta con preguntar qué evita una persona. También debemos preguntar **qué intenta conservar mediante esa evitación**.

En este modelo, **evitar es la orientación hacia prevenir, reducir, interrumpir, abandonar o alejarse de un resultado aversivo, amenazante o considerado indeseable**.

Alejarse no demuestra por sí solo que exista una amenaza. Una persona puede retirarse por prudencia, miedo, hábito, cansancio, presión, desconocimiento o incapacidad para responder. Del mismo modo, permanecer o acercarse tampoco demuestra valentía ni seguridad. El sentido de la conducta depende del riesgo existente, del proceso que la produjo y de las consecuencias que podían preverse.

Aquello que se evita puede ser:

- una persona;
- un lugar;
- una acción;
- una responsabilidad;
- una emoción;
- un recuerdo;
- una posibilidad;
- una pérdida;
- una consecuencia;
- una conversación;
- una decisión.

Evitar no es automáticamente cobardía, debilidad ni falta de inteligencia. Puede ser una respuesta protectora, estratégica y proporcionada. Sin embargo, también puede convertirse en una forma de permanecer sometido a aquello que nunca se examina.

Evitar, escapar y prevenir

Estas palabras se relacionan, pero no designan exactamente el mismo proceso.

Evitar consiste en actuar para impedir o reducir el contacto con una situación o consecuencia antes de que ocurra o mientras todavía puede eludirse.

Escapar implica abandonar o interrumpir una situación aversiva que ya está ocurriendo.

Prevenir consiste en anticipar razonablemente un riesgo y establecer medios para disminuir la probabilidad de que se produzca o para limitar sus consecuencias.

Una persona evita entrar en un lugar donde reconoce un peligro.

Escapa cuando el peligro ya se encuentra presente.

Previene cuando instala condiciones que reducen la posibilidad de que el peligro aparezca.

La investigación sobre aprendizaje distingue habitualmente la evitación —acciones dirigidas a impedir la aparición de una amenaza— del escape, que ocurre cuando la persona intenta alejarse de una amenaza ya próxima o presente.

Colocar una contraseña segura puede prevenir un acceso no autorizado.

Cerrar una sesión abierta en un dispositivo ajeno interrumpe una exposición ya existente.

Abandonar una cuenta después de que fue comprometida puede formar parte de una respuesta de escape y protección.

Las tres respuestas pueden ser útiles, pero actúan en momentos diferentes.

Prevenir no es adivinar

Prevenir no significa conocer con certeza lo que ocurrirá.

Significa reconocer un riesgo razonable, examinar su probabilidad y gravedad, y establecer medidas proporcionadas.

Desconectar determinados equipos durante una tormenta puede reducir ciertos riesgos eléctricos. Eso no garantiza que ningún daño ocurra ni significa que toda tormenta producirá un desastre.

Utilizar copias de seguridad no demuestra que una pérdida de información vaya a ocurrir. Reconoce que la pérdida es posible y que su costo justificaría una medida preventiva.

La prevención responsable no exige miedo permanente. Puede surgir del conocimiento, de la experiencia, de una obligación, de la inteligencia, de la sabiduría o de un principio de cuidado.

Por tanto, no es correcto afirmar:

«No hay prevención sin miedo».

Una persona puede prevenir un daño sin experimentar miedo, porque comprende el riesgo y ha incorporado una práctica responsable.

El miedo puede advertir, pero no constituye el único fundamento para evitar.

No toda ausencia de acción es evitación

Una persona puede no actuar porque ha decidido alejarse de una consecuencia.

Pero también puede permanecer inactiva porque:

- desconoce lo que ocurre;
- no reconoce alternativas;
- no posee capacidad;
- está bajo coacción;
- se encuentra paralizada;
- olvidó actuar;
- repite un hábito;
- no considera importante la situación.

No responder una llamada puede constituir evitación si la persona reconoce quién llama y decide no enfrentar la conversación.

También puede significar que no escuchó el teléfono.

La conducta visible es idéntica; su función no lo es.

Del mismo modo, decir **no** puede expresar un límite, una evasión, una defensa o una simple preferencia. Decir **sí** puede manifestar deseo, miedo, sometimiento o una elección examinada.

La inteligencia no consiste únicamente en poder pronunciar ambas palabras. Consiste en comprender qué se acepta o se rechaza, con qué fundamento y bajo qué consecuencias.

La neutralidad tampoco elimina la elección. En determinadas situaciones, no tomar posición conserva el estado existente y beneficia a alguna de las partes. En otras, esperar puede ser la respuesta más responsable porque todavía falta información.

No existe una regla universal según la cual siempre debamos actuar, retirarnos o permanecer neutrales.

Respuestas ante una amenaza

Ante una amenaza real o percibida, el organismo puede producir diferentes respuestas defensivas. Luchar, huir y quedarse inmóvil son posibilidades conocidas, pero no deben convertirse en tres categorías rígidas de personalidad. La investigación sobre la denominada cascada defensiva distingue estados como vigilancia, inmovilidad atenta, huida, lucha e inmovilidad extrema, cuya aparición depende, entre otros factores, de la proximidad de la amenaza y de las posibilidades percibidas de acción.

Una persona que se queda inmóvil durante una amenaza no necesariamente decidió rendirse.

Una persona que huye no demuestra automáticamente cobardía.

Una persona que lucha no demuestra necesariamente valentía.

Puede tratarse de respuestas rápidas del organismo, elecciones deliberadas o combinaciones de ambas.

Tampoco debemos afirmar que todas estas respuestas se forman exclusivamente en la infancia y permanecen iguales durante toda la vida. Las experiencias tempranas pueden influir en patrones posteriores, pero el aprendizaje, el contexto, las relaciones, las capacidades y nuevas experiencias también pueden modificarlos.

El alivio que fortalece la evitación

Evitar suele producir un beneficio inmediato: reduce contacto con algo desagradable y puede disminuir temporalmente miedo, tensión, vergüenza o incertidumbre.

Ese alivio ayuda a comprender por qué una evitación puede repetirse.

En el aprendizaje por refuerzo negativo, una conducta puede fortalecerse porque elimina, reduce o posterga una experiencia aversiva. Esto no significa castigo ni algo moralmente negativo; significa que la desaparición del malestar aumenta la probabilidad de repetir la respuesta.

Una persona teme hablar durante una reunión.

Decide no asistir.

La ansiedad disminuye.

La próxima vez, faltar parece todavía más necesario.

El alivio confirma emocionalmente que evitar «funcionó», aunque la persona no haya comprobado qué habría ocurrido si hubiera participado.

La evitación puede impedir precisamente el aprendizaje que permitiría corregir una predicción exagerada. Cuando nunca se entra en contacto con la situación, resulta difícil descubrir si la amenaza era tan probable, intensa o incontrolable como se esperaba. La evitación excesiva puede mantener problemas de ansiedad al impedir esa comprobación.

Pero esto no significa que toda evitación deba eliminarse. Existen peligros que no necesitan enfrentarse para demostrar valor.

No es necesario acercarse a un agresor para comprobar que puede causar daño.

No hace falta consumir una sustancia peligrosa para demostrar autocontrol.

No se necesita regresar a una relación violenta para aprender que debe establecerse un límite.

El desafío consiste en distinguir entre la evitación que protege y la evitación que encierra.

Cuando evitar la información agrava el problema

El siguiente caso muestra cómo evitar una información puede producir alivio inmediato mientras reduce cada día el margen disponible para responder.

Miguel recibió una carta de una institución financiera. Sabía que podía contener una notificación relacionada con una deuda atrasada.

No la abrió.

Durante algunas horas sintió alivio. Mientras el sobre permaneciera cerrado, todavía podía imaginar que el problema no era grave.

Al día siguiente escondió la carta debajo de otros documentos.

Después evitó revisar su correo electrónico, responder llamadas desconocidas y consultar su cuenta. Cada conducta reducía momentáneamente la ansiedad.

Miguel decía que estaba evitando un problema.

En realidad, estaba evitando **la información sobre el problema**.

La deuda continuaba existiendo. Los plazos seguían avanzando. Algunas alternativas que podían estar disponibles al principio comenzaron a desaparecer.

El conocimiento podía mostrarle el monto, las condiciones y los plazos.

La ley podía establecer sus obligaciones y los procedimientos disponibles.

La inteligencia podía comparar pagar, negociar, solicitar una revisión o buscar orientación.

La sabiduría debía valorar qué respuesta era sostenible.

Los principios lo obligaban a reconocer responsabilidades sin permitir que la vergüenza destruyera toda posibilidad de reparación.

Finalmente abrió la carta acompañado de una persona de confianza. Descubrió que todavía disponía de un período para presentar una propuesta de pago.

Abrirla no eliminó la deuda. Eliminó una parte de la incertidumbre que impedía responder.

La historia no demuestra que enfrentar siempre resuelva. Demuestra que evitar información necesaria puede aumentar el poder del problema mientras disminuye el margen de elección.

Miguel no necesitaba dejar de sentir miedo antes de actuar. Necesitaba impedir que el miedo continuara escogiendo por él.

Evitación protectora y evitación perjudicial

La evitación puede evaluarse mediante su función y sus consecuencias.

La evitación puede ser protectora cuando:

- existe una amenaza suficientemente fundada;
- reduce un riesgo grave;

- protege una vida, un límite o un derecho;
- conserva recursos necesarios;
- impide una exposición innecesaria;
- permite obtener información o ayuda;
- forma parte de una estrategia temporal;
- sus costos son proporcionales al peligro.

Puede volverse perjudicial cuando:

- se extiende hacia situaciones que no representan el mismo riesgo;
- reduce el malestar inmediato, pero aumenta el daño futuro;
- impide obtener información indispensable;
- elimina oportunidades importantes;
- sustituye toda forma de resolución;
- depende de predicciones que nunca se comprueban;
- obliga a otras personas a reorganizar permanentemente su vida;
- consume más recursos que aquello que pretende evitar.

Una persona puede evitar una calle después de sufrir un asalto allí. La respuesta inicial puede ser razonable.

Pero si después evita todas las calles, deja de salir, abandona su trabajo y permanece encerrada aun cuando existan rutas, horarios o apoyos más seguros, la evitación ha extendido el alcance de la amenaza.

El problema no consiste en que haya intentado protegerse. Consiste en que la protección comenzó a reducir su vida más que el peligro original.

Evitar una situación y evitar una experiencia interna

No siempre evitamos lugares o personas. También podemos intentar evitar pensamientos, recuerdos, sensaciones y emociones.

Una persona puede:

- trabajar sin descanso para no sentir tristeza;
- consumir para no recordar;

- discutir para no reconocer vergüenza;
- controlar a otros para no experimentar incertidumbre;
- buscar aprobación constante para no sentir rechazo;
- convertir toda conversación en una broma para no mostrar vulnerabilidad.

La **evitación experiencial** describe esfuerzos dirigidos a escapar, suprimir o modificar experiencias internas desagradables, incluso cuando esa estrategia produce costos importantes. La evitación interna no es necesariamente perjudicial en todos los casos; su efecto depende de la rigidez, el contexto y de si impide actuar de acuerdo con objetivos y responsabilidades importantes.

Distraerse durante un procedimiento doloroso puede ser útil.

Tomarse un tiempo antes de hablar bajo una emoción intensa puede impedir una agresión.

Pero organizar toda la vida para no experimentar tristeza, miedo, culpa o incertidumbre puede convertir cualquier situación capaz de activar esas emociones en una amenaza.

No siempre podemos evitar sentir. Podemos aprender a decidir qué hacer mientras sentimos.

Evitar no es suprimir

Intentar no pensar en algo no garantiza que desaparezca.

Una persona puede ordenar:

«No voy a pensar en ese error».

Sin embargo, continúa vigilando mentalmente si el pensamiento ha regresado. Esa vigilancia mantiene el contenido presente.

Evitar una acción perjudicial puede ser responsable.

Pretender eliminar por completo toda emoción relacionada con ella puede resultar imposible o producir una lucha permanente.

Reconocer un pensamiento no significa obedecerlo.

Aceptar que una emoción existe no significa aprobar todas las conductas que podría impulsar.

Puedo sentir ira y evitar agredir.

Puedo sentir miedo y acercarme con precaución.

Puedo sentir culpa y reparar.

Puedo sentir deseo y decidir no ejecutarlo.

El producto Evitar debe dirigirse hacia aquello que realmente necesita límite, no necesariamente hacia toda experiencia interna que lo acompaña.

La falsa seguridad

Algunas conductas de seguridad reducen ansiedad, pero pueden impedir que la persona descubra qué capacidad posee o qué tan probable era el resultado temido.

Alguien puede hablar únicamente cuando otra persona responde por él.

Puede revisar una puerta veinte veces.

Puede acudir a una reunión, pero permanecer cerca de la salida y no intervenir.

Puede conducir solamente si alguien confirma cada movimiento.

La conducta parece aproximación, pero continúa organizada por la necesidad de evitar una catástrofe anticipada.

No toda medida de seguridad es inútil. Utilizar cinturón, verificar una cerradura una vez o solicitar apoyo durante un aprendizaje puede ser razonable. El problema surge cuando la seguridad deja de responder al riesgo real y se convierte en condición indispensable para tolerar cualquier incertidumbre.

Debemos preguntar:

¿Esta medida reduce un peligro objetivo o impide que compruebe que puedo responder sin ella?

El miedo no siempre indica peligro

El miedo puede activarse ante amenazas reales, recuerdos, interpretaciones o posibilidades futuras. Su intensidad no mide de manera exacta la probabilidad del peligro.

Podemos sentir poco miedo ante un riesgo grave porque nos resulta familiar.

Podemos experimentar mucho miedo ante una situación de bajo riesgo porque la imaginamos fuera de control.

Por eso, evitar no debe depender exclusivamente de cuánto miedo sentimos.

La decisión necesita considerar:

- evidencia;
- probabilidad;
- gravedad;
- capacidad de respuesta;
- alternativas;
- costos de acercarse;
- costos de alejarse;
- posibilidad de corrección.

El miedo aporta información sobre nuestro estado. No constituye por sí solo una sentencia sobre la realidad.

Evitar personas sin convertirlas en diagnósticos

Establecer distancia respecto de una persona puede ser necesario cuando existen amenazas, manipulación, violencia, explotación o violaciones repetidas de límites.

Pero no conviene clasificar indiscriminadamente a quienes nos incomodan como «tóxicos», «psicópatas», «mediocres» o «envidiosos».

Una conducta perjudicial debe describirse con precisión:

- miente repetidamente;
- amenaza;
- divulga información confidencial;
- ignora límites expresos;
- utiliza violencia;
- exige control;
- incumple acuerdos;
- humilla;
- manipula recursos.

Describir la conducta permite evaluar el riesgo y decidir una respuesta.

Convertir a toda la persona en una etiqueta puede impedir distinguir entre:

- un conflicto corregible;
- una incompatibilidad;
- una conducta ocasional;
- un patrón peligroso;
- un diagnóstico clínico que solo corresponde a una evaluación profesional.

Evitar a alguien puede ser necesario sin afirmar que conocemos toda su identidad psicológica.

Cuando evitar protege un límite

Carolina recibía mensajes laborales durante la madrugada. Al principio respondía para demostrar compromiso.

Con el tiempo, sus compañeros comenzaron a considerar normal que estuviera disponible a cualquier hora. Dormía menos, cometía más errores y sentía ansiedad cada vez que escuchaba una notificación.

Decidió no responder fuera del horario acordado, salvo emergencias previamente definidas.

Exteriormente, Carolina estaba evitando mensajes.

Pero su orientación no consistía en huir del trabajo. Evitaba que una disponibilidad extraordinaria se convirtiera en obligación permanente.

El conocimiento le permitió reconocer el impacto de la falta de descanso.

La ley y las normas laborales podían establecer límites aplicables.

La inteligencia la ayudó a distinguir emergencias reales de solicitudes que podían esperar.

La sabiduría valoró la sostenibilidad de su conducta.

Los principios de responsabilidad y dignidad le permitieron proteger tanto el servicio como su salud.

Evitar fue una forma de defender un límite.

La misma conducta —no contestar— habría tenido otro significado si Carolina hubiera ignorado una emergencia que era su responsabilidad atender.

Por eso, no puede juzgarse Evitar mediante la acción aislada.

La evitación y la responsabilidad de otros

No toda prevención depende exclusivamente de quien enfrenta el riesgo.

Una institución que exige determinada conducta también debe proporcionar medios razonables para cumplirla.

No basta con ordenar:

«Eviten los accidentes».

Debe revisar condiciones, equipos, formación, supervisión y procedimientos.

No basta con pedir:

«Eviten el fraude».

Deben existir controles, trazabilidad, separación de funciones y canales de denuncia.

No basta con decirle a una persona:

«Evita enfermarte».

La prevención también depende del acceso a información, recursos, ambientes seguros y servicios adecuados.

Convertir toda prevención en una obligación individual puede ocultar responsabilidades institucionales y sociales.

Sin embargo, reconocer esas responsabilidades externas tampoco elimina la capacidad personal de actuar dentro del margen disponible.

La pregunta completa es:

¿Qué puedo hacer yo, qué deben hacer otros y qué condiciones hacen posible o imposible la prevención?

Evitar bajo los cinco efectos

El producto Evitar puede surgir y transformarse bajo los cinco grandes efectos.

El **conocimiento** permite identificar aquello que podría causar daño y diferenciar evidencia de suposición.

La **ley** establece riesgos prohibidos, deberes preventivos, derechos y límites.

La **inteligencia** compara alejarse, enfrentar, esperar, solicitar ayuda o reducir la exposición.

La **sabiduría** valora la proporción, el momento y los costos a corto y largo plazo.

Los **principios** determinan qué no debe sacrificarse únicamente para obtener alivio.

Una empresa puede evitar pérdidas mediante controles internos.

Pero si esos controles eliminan toda privacidad, la prevención puede producir otra forma de daño.

Una familia puede evitar conflictos guardando silencio.

Pero si el silencio protege un abuso, el principio de paz fue utilizado contra la justicia.

Una autoridad puede evitar riesgos mediante vigilancia.

Pero si trata a todos como culpables, la seguridad puede destruir la libertad que afirmaba proteger.

Evitar no escapa al examen ético simplemente porque afirma impedir un daño.

Evitar puede coexistir con otros productos

Una persona puede:

- desear seguridad;
- evitar una amenaza;
- meditar alternativas;
- controlar recursos;
- defender un límite.

Varios productos pueden intervenir al mismo tiempo.

Una mujer que abandona una relación violenta puede desear preservar su vida, evitar nuevas agresiones, meditar cómo salir con seguridad, controlar la información sobre su ubicación y defender a sus hijos.

El producto dominante puede ser Evitar, pero no actúa solo.

Otra persona puede parecer que evita una relación cuando en realidad intenta controlar a la pareja mediante silencio y distancia.

La función no debe deducirse únicamente de la forma externa.

Evitación temporal, estratégica y permanente

No toda evitación necesita durar lo mismo.

Temporal

Se utiliza mientras se obtiene información, apoyo o capacidad.

No responder inmediatamente durante una discusión intensa.

Estratégica

Forma parte de un plan más amplio.

Cambiar temporalmente una ruta mientras se implementan medidas de seguridad.

Permanente

Se establece cuando el riesgo no necesita volver a asumirse.

No entregar contraseñas privadas a desconocidos.

La duración debe responder a la naturaleza del peligro y a la finalidad de la medida.

Una evitación temporal que nunca se revisa puede volverse permanente sin haber sido escogida conscientemente.

Una evitación permanente aplicada a toda situación semejante puede impedir distinguir cambios relevantes.

Por eso, toda evitación que no sea evidentemente necesaria debe contener una condición de revisión:

¿Qué tendría que cambiar para que yo volviera a examinar esta decisión?

El costo de evitar y el costo de no evitar

Toda evitación puede proteger algo y sacrificar otra cosa.

Evitar una conversación puede conservar tranquilidad inmediata y perder la posibilidad de reparación.

Evitar una inversión puede proteger capital y renunciar a crecimiento.

Evitar una relación puede reducir riesgo y aumentar aislamiento.

Evitar un límite puede conservar aprobación y perder autonomía.

También acercarse posee costos.

Enfrentar una conversación puede producir rechazo.

Aceptar una inversión puede generar pérdidas.

Entrar en una relación puede implicar vulnerabilidad.

Establecer un límite puede provocar conflicto.

La elección no consiste entre una opción con costo y otra sin costo. Consiste en reconocer **qué costo puede justificarse y cuál produciría un daño mayor.**

Protocolo de interrogación introspectiva

Estas preguntas permiten examinar la función de la evitación. No constituyen por sí solas una psicoterapia ni sustituyen una evaluación profesional.

Primera fase: identificar

- ¿Qué estoy evitando exactamente?
- ¿Evito una persona, una acción, una emoción, una información o una consecuencia?
- ¿Cuándo comenzó?
- ¿En qué situaciones aparece?
- ¿Qué hago para evitarlo?
- ¿Qué dejo de hacer?

Segunda fase: reconocer la amenaza

- ¿Qué creo que ocurrirá si no lo evito?
- ¿Qué evidencia sostiene esa predicción?
- ¿La amenaza es actual, futura, recordada o imaginada?
- ¿Qué probabilidad le atribuyo?
- ¿Qué gravedad tendría?
- ¿Qué parte puedo controlar?

Tercera fase: observar el alivio

- ¿Qué siento inmediatamente después de evitar?
- ¿Cuánto dura ese alivio?
- ¿La próxima vez necesito evitar más?
- ¿Estoy aprendiendo a responder o solamente a escapar?
- ¿La evitación reduce el problema o solo reduce por un momento lo que siento?

Cuarta fase: calcular consecuencias

- ¿Qué protege esta evitación?
- ¿Qué oportunidad elimina?
- ¿Qué responsabilidad retrasa?

- ¿A quién afecta?
- ¿Qué ocurrirá si continúo así durante un mes, un año o cinco años?
- ¿El costo de evitar supera ya el costo de afrontar?

Quinta fase: examinar alternativas

- ¿Necesito alejarme completamente o reducir la exposición?
- ¿Puedo obtener información antes de decidir?
- ¿Necesito ayuda, preparación o condiciones de seguridad?
- ¿Puedo acercarme de manera gradual?
- ¿Existe una alternativa reversible?
- ¿Qué límite no debo cruzar?

Sexta fase: revisar

- ¿Esta evitación es temporal, estratégica o permanente?
- ¿Qué señal indicará que debo reconsiderarla?
- ¿Qué aprendí desde que comenzó?
- ¿Sigue protegiéndome o ya organiza mi vida?
- ¿Estoy evitando un peligro o evitando descubrir que puedo responder?

Lo que no evitas

Examinar Evitar también exige observar aquello que permitimos continuar.

- ¿Qué no estoy evitando aunque me perjudica?
- ¿Qué riesgo he normalizado?
- ¿Qué conducta tolero por costumbre?
- ¿Qué situación no abandono porque temo sus consecuencias?
- ¿Qué debería prevenir y sigo posponiendo?
- ¿Qué responsabilidad externa estoy esperando que otra persona asuma?
- ¿Qué límite conozco, pero no aplico?

No evitar puede ser valentía.

También puede ser negligencia, dependencia, resignación o falta de información.

Una persona puede permanecer frente a un peligro porque decidió proteger a alguien.

Otra puede hacerlo porque no cree merecer protección.

La permanencia no demuestra por sí sola fortaleza.

Evitarse a uno mismo

Una persona no puede escapar completamente de sí misma, pero puede evitar determinados aspectos de su experiencia.

Puede evitar:

- reconocer una responsabilidad;
- observar un patrón;
- admitir una necesidad;
- recordar una decisión;
- escuchar una crítica;
- entrar en contacto con una emoción;
- cuestionar la identidad que construyó.

En ocasiones decimos:

«Necesito alejarme de mí mismo».

Lo que quizá necesitamos no es desaparecer, sino crear distancia respecto de una reacción, un ambiente, una conducta o una forma repetida de interpretar.

No debemos tratarnos como si toda nuestra persona fuera el peligro.

Debemos identificar qué patrón necesita límite y qué parte necesita comprensión, ayuda o transformación.

Del miedo a la reflexión

Evitar puede ocurrir en segundos. Meditar exige detenerse el tiempo suficiente para distinguir:

- peligro y malestar;
- prudencia y evasión;
- límite y aislamiento;
- prevención y control excesivo;
- alivio inmediato y protección sostenible.

No siempre tendremos tiempo para una reflexión extensa. Una amenaza inmediata puede exigir una respuesta rápida.

Pero muchas evitaciones se mantienen durante meses o años después de que desapareció el momento inicial que las produjo.

Entonces debemos preguntar:

¿Continúo evitando porque el peligro permanece o porque nunca volví a examinarlo?

Evitar puede salvar una vida.

También puede reducirla hasta que todo parezca peligroso.

Para distinguir una función de la otra necesitamos examinar información, alternativas, razones, límites y consecuencias.

El producto que permite orientar ese examen es:

MEDITAR

EL PRODUCTO MEDITAR

«A todos los seres humanos les corresponde conocerse a sí mismos y pensar con sensatez».
—Heráclito, fragmento B116; traducción propia.

Pensar ocurre continuamente. Recordamos, imaginamos, anticipamos, asociamos, interpretamos y reaccionamos incluso cuando no hemos decidido hacerlo. Meditar exige algo más: convertir una situación en objeto de examen y orientar el pensamiento hacia una comprensión que pueda sostener, revisar o transformar una elección.

Una persona puede pensar muchas veces en un problema sin comprenderlo mejor. Puede repetir las mismas preguntas, reconstruir las mismas escenas y regresar a las mismas conclusiones. La cantidad de pensamiento no demuestra profundidad.

En este modelo, **meditar es la orientación hacia examinar deliberadamente información, alternativas, razones, emociones, límites y consecuencias con el propósito de comprender una situación, preparar una elección, revisar lo decidido o reconocer que todavía no existe fundamento suficiente para actuar.**

Meditar puede ocurrir antes de una acción, mientras se ejecuta o después de observar sus resultados. Puede llevar a actuar, esperar, buscar información, cambiar de estrategia, mantener lo escogido o reconocer que una pregunta fue formulada incorrectamente.

No consiste en pensar por pensar. Su dirección debe permitir alguna de estas operaciones:

- aclarar;
- distinguir;
- comparar;
- anticipar;
- justificar;
- preparar;
- corregir;
- revisar.

Pensar, reflexionar y meditar

Todo acto de meditar implica pensamiento, pero no todo pensamiento constituye meditación.

Pensar puede incluir una asociación espontánea:

«Ese lugar me recuerda mi infancia».

Reflexionar implica examinar con mayor atención una experiencia o idea:

«¿Por qué ese recuerdo continúa influyendo en mis decisiones?».

Meditar, dentro de esta arquitectura, orienta esa reflexión hacia una comprensión operativa:

«¿Qué aprendí de aquella experiencia, qué interpretación necesita revisión y cómo debería responder ahora?».

Una persona puede pensar en una deuda, recordar cuándo comenzó y sentir preocupación. Comienza a meditar cuando diferencia el monto real de lo que imagina, examina plazos, identifica opciones, calcula consecuencias y establece qué información necesita antes de escoger.

Meditar no significa necesariamente permanecer en silencio, cerrar los ojos o adoptar una postura determinada. Esas acciones pueden formar parte de algunas prácticas contemplativas, pero no definen este producto conductual.

Una conversación, una lectura, una caminata, una investigación, una tabla comparativa, una consulta profesional o una pausa de pocos segundos pueden participar en un proceso de meditación si ayudan a examinar la situación con mayor fundamento.

Una instrucción sencilla puede contener una ejecución compleja

Pensemos en una bola situada a varios metros de un hoyo. La instrucción parece sencilla:

Introducirla con un solo golpe.

Comprender el objetivo no revela automáticamente la fuerza, el ángulo, la inclinación del terreno, la velocidad de la superficie ni la técnica necesaria. Dos personas pueden recibir exactamente la misma instrucción y producir resultados diferentes porque no poseen la misma experiencia, información ni capacidad de ejecución.

Tampoco sería correcto afirmar que la probabilidad de lograrlo es siempre mínima. Dependerá de la distancia, las condiciones y la habilidad de quien realiza el intento.

La analogía muestra algo más importante: **una meta claramente formulada no contiene por sí sola el procedimiento que permitirá alcanzarla.**

Podemos saber qué queremos y continuar ignorando:

- cómo hacerlo;
- cuándo comenzar;
- qué recursos utilizar;
- qué obstáculos prever;
- qué errores corregir;
- qué costo aceptar;
- qué señal indicará que debemos detenernos.

Meditar permite explorar esa distancia entre comprender el objetivo y estar preparado para ejecutarlo.

Meditar no garantiza una respuesta correcta

Una persona puede examinar una situación y llegar a una conclusión equivocada.

Puede utilizar información incompleta.

Puede atribuir demasiado peso a una experiencia.

Puede ignorar una alternativa.

Puede justificar una preferencia ya elegida.

Puede creer que está reflexionando cuando solo está construyendo argumentos para defenderse.

Meditar no vuelve infalible el pensamiento. Mejora el proceso cuando ayuda a detectar límites, errores, contradicciones y consecuencias que una respuesta inmediata habría ignorado.

La metacognición estudia la capacidad de vigilar y evaluar los propios procesos cognitivos, incluida la confianza depositada en una decisión y el reconocimiento de posibles errores. Esa vigilancia es relevante porque una persona puede sentirse segura y estar equivocada, o disponer de una respuesta correcta sin reconocer suficientemente su fundamento.

Por eso conviene formular dos preguntas diferentes:

¿Qué pienso sobre esta situación?

y:

¿Qué tan confiable es la manera en que llegué a pensarlo?

La segunda pregunta convierte el propio razonamiento en objeto de revisión.

Meditar no siempre significa esperar

La reflexión suele asociarse con lentitud. Sin embargo, algunas situaciones exigen examinar y actuar casi simultáneamente.

Una persona que conduce y observa un obstáculo no puede detenerse durante veinte minutos para comparar todas las respuestas imaginables. Utiliza experiencia, información inmediata y procedimientos aprendidos.

Un profesional experimentado puede reconocer rápidamente determinados patrones porque ya ha enfrentado situaciones semejantes. Su rapidez no demuestra ausencia de reflexión: parte del examen fue realizado durante años de aprendizaje y práctica.

También existen emergencias en las que esperar información perfecta produciría un daño mayor.

Meditar no exige eliminar toda incertidumbre antes de actuar. Exige reconocer:

- qué sabemos;
- qué ignoramos;
- cuánto cuesta esperar;
- qué acción provisional puede proteger;
- qué decisión sería irreversible;
- cuándo deberá revisarse.

La calidad del proceso no se mide por su duración, sino por su adecuación a las exigencias de la situación.

Cuando examinar permite actuar sin decidir a ciegas

El siguiente caso muestra que meditar no siempre retrasa la acción. Puede conducir a una medida provisional mientras se completa la información necesaria.

Camila administraba una pequeña empresa dedicada a producir y distribuir alimentos. Una mañana recibió una alerta preliminar: una muestra correspondiente a uno de sus lotes podía presentar contaminación.

El resultado todavía no había sido confirmado.

Camila podía ignorar el aviso hasta obtener una prueba definitiva. Así evitaría pérdidas económicas y alarma entre sus clientes.

También podía retirar inmediatamente todos los productos fabricados durante el mes, cerrar la operación y anunciar públicamente una contaminación general, aunque todavía no existiera evidencia para sostener una medida tan amplia.

Ninguna de esas respuestas examinaba adecuadamente la proporción del problema.

Meditar permitió separar varios elementos.

El hecho conocido era que una muestra había generado una alerta preliminar.

La inferencia posible era que un lote podía estar afectado.

Lo que todavía se ignoraba era si el resultado era correcto, cuál era el alcance y si otros lotes estaban comprometidos.

El riesgo de esperar pasivamente era permitir que continuara la distribución de un producto potencialmente peligroso.

El riesgo de reaccionar sin delimitación era destruir productos seguros, alarmar sin fundamento y comprometer innecesariamente la continuidad de la empresa.

Camila suspendió temporalmente la distribución del lote señalado, aisló las unidades relacionadas, solicitó una prueba confirmatoria, revisó los registros de producción y comunicó la situación a las personas que debían participar en la decisión.

No declaró resuelto lo que todavía estaba siendo investigado. Tampoco utilizó la incertidumbre como excusa para permanecer inmóvil.

El conocimiento aportó los datos técnicos disponibles.

La ley estableció obligaciones y procedimientos aplicables.

La inteligencia permitió comparar alternativas.

La sabiduría valoró la proporción, el tiempo y las consecuencias humanas.

Los principios de seguridad, honestidad y responsabilidad limitaron lo que podía sacrificarse para evitar una pérdida económica.

El producto Meditar organizó el examen mediante el cual esas intervenciones se transformaron en una respuesta provisional, verificable y revisable.

Cuando llegó la confirmación, Camila pudo ampliar, mantener o retirar las medidas según los resultados. Había actuado sin pretender conocer lo que todavía no conocía.

Hecho, interpretación y predicción

Una de las operaciones más importantes de Meditar consiste en diferenciar tres niveles.

Hecho

Información que posee algún fundamento verificable dentro de la situación.

«La reunión comenzó a las nueve y no fui invitado».

Interpretación

Significado atribuido al hecho.

«No me invitaron porque no valoran mi trabajo».

Predicción

Resultado que se espera.

«Van a despedirme».

La interpretación y la predicción pueden ser correctas, pero no deben confundirse automáticamente con el hecho.

Podrían existir otras explicaciones:

- la reunión pertenecía a otro equipo;
- ocurrió un error;
- la lista estaba incompleta;
- se trataba de una fase preliminar;
- alguien decidió excluirlo;
- realmente existe una medida relacionada con su puesto.

Meditar no obliga a seleccionar la explicación más agradable. Obliga a reconocer qué está demostrado, qué estamos interpretando y qué todavía necesita comprobación.

Emoción e información

Las emociones pueden revelar que algo posee importancia.

El miedo puede señalar una amenaza.

La ira puede advertir una posible injusticia.

La culpa puede indicar que creemos haber vulnerado una responsabilidad.

La tristeza puede mostrar una pérdida.

Pero una emoción no demuestra por sí sola que la interpretación asociada sea correcta.

Una persona puede sentir culpa después de establecer un límite legítimo porque aprendió a identificar la obediencia con el amor.

Puede sentir confianza ante una inversión peligrosa porque solo ha observado casos de éxito.

Puede sentir miedo frente a una oportunidad razonable porque anteriormente sufrió una pérdida.

Meditar no exige eliminar la emoción. Permite escucharla y preguntarle:

¿Qué me estás señalando?

Después necesita examinar:

¿Qué parte de esa señal corresponde a la situación presente y qué parte procede de experiencias, hábitos o interpretaciones anteriores?

Meditar y prácticas contemplativas

La palabra *meditación* también designa diferentes prácticas contemplativas. Algunas entrenan la atención, la observación de experiencias internas, la repetición de palabras o sonidos, la compasión o la conciencia del momento presente.

Esas prácticas pueden ayudar a algunas personas a desarrollar atención, conciencia corporal o regulación del estrés. Sin embargo, sus resultados dependen del método, la duración, la población y el contexto. No deben presentarse como una solución universal ni como una garantía de expansión de la conciencia.

El Centro Nacional de Salud Complementaria e Integral de Estados Unidos señala que los estudios sobre meditación y atención plena muestran resultados variables. También advierte que la seguridad no ha sido estudiada suficientemente y que una revisión encontró experiencias negativas en aproximadamente un ocho por ciento de los participantes, principalmente ansiedad o depresión.

Por tanto, no utilizaré Meditar para afirmar que una práctica contemplativa:

- conecta necesariamente con el universo;

- produce inmortalidad;
- transforma todo estrés;
- genera sabiduría automática;
- beneficia de la misma manera a todas las personas.

Una práctica contemplativa puede convertirse en una herramienta del producto Meditar, pero no lo agota ni lo sustituye.

Una persona puede permanecer sentada durante una hora y evitar la pregunta que necesita responder.

Otra puede meditar profundamente mientras escribe una página, compara evidencias o conversa con alguien capaz de cuestionar su interpretación.

Meditación productiva y rumiación

Pensar repetidamente en algo puede parecer análisis sin producir nueva comprensión.

La rumiación suele consistir en una atención repetitiva dirigida al malestar, sus causas o sus consecuencias. Puede mantener a la persona dentro de preguntas que no generan distinción, decisión ni aprendizaje.

La reflexión orientada a comprender puede producir una perspectiva más amplia y preparar una forma de afrontamiento. La rumiación pasiva o ensimismada tiende a mantener la atención atrapada en el malestar sin avanzar hacia una respuesta operativa.

Podemos observar la diferencia en estas preguntas.

Rumiación

¿Por qué siempre me ocurre lo mismo?

¿Cómo pude ser tan estúpido?

¿Por qué nadie me comprende?

¿Y si todo sale mal?

Las preguntas regresan a una conclusión general y difícil de comprobar.

Meditación orientada

¿Qué ocurrió exactamente?

¿Qué parte dependía de mí?

¿Qué señal ignoré?

¿Qué información necesito?

¿Qué respuesta puedo modificar?

¿Qué haré si aparece nuevamente?

No toda pregunta orientada produce inmediatamente una solución, pero delimita aquello que puede conocerse, revisarse o ejecutarse.

Una forma práctica de reconocer la rumiación consiste en preguntar:

¿Este pensamiento está generando una distinción nueva o solo está repitiendo el mismo dolor con palabras diferentes?

Cuando meditar se convierte en evasión

Meditar también puede deformarse.

Una persona puede afirmar que todavía está reflexionando cuando en realidad:

- teme equivocarse;
- espera una garantía imposible;
- no desea asumir el costo;
- busca aprobación unánime;
- continúa recopilando datos irrelevantes;
- utiliza nuevas preguntas para aplazar la respuesta;

- pretende encontrar una alternativa sin pérdida.

A esto suele llamarse parálisis por análisis.

No existe una cantidad universal de opciones a partir de la cual toda persona quede paralizada. Sin embargo, la dificultad de la decisión, la complejidad de las alternativas y la incertidumbre sobre las propias preferencias pueden aumentar la postergación, el arrepentimiento y la dificultad para escoger.

Meditar necesita un criterio de suficiencia.

Conviene continuar buscando información mientras se cumplan dos condiciones:

1. la información adicional todavía puede cambiar razonablemente la decisión;
2. el beneficio esperado de obtenerla supera el costo de esperar.

Cuando ninguna información accesible cambiará la alternativa escogida, seguir investigando puede convertirse en una forma de no asumirla.

El límite temporal de la reflexión

Algunas decisiones permiten semanas de examen.

Otras deben tomarse hoy.

Una decisión puede organizarse mediante tres preguntas:

¿Cuándo debo escoger?

¿Qué información indispensable necesito antes de ese momento?

¿Qué información sería útil, pero no indispensable?

Esta distinción impide tratar todo dato como si tuviera el mismo peso.

También conviene establecer una condición de cierre:

«Tomaré la decisión el viernes con la información disponible, salvo que aparezca un dato capaz de modificar sustancialmente el riesgo».

La fecha no garantiza una buena elección. Impide que la búsqueda se prolongue sin límite.

Meditar después de escoger

La reflexión no termina necesariamente cuando se toma una decisión.

Después de actuar pueden aparecer:

- consecuencias inesperadas;
- información nueva;
- errores de ejecución;
- cambios en el contexto;
- señales de que el criterio utilizado era insuficiente.

Revisar no significa arrepentirse automáticamente.

Puede conducir a:

- mantener la decisión;
- modificar una parte;
- corregir el procedimiento;
- reparar un daño;
- abandonar el plan;
- reconocer que el resultado desfavorable no podía preverse razonablemente.

Una persona que revisa cada decisión apenas aparece una dificultad puede perder toda continuidad.

Otra que nunca revisa puede convertir la perseverancia en rigidez.

Meditar después de actuar exige distinguir entre una dificultad normal y una evidencia de que el camino necesita corrección.

La lectura no garantiza reflexión

Leer puede ampliar el conocimiento, pero acumular páginas no demuestra comprensión.

Una persona puede terminar veinte libros y no poder explicar:

- qué argumento defendían;
- qué evidencia utilizaron;
- qué contradicciones encontró;
- qué idea cambió;
- qué aplicación resulta válida;
- qué afirmación todavía necesita comprobarse.

Meditar lo leído implica dialogar con el contenido.

Podemos preguntar:

- ¿qué sostiene?
- ¿cómo intenta demostrarlo?
- ¿qué supone sin explicar?
- ¿qué parte coincide con otros conocimientos?
- ¿qué parte entra en conflicto?
- ¿en qué contexto sería aplicable?
- ¿qué podría refutarlo?
- ¿qué no debo repetir sin verificar?

La lectura proporciona material.

Meditar convierte ese material en objeto de comprensión, comparación y posible aplicación.

Meditar sobre la experiencia ajena

No todo aprendizaje exige vivir personalmente cada consecuencia.

Podemos aprender mediante:

- testimonios;

- historia;
- observación;
- investigación;
- advertencias;
- resultados de otras personas.

Sin embargo, meditar sobre una experiencia ajena exige considerar diferencias de contexto.

Una estrategia que funcionó para alguien con más recursos, apoyo o experiencia puede fracasar en otras condiciones.

Una historia de éxito puede ocultar a quienes aplicaron el mismo método y no obtuvieron el mismo resultado.

Un consejo puede ser válido dentro de una cultura y producir consecuencias distintas en otra.

La experiencia ajena no debe copiarse como una fórmula. Debe utilizarse como información que necesita contextualización.

Meditar con otras personas

La introspección es importante, pero pensar a solas no garantiza objetividad.

Podemos desconocer nuestros propios puntos ciegos.

Una persona externa puede:

- identificar una contradicción;
- aportar información;
- cuestionar una suposición;
- recordar una consecuencia;
- mostrar la perspectiva de alguien afectado.

Buscar otra opinión no significa entregar la elección.

La calidad del apoyo también debe examinarse. No todas las personas poseen conocimientos pertinentes, independencia o disposición para decir aquello que no queremos escuchar.

Conviene preguntar:

¿Necesito consejo, información técnica, apoyo emocional, autorización o simplemente alguien que confirme lo que ya escogí?

Confundir esas necesidades puede llevarnos a pedir una respuesta a quien solo podía acompañarnos.

La neutralidad del observador

Meditar requiere cierta distancia, pero no una neutralidad absoluta.

Quien examina una situación posee:

- experiencias;
- intereses;
- emociones;
- valores;
- principios;
- límites.

No podemos observar siempre desde un punto completamente exterior.

Lo responsable consiste en reconocer desde dónde estamos mirando.

Una persona que evalúa un conflicto familiar puede admitir:

«Deseo que esta relación continúe y eso puede hacerme minimizar determinadas conductas».

Otra puede reconocer:

«Me siento herido y quizá estoy interpretando toda diferencia como una agresión».

Reconocer una inclinación no la elimina. Permite impedir que opere como si fuera un hecho desconocido.

La intuición y la meditación

La intuición puede producir una impresión rápida sin que la persona pueda explicar inmediatamente todos los elementos que la generaron.

En contextos familiares y practicados, esa impresión puede apoyarse en patrones aprendidos.

En situaciones nuevas, emocionalmente cargadas o manipuladas, también puede apoyarse en prejuicios, asociaciones inadecuadas o información incompleta.

Meditar no exige rechazar toda intuición.

Puede utilizarla como una señal:

«Algo en esta situación me preocupa».

Después debe preguntar:

- ¿qué percibí?
- ¿qué patrón reconozco?
- ¿existe evidencia?
- ¿he visto realmente esta situación antes?
- ¿qué costo tendría ignorar la señal?
- ¿qué costo tendría obedecerla sin comprobar?

La intuición puede iniciar el examen. No siempre debe terminarlo.

Meditar bajo los cinco efectos

El producto Meditar no opera aislado.

El **conocimiento** aporta hechos, conceptos, experiencias y habilidades que pueden examinarse.

La **ley** establece derechos, obligaciones, límites y procedimientos relevantes.

La **inteligencia** permite distinguir, comparar, escoger y revisar.

La **sabiduría** valora el momento, la proporción, la incertidumbre y las consecuencias humanas.

Los **principios** ofrecen criterios que limitan lo que debe aceptarse, aunque parezca conveniente.

Una persona puede meditar sobre cómo aumentar las ganancias de una empresa.

El conocimiento revela costos y oportunidades.

La ley determina prácticas permitidas y prohibidas.

La inteligencia compara estrategias.

La sabiduría examina sostenibilidad y consecuencias.

Los principios impiden tratar a clientes o empleados únicamente como medios.

Meditar no convierte automáticamente el objetivo en correcto. También puede utilizarse para perfeccionar una manipulación.

El producto identifica una orientación de examen; la estructura completa permite valorar qué está examinándose, con qué finalidad y para producir qué consecuencias.

Meditar puede coexistir con los demás productos

Una persona puede:

- desear resolver un problema;
- evitar una consecuencia;
- meditar alternativas;
- controlar recursos;
- defender un principio.

Meditar puede ocupar la función dominante, pero no actúa solo.

Alguien puede meditar principalmente para decidir qué desea.

Otro puede hacerlo para encontrar la mejor manera de evitar un riesgo.

Otro puede examinar cómo controlar una actividad.

Otro puede analizar qué debe defender y qué debería abandonar.

La misma reflexión puede estar orientada hacia finalidades diferentes.

Una misma pregunta puede cumplir funciones opuestas

Preguntar no demuestra automáticamente apertura.

Una pregunta puede buscar:

- comprender;
- desacreditar;
- aplazar;
- acusar;
- obtener información;
- controlar una conversación;
- defender una conclusión.

Comparemos:

«¿Qué evidencia sostiene esa afirmación?»

Puede ser una solicitud legítima.

También puede utilizarse para exigir pruebas imposibles mientras se acepta sin examen aquello que favorece la propia posición.

La función se reconoce observando si la persona está dispuesta a:

- escuchar la respuesta;
- aplicar el mismo criterio a sus propias ideas;
- modificar su conclusión;
- reconocer evidencia contraria.

Meditar exige preguntas que también puedan afectarnos.

Del pensamiento hacia la acción

La reflexión no debe permanecer separada indefinidamente de la ejecución.

Después de examinar, una persona necesita convertir la conclusión en una conducta suficientemente concreta.

En lugar de decidir:

«Debo organizarme mejor».

puede establecer:

«Cada noche revisaré las tres tareas principales del día siguiente».

En lugar de:

«Debo controlar mis gastos».

puede determinar:

«Registraré cada compra y revisaré el total los viernes».

Los planes del tipo **si ocurre determinada situación, entonces ejecutaré una respuesta específica** pueden ayudar a transformar una intención general en una acción reconocible. La investigación sobre intenciones de implementación ha estudiado cómo estos planes condicionales facilitan la ejecución de metas previamente aceptadas.

Meditar prepara la dirección.

La ejecución necesita procedimientos.

Protocolo de interrogación introspectiva

Estas preguntas organizan el examen de una situación. No constituyen por sí solas una psicoterapia ni sustituyen orientación profesional cuando existe un problema que la requiere.

Primera fase: delimitar

- ¿Sobre qué estoy meditando exactamente?
- ¿Existe una pregunta definida?
- ¿Estoy mezclando varios problemas?
- ¿Qué decisión podría surgir de este examen?
- ¿Cuándo necesito responder?

Segunda fase: separar

- ¿Qué hechos conozco?
- ¿Qué estoy interpretando?
- ¿Qué estoy prediciendo?
- ¿Qué siento?
- ¿Qué deseo que sea cierto?
- ¿Qué temo descubrir?
- ¿Qué todavía ignoro?

Tercera fase: examinar fuentes

- ¿De dónde procede la información?
- ¿Es actual, pertinente y verificable?
- ¿Qué interés puede tener quien la presenta?
- ¿Qué evidencia falta?
- ¿Estoy aceptando algo porque se repite?
- ¿Qué dato podría demostrar que estoy equivocado?

Cuarta fase: identificar alternativas

- ¿Qué opciones existen?
- ¿He incluido esperar, no actuar o actuar parcialmente?
- ¿Qué alternativa no estoy considerando?
- ¿Qué opción sería reversible?
- ¿Qué ocurriría si mantengo la situación actual?
- ¿Necesito crear una nueva alternativa?

Quinta fase: valorar consecuencias

- ¿Qué ocurrirá inmediatamente?
- ¿Qué puede ocurrir después?
- ¿Quién recibirá el beneficio?
- ¿Quién asumirá el costo?
- ¿Qué riesgo es probable?
- ¿Qué daño sería irreversible?
- ¿Qué principio podría comprometerse?
- ¿Qué responsabilidad no puedo trasladar a otra persona?

Sexta fase: reconocer límites

- ¿Qué no puedo conocer todavía?
- ¿Cuánta incertidumbre debo aceptar?
- ¿Qué información adicional cambiaría realmente la decisión?
- ¿Cuánto cuesta esperar?
- ¿Estoy buscando fundamento o una garantía imposible?
- ¿Existe una fecha o condición de cierre?

Séptima fase: convertir en acción

- ¿Qué voy a hacer?
- ¿Cuándo?
- ¿Cuál será el primer paso?
- ¿Qué recursos necesito?
- ¿Qué obstáculo puedo anticipar?
- ¿Qué haré si aparece?
- ¿Quién debe conocer la decisión?

Octava fase: revisar

- ¿Qué resultado esperaba?
- ¿Qué ocurrió?
- ¿Qué parte funcionó?
- ¿Qué interpretación resultó incorrecta?
- ¿Qué debo mantener, modificar o abandonar?
- ¿Qué evidencia me obligaría a reconsiderar?
- ¿Qué responsabilidad debo asumir?

Lo que no meditamos

También debemos examinar los asuntos que evitamos convertir en objeto de reflexión.

- ¿Qué decisión repito sin revisar?
- ¿Qué costumbre considero intocable?
- ¿Qué relación no quiero examinar?
- ¿Qué consecuencia conozco, pero prefiero ignorar?
- ¿Qué beneficio me impide hacer preguntas?
- ¿Qué creencia protege mi identidad?
- ¿Qué conducta critico en otros y justifico en mí?
- ¿Qué pregunta podría cambiar todo si me atreviera a formularla?

No meditar puede ser razonable cuando un asunto carece de importancia o ya posee una respuesta suficiente.

También puede ser una forma de proteger una contradicción.

Los límites de Meditar

No todo problema se resuelve mediante mayor reflexión.

Una persona puede comprender perfectamente qué debería hacer y carecer de recursos para hacerlo.

Puede necesitar:

- protección;
- tratamiento;
- asesoría técnica;
- apoyo económico;
- intervención jurídica;
- descanso;
- colaboración;
- tiempo.

Pensar no sustituye las condiciones materiales.

Tampoco debe exigirse introspección interminable a quien enfrenta una emergencia, una amenaza o un agotamiento extremo.

Meditar es una herramienta de orientación, no una obligación de resolver individualmente todo aquello que también depende de otras personas e instituciones.

Cuando llega el momento de detener el examen

Meditar necesita concluir provisionalmente.

La pregunta práctica es:

¿Poseo suficiente fundamento para dar el siguiente paso responsable?

No pregunta si conocemos todo.

Pregunta si:

- entendemos el problema;
- distinguimos hechos de suposiciones;
- reconocemos alternativas;
- hemos considerado consecuencias esenciales;
- sabemos qué incertidumbre permanece;
- conservamos posibilidad de revisión.

Cuando esas condiciones existen, continuar pensando puede aportar menos que comenzar a ejecutar.

Pero ejecutar una elección requiere regular tiempo, recursos, impulsos, información y límites. Una conclusión que no logra organizar ninguna variable puede permanecer convertida en intención.

EL PRODUCTO CONTROLAR

«De las cosas, unas dependen de nosotros y otras no».
—Epicteto, Enquiridión, 1; traducción propia.

Esta distinción parece sencilla hasta que intentamos aplicarla. Podemos controlar que enviamos un mensaje, pero no la interpretación definitiva de quien lo recibe. Podemos prepararnos para una entrevista, pero no garantizar la decisión de la empresa. Podemos cuidar la salud, pero no ordenar al cuerpo que nunca enferme. Podemos establecer límites, pero no obligar a otra persona a aceptarlos interiormente.

Entre el control total y la impotencia completa existe un campo amplio de regulación, participación, influencia, incertidumbre y dependencia mutua.

Controlar no significa poseer todo el resultado. Significa intervenir sobre variables identificables dentro de un margen real.

En este modelo, **controlar es la orientación hacia regular variables internas o externas conforme a un criterio, objetivo o límite, mediante observación, intervención, retroalimentación y revisión.**

Una persona controla sus gastos cuando establece un límite, registra lo utilizado, compara el resultado con ese límite y ajusta su conducta.

Una institución controla el acceso a cierta información cuando define quién puede consultarla, establece procedimientos de autorización, registra entradas y revisa irregularidades.

Una persona intenta controlar una reacción impulsiva cuando reconoce la activación, interrumpe una respuesta automática y escoge otra conducta.

El control no se demuestra únicamente por imponer una orden. Necesita algún criterio que indique:

- qué se pretende regular;
- cuál es el estado deseado;
- qué está ocurriendo realmente;
- qué intervención resulta posible;
- qué resultado produjo;
- qué debe mantenerse o corregirse.

Control, influencia, autoridad, dominación y coerción

Estas categorías no son equivalentes.

Controlar consiste en regular variables de acuerdo con un criterio o límite.

Influir significa modificar la probabilidad de una respuesta sin poder garantizarla. Podemos presentar argumentos, crear incentivos o dar ejemplo, pero la otra persona conserva factores que no dependen enteramente de nosotros.

Ejercer autoridad significa utilizar una facultad legítima y delimitada dentro de una función. Un docente puede organizar una clase; un supervisor puede asignar responsabilidades; un juez puede emitir una decisión dentro de su competencia.

Dominar implica subordinar la autonomía de otra persona al interés o voluntad de quien pretende dirigirla.

Coaccionar consiste en imponer una conducta mediante fuerza, amenaza o una restricción suficientemente grave.

Una madre puede controlar el acceso de un niño pequeño a un medicamento peligroso. No por eso posee la voluntad completa del niño.

Una empresa puede regular sus instalaciones y procedimientos. No adquiere el derecho de controlar arbitrariamente toda la vida privada de sus trabajadores.

Un Estado puede establecer normas y aplicar sanciones dentro del orden jurídico. Eso no convierte cada forma de vigilancia, censura o imposición en un ejercicio legítimo.

El control necesita límites precisamente porque su eficacia técnica no demuestra su justicia.

La lección del termostato

Un termostato ofrece una analogía sencilla.

Primero existe un **criterio**: mantener una habitación aproximadamente a una temperatura determinada.

Después se observa el **estado actual**.

Se compara ese estado con el criterio.

Si existe una diferencia, el sistema activa una respuesta.

Luego vuelve a medir para determinar si la intervención funcionó.

Los modelos psicológicos de autorregulación han utilizado una lógica semejante: una meta funciona como punto de referencia, se observa el estado presente, se identifica una discrepancia, se actúa para reducirla y se utiliza nueva información para ajustar la respuesta.

Pero el ser humano no es un termostato.

Puede perseguir varias metas incompatibles.

Puede medir incorrectamente.

Puede cambiar el criterio.

Puede ocultar la información que no le conviene.

Puede descubrir que reducir una diferencia produce otra más grave.

Puede decidir que la meta ya no debe mantenerse.

Una persona desea aumentar sus ingresos y decide trabajar más horas. El control parece sencillo: aumentar el tiempo de trabajo para acercarse al objetivo económico.

Sin embargo, esa intervención puede disminuir el descanso, afectar la salud, reducir la vida familiar y aumentar los errores. Controlar una variable sin observar el sistema completo puede descontrolar otras.

La pregunta no debe ser únicamente:

¿Estoy acercándome a la meta?

También:

¿Qué estoy alterando mientras intento alcanzarla?

Cuatro niveles diferentes

No todas las situaciones permiten el mismo grado de intervención.

Regulación directa

Incluye variables sobre las que una persona puede actuar de manera relativamente inmediata.

- escribir o no un mensaje;
- organizar un horario;
- utilizar una contraseña;
- registrar un gasto;
- cerrar una puerta;
- pedir ayuda;
- decidir qué información comparte.

Incluso aquí pueden existir límites, pero la intervención depende principalmente de la propia conducta.

Control compartido o condicionado

El resultado depende de varias personas, recursos o circunstancias.

- mantener una relación;
- ejecutar un proyecto en equipo;
- educar a un hijo;
- negociar un contrato;
- cuidar una condición de salud;
- organizar una comunidad.

Podemos regular nuestra participación y crear condiciones, pero no producir unilateralmente todo el resultado.

Influencia sin garantía

Podemos intentar modificar una situación sin poseer autoridad sobre su desenlace.

- persuadir a alguien;
- mejorar una reputación;
- presentar una solicitud;
- competir por una oportunidad;
- promover un cambio social;
- atraer clientes.

La conducta puede aumentar o reducir probabilidades, pero no garantiza el resultado.

Acontecimientos fuera del alcance razonable

Existen hechos que no podemos modificar mediante la acción disponible.

- el pasado;
- una decisión privada que otra persona ya tomó;

- un fenómeno natural que no podemos detener;
- un resultado determinado enteramente por azar;
- una pérdida irreversible.

Aceptar esta categoría no obliga a permanecer pasivos. Quizá podamos controlar la preparación, la respuesta o la reparación, aunque no el acontecimiento.

Una tormenta no depende de nuestra voluntad. Sí pueden depender parcialmente de nosotros la información consultada, la protección adoptada y la respuesta posterior.

El control real y el control percibido

Julian Rotter introdujo en 1966 el concepto de **locus de control** como una expectativa generalizada acerca de si los resultados dependen principalmente de la propia conducta o de fuerzas externas como el azar, las circunstancias o personas con poder. No describía una división moral entre individuos buenos y malos ni una medida perfecta del control real.

Una orientación más interna puede llevar a alguien a pensar:

«Mis acciones influyen de manera importante en lo que sucede».

Una orientación más externa puede llevarlo a pensar:

«Los resultados dependen principalmente de circunstancias que no controlo».

Ninguna formulación debe aplicarse mecánicamente a todas las situaciones.

Una persona puede reconocer correctamente que su preparación influye en un examen y, al mismo tiempo, que no controla una enfermedad, una crisis económica o una decisión institucional.

Atribuir todo resultado al esfuerzo individual puede producir responsabilidad, pero también culpa injusta.

Atribuirlo todo a fuerzas externas puede reconocer obstáculos reales, pero también ocultar posibilidades de intervención.

El locus de control describe una expectativa. No demuestra cuánto control existe objetivamente.

Locus de control y autoeficacia

Tampoco debe confundirse con la **autoeficacia**.

La autoeficacia se refiere a la creencia de una persona acerca de su capacidad para organizar y ejecutar las acciones necesarias dentro de una tarea. Bandura propuso que estas expectativas influyen en si una conducta se inicia, cuánto esfuerzo se invierte y durante cuánto tiempo se sostiene frente a obstáculos.

Comparemos:

«Mi conducta puede influir en este resultado».

Se relaciona con percepción de control.

«Tengo capacidad para ejecutar las acciones necesarias».

Se relaciona con autoeficacia.

«El resultado ocurrirá exactamente como deseo».

Es una predicción que puede exceder ambas cosas.

Una persona puede creer que estudiar influye en una evaluación, pero sentirse incapaz de comprender la materia.

Otra puede sentirse capaz de realizar una entrevista excelente y reconocer que la contratación dependerá también de otros candidatos y de la decisión de la empresa.

Creer en la propia capacidad no convierte todo resultado en controlable.

La ilusión de control

El deseo de intervenir puede llevarnos a sobreestimar nuestra influencia.

Ellen Langer llamó **ilusión de control** a la expectativa de éxito personal que supera lo justificado por la probabilidad objetiva, especialmente cuando elementos asociados con la habilidad —como escoger, competir o participar activamente— aparecen dentro de situaciones dominadas por el azar.

Una persona elige personalmente los números de una lotería y siente que posee mayores probabilidades que si los hubiera recibido al azar.

Un jugador sopla los dados, repite un movimiento o utiliza un objeto particular creyendo que esas acciones alteran un resultado aleatorio.

Un inversionista obtiene ganancias durante una subida general del mercado y atribuye todo el resultado a una capacidad personal que todavía no ha sido puesta a prueba en otras condiciones.

La participación puede aumentar la sensación de control sin aumentar el control real.

También ocurre lo contrario: una persona puede poseer capacidad de intervención y creer que nada depende de ella.

El examen responsable necesita comparar tres elementos:

- influencia percibida;
- influencia objetivamente disponible;
- resultado finalmente obtenido.

Acertar una vez no demuestra control.

Fracasar una vez tampoco demuestra ausencia de capacidad.

Cuando controlar todo produce menos control

El siguiente caso muestra cómo la centralización excesiva puede aparentar seguridad mientras vuelve más vulnerable todo el sistema.

Adriana dirigía una empresa de distribución. Durante los primeros años revisaba personalmente cada factura, cada compra, cada mensaje importante y cada cambio de horario.

Su intervención frecuente había sido útil cuando la empresa era pequeña. Conocía todos los procesos y podía detectar errores rápidamente.

Cuando el equipo creció, mantuvo el mismo método.

Ningún empleado podía aprobar una compra mínima sin consultarla.

Los clientes esperaban mientras Adriana revisaba respuestas que otros podían preparar.

Los supervisores evitaban tomar decisiones porque cualquier iniciativa podía ser corregida después.

Cuando Adriana se ausentaba, casi todo se detenía.

Ella interpretaba esa dependencia como prueba de que seguía siendo indispensable.

Sin embargo, estaba controlando cada operación y perdiendo el control del sistema.

Los retrasos aumentaron.

La información se acumuló en una sola persona.

Los trabajadores comenzaron a ocultar problemas pequeños porque temían su reacción.

Adriana tenía más decisiones que tomar y menos tiempo para comprenderlas.

Meditar sobre la situación reveló que el problema no se resolvía simplemente trabajando más.

Necesitaba distinguir lo que requería su intervención de aquello que podía regularse mediante criterios generales.

Estableció límites económicos para diferentes niveles de aprobación.

Definió qué situaciones debían escalarse.

Creó registros que permitían revisar decisiones sin aprobarlas todas previamente.

Capacitó a responsables de área.

Introdujo revisiones periódicas y auditorías aleatorias.

Conservó control sobre variables críticas sin convertirse en la única puerta por la que debía pasar cada acción.

El conocimiento permitió describir los procesos.

La ley determinó responsabilidades contractuales y laborales.

La inteligencia ayudó a diseñar alternativas.

La sabiduría mostró que el crecimiento no era sostenible mediante vigilancia total.

Los principios exigieron distribuir autoridad sin ocultar responsabilidades.

El producto Controlar dejó de significar decidirlo todo y comenzó a significar construir un sistema capaz de funcionar, informar y corregirse.

Delegar no eliminó el control. Cambió su arquitectura.

Controlar mediante retroalimentación

Un control responsable necesita información que pueda contradecir a quien dirige.

Si un responsable solo recibe buenas noticias, no controla la realidad; controla lo que los demás se atreven a mostrarle.

La retroalimentación debe permitir reconocer:

- desviaciones;
- errores;
- resultados inesperados;
- consecuencias indirectas;
- cambios en el contexto;
- fallos del propio criterio.

Una empresa que mide únicamente ventas puede aumentar ingresos mientras pierde clientes, deteriora la calidad o agota a sus trabajadores.

Una persona que mide únicamente el peso corporal puede ignorar fuerza, energía, salud o sostenibilidad.

Una escuela que controla únicamente calificaciones puede fomentar memorización sin comprensión.

La medida escogida puede convertirse en una parte del problema cuando sustituye aquello que pretendía representar.

Controlar exige preguntar:

¿Estoy observando el objetivo real o solamente el indicador más fácil de contar?

Autocontrol no es guerra contra uno mismo

Autocontrol no significa dividir a la persona entre una parte «buena» que debe dominar y una parte «mala» que debe ser destruida.

Consiste en regular conductas, impulsos, atención, recursos o respuestas de acuerdo con criterios aceptados.

Una persona puede sentir ira y decidir no insultar.

Puede desear una compra y esperar antes de realizarla.

Puede sentir miedo y ejecutar una medida necesaria.

Puede experimentar cansancio y reconocer que necesita detenerse.

El autocontrol no exige negar la experiencia interna. Exige decidir qué conducta deberá seguirla.

Tampoco consiste siempre en retrasar una gratificación.

Posponer puede ser responsable cuando protege un objetivo más importante.

Pero retrasar una atención médica necesaria, un descanso indispensable o una reparación urgente no demuestra madurez.

La pregunta no es si la gratificación fue inmediata o aplazada.

La pregunta es:

¿Qué criterio justifica esperar o actuar ahora?

Regular una emoción no significa apagarla

Las emociones no funcionan como interruptores que obedecen una orden directa.

La regulación emocional comprende procesos mediante los cuales una persona intenta influir en qué emoción aparece, cuándo surge y cómo se experimenta o expresa. Puede intervenir seleccionando o modificando una situación, dirigiendo la atención, reinterpretando el significado o modulando la respuesta.

Una persona puede reducir una discusión abandonando temporalmente el lugar.

Puede modificar la situación pidiendo que la conversación continúe sin gritos.

Puede cambiar el foco de atención.

Puede reinterpretar una crítica para separar el contenido útil de la forma ofensiva.

Puede evitar ejecutar una conducta impulsiva aunque la emoción permanezca.

Suprimir toda expresión no equivale necesariamente a regular de manera saludable.

Expresar todo impulso tampoco demuestra autenticidad.

La regulación necesita considerar el contexto, la finalidad y las consecuencias.

El lenguaje como instrumento de control

Las palabras no controlan automáticamente a las personas, pero pueden organizar el campo dentro del cual interpretan una situación.

Llamar «ajuste temporal» a una pérdida permanente puede reducir inicialmente su gravedad percibida.

Llamar «protección» a una vigilancia indiscriminada puede ocultar sus costos.

Llamar «lealtad» al silencio puede impedir una denuncia.

Llamar «libertad» a una obligación impuesta puede dificultar que alguien reconozca la contradicción.

Definir una situación influye en:

- qué problema se reconoce;
- quién parece responsable;

- qué alternativas se consideran;
- qué consecuencias se vuelven visibles;
- qué conductas parecen aceptables.

Pero controlar el lenguaje no garantiza controlar toda interpretación. Las personas pueden cuestionar, comparar, investigar y rechazar la definición propuesta.

El lenguaje puede orientar el pensamiento; no convierte la mente ajena en propiedad.

Controlar personas o controlar condiciones

No podemos controlar directamente la voluntad de otra persona del mismo modo que regulamos el acceso a un archivo o la temperatura de una habitación.

Podemos:

- establecer acuerdos;
- definir consecuencias;
- regular acceso;
- distribuir recursos;
- asignar responsabilidades;
- retirar consentimiento;
- limitar nuestra participación;
- acudir a una autoridad legítima.

No podemos garantizar que la otra persona piense, sienta o quiera exactamente lo que ordenamos.

Un padre puede establecer una hora de llegada, pero no controlar completamente las ideas del hijo.

Un empleador puede definir procedimientos laborales, pero no poseer la identidad del trabajador.

Una pareja puede expresar límites, pero no exigir acceso absoluto a mensajes, amistades o pensamientos como prueba de amor.

Cuando el objetivo deja de ser regular una situación y pasa a eliminar la autonomía ajena, el control se aproxima a la dominación.

Control protector y control invasivo

Una misma medida puede cambiar de significado según su alcance.

Instalar una cámara en una entrada de seguridad puede responder a un riesgo definido.

Instalar vigilancia dentro de espacios privados sin información ni justificación puede vulnerar derechos.

Verificar el uso de fondos empresariales puede ser una obligación de supervisión.

Revisar cada conversación privada de los trabajadores puede convertirse en invasión.

Preguntar dónde se encuentra un niño pequeño puede formar parte del cuidado.

Exigir la ubicación permanente de una pareja adulta puede expresar posesión.

La finalidad declarada no basta.

Debe examinarse:

- necesidad;
- proporcionalidad;
- consentimiento;
- transparencia;
- duración;
- acceso a los datos;
- posibilidad de revisión;
- personas afectadas.

La palabra «seguridad» no legitima automáticamente cualquier forma de control.

El control y la incertidumbre

Controlar no elimina toda variación.

Un sistema excesivamente rígido puede funcionar mientras nada cambia y fracasar cuando aparece una condición inesperada.

Una persona organiza cada minuto del día y se desestabiliza cuando una reunión dura más de lo previsto.

Una empresa establece un procedimiento tan cerrado que nadie sabe responder ante una situación nueva.

Una familia intenta evitar todo riesgo y reduce las oportunidades de aprendizaje de sus integrantes.

La capacidad de control también incluye margen de adaptación.

Un buen plan no solo indica qué debe ocurrir. Establece qué hacer cuando no ocurre.

Por eso conviene incluir:

- reservas;
- alternativas;
- umbrales;
- responsables;
- procedimientos de emergencia;
- condiciones de revisión.

Controlar no significa impedir toda sorpresa. Significa conservar capacidad para responder cuando aparece.

Lo que podemos controlar del pasado

El pasado no puede modificarse.

No podemos borrar una acción ejecutada, impedir retroactivamente una pérdida ni convertir en inexistente aquello que ocurrió.

Sin embargo, podemos intervenir sobre algunas consecuencias presentes:

- reconocer;
- reparar;
- aprender;
- documentar;
- pedir perdón;
- corregir un procedimiento;
- modificar una relación;
- evitar repetición;
- cambiar la interpretación cuando estaba basada en información falsa.

Decir que no controlamos el pasado no significa que carezcamos de toda responsabilidad frente a él.

Podemos no controlar que ocurrió.

Sí podemos controlar parcialmente qué hacemos ahora con lo ocurrido.

Cuando la aceptación aumenta el control disponible

Aceptar una condición no significa aprobarla ni renunciar automáticamente a cambiarla.

Significa reconocer con suficiente precisión el estado actual.

Una persona que niega una deuda no puede organizar su pago.

Una empresa que oculta errores no puede corregir sus procesos.

Alguien que niega una limitación física puede exponerse a un riesgo mayor.

La aceptación elimina una lucha contra el hecho ya existente y permite concentrar recursos en aquello que todavía puede modificarse.

Controlar comienza muchas veces por admitir que algo no está bajo control.

La independencia absoluta no existe

Ser independiente puede reducir algunas formas de manipulación, pero ningún ser humano vive completamente separado de otras personas, instituciones, recursos y sistemas.

Dependemos de:

- conocimientos producidos por otros;
- infraestructuras;
- relaciones;
- leyes;
- servicios;
- cooperación;
- intercambio.

La autonomía no consiste en no necesitar nunca a nadie.

Consiste en conservar participación suficiente para comprender, aceptar, negociar o rechazar aquello que interviene en la propia vida.

También implica reconocer dependencias inevitables y evitar que se conviertan en sometimiento injustificado.

Controlar mediante el ambiente

No todo autocontrol debe depender de resistir una tentación en cada momento.

También podemos modificar el ambiente.

Una persona que desea concentrarse puede desactivar notificaciones.

Quien controla gastos puede establecer límites automáticos y separar fondos.

Alguien que necesita tomar un medicamento puede utilizar recordatorios.

Una empresa puede reducir errores mediante listas de verificación.

Una familia puede definir lugares y horarios para tareas repetidas.

Modificar el ambiente no demuestra debilidad. Puede reducir la cantidad de decisiones innecesarias y reservar atención para situaciones que realmente la requieren.

Pero el sistema debe seguir siendo revisable. Una automatización defectuosa puede repetir un error con mayor velocidad.

Controlar bajo los cinco efectos

El producto Controlar se transforma según los cinco efectos.

El **conocimiento** permite identificar las variables, relaciones y riesgos relevantes.

La **ley** establece qué formas de regulación, autoridad, vigilancia o intervención están permitidas y cuáles exceden límites públicos.

La **inteligencia** compara estrategias y selecciona los medios de control.

La **sabiduría** valora la proporción, el tiempo, la sostenibilidad y los costos humanos.

Los **principios** determinan qué no debería someterse a control, aunque técnicamente pudiera hacerse.

Una empresa puede conocer cada movimiento digital de sus usuarios.

La inteligencia puede diseñar sistemas capaces de predecir su conducta.

La ley puede permitir ciertas formas de recopilación bajo determinadas condiciones.

La sabiduría debe examinar qué dependencia o daño podría producir.

Los principios de dignidad, consentimiento y no explotación pueden limitar la intervención.

La capacidad de controlar no responde por sí sola si debemos ejercerla.

Controlar puede coexistir con los demás productos

Una persona puede:

- desear alcanzar una meta;
- evitar una pérdida;
- meditar alternativas;
- controlar variables;
- defender un límite.

Una estudiante desea aprobar.

Evita distracciones.

Medita cómo organizarse.

Controla horarios y recursos.

Defiende el tiempo necesario para estudiar.

Controlar puede ser el producto dominante cuando la principal orientación consiste en mantener determinadas variables dentro de un criterio.

Pero la misma organización puede estar dirigida por otro producto.

Alguien puede controlar cada gasto porque desea una vivienda.

Otra persona puede hacerlo principalmente para evitar la pobreza que conoció.

Otra puede utilizar el dinero para controlar a su familia.

La conducta externa no revela por sí sola la función.

Control delimitado y control que nunca termina

Algunas tareas poseen un criterio de cierre claro.

- pagar una deuda determinada;
- completar un inventario;
- limitar un gasto mensual;
- entregar un proyecto;
- mantener una temperatura dentro de un rango.

Otras orientaciones pueden expandirse sin un punto evidente de suficiencia.

- controlar la reputación;
- impedir toda crítica;
- asegurar que nadie nos abandone;
- eliminar toda incertidumbre;
- conocer cada movimiento de otra persona.

Cuando no existe un criterio de suficiencia, cada nueva medida puede generar la necesidad de otra.

Esta diferencia será desarrollada posteriormente al estudiar los **productos conductuales delimitados** y los **productos conductuales abiertos**.

Por ahora, debemos preguntar:

¿Cómo sabré que existe control suficiente?

Una respuesta incapaz de establecer límites puede convertir el control en una búsqueda interminable.

Protocolo de interrogación introspectiva

Estas preguntas permiten examinar el producto Controlar. No constituyen por sí solas una psicoterapia ni sustituyen una evaluación profesional.

Primera fase: identificar

- ¿Qué intento controlar exactamente?
- ¿Es una conducta, un recurso, una emoción, una persona, un proceso o un resultado?
- ¿Qué problema pretendo resolver?
- ¿Qué ocurriría si no interviniera?
- ¿Cuándo comenzó esta necesidad de control?

Segunda fase: establecer el criterio

- ¿Cuál es el estado que intento mantener o alcanzar?
- ¿Cómo sabré que se ha logrado?
- ¿Existe un límite medible?
- ¿Quién definió ese criterio?
- ¿Continúa siendo válido?
- ¿Qué valor o principio pretende proteger?

Tercera fase: clasificar el alcance

- ¿Depende directamente de mí?
- ¿Es un control compartido?
- ¿Puedo influir sin garantizar?
- ¿Está fuera de mi alcance razonable?
- ¿Estoy confundiendo participación con dominio?
- ¿Qué parte pertenece a otra persona?

Cuarta fase: observar

- ¿Qué está ocurriendo realmente?
- ¿Qué dato estoy utilizando?
- ¿Es un indicador válido?
- ¿Qué información falta?

- ¿Qué señales contradicen mi impresión?
- ¿Las personas me comunican los errores o los ocultan?

Quinta fase: seleccionar la intervención

- ¿Qué acción puede modificar la variable?
- ¿La intervención es necesaria?
- ¿Es proporcional?
- ¿Existe una alternativa menos invasiva?
- ¿Qué recursos requiere?
- ¿Qué consecuencia podría producir en otra área?

Sexta fase: examinar derechos y relaciones

- ¿Tengo autoridad legítima para intervenir?
- ¿Existe consentimiento cuando corresponde?
- ¿Estoy protegiendo o dominando?
- ¿La otra persona conserva capacidad real para decidir?
- ¿Estoy aplicando a otros un control que rechazaría sobre mí?
- ¿Quién asume el costo de mi seguridad?

Séptima fase: recibir retroalimentación

- ¿Qué resultado produjo la intervención?
- ¿Se redujo el problema o solo se volvió menos visible?
- ¿Qué efecto inesperado apareció?
- ¿Necesito aumentar, reducir o cambiar el control?
- ¿El sistema funciona cuando no estoy presente?
- ¿Estoy dispuesto a recibir información que contradiga mi decisión?

Octava fase: limitar y revisar

- ¿Cuándo debe terminar esta medida?
- ¿Qué condición obligará a revisarla?
- ¿Qué ocurriría si se mantiene indefinidamente?
- ¿El control sigue protegiendo o ya domina?
- ¿Qué variable debo dejar de intentar controlar?
- ¿Qué responsabilidad necesito aceptar?

Lo que no controlamos

También debemos examinar aquello que intentamos gobernar sin poseer medios reales.

- ¿Qué opinión ajena intento dirigir?
- ¿Qué resultado incierto trato como garantía?
- ¿Qué parte del pasado continúo intentando cambiar?
- ¿Qué reacción corporal no responde a una simple orden?
- ¿Qué decisión pertenece a otra persona?
- ¿Qué pérdida necesito reconocer?
- ¿Qué circunstancia externa requiere adaptación y no dominio?

Renunciar al control imposible no significa renunciar a toda acción.

Puede liberar recursos para:

- prepararse;
- influir;
- proteger;
- reparar;
- adaptarse;
- solicitar ayuda;
- defender un límite.

Cuando llega el límite del control

Controlar organiza variables de acuerdo con un criterio.

Sin embargo, puede llegar un momento en que organizar ya no sea suficiente.

Una persona regula el acceso a sus datos, pero alguien intenta obtenerlos mediante engaño.

Una familia establece límites, pero otra persona los vulnera repetidamente.

Una empresa crea controles, pero descubre una acción deliberada destinada a evadirlos.

Una comunidad organiza sus recursos, pero enfrenta una amenaza contra su seguridad o sus derechos.

En ese punto aparece otra orientación.

Ya no se trata únicamente de mantener una variable dentro de un rango.

Se trata de proteger algo que se considera amenazado.

EL PRODUCTO DEFENDER

«La injusticia en cualquier lugar constituye una amenaza para la justicia en todas partes».
—Martin Luther King Jr.

Defender puede significar proteger una vida, una verdad, un derecho, una relación, una comunidad o un límite. También puede utilizarse para conservar una mentira, encubrir una conducta, preservar un privilegio o impedir que una identidad sea cuestionada.

La fuerza con la que alguien defiende una causa no demuestra que esa causa sea justa.

Una persona puede argumentar con serenidad, reunir seguidores, soportar sacrificios y utilizar métodos eficaces al servicio de una afirmación falsa. Otra puede defender algo verdadero mediante humillación, violencia o engaño y terminar contradiciendo aquello que pretendía proteger.

Por eso, Defender no se evalúa únicamente por la intensidad de la resistencia. Debemos examinar:

- qué se protege;
- qué amenaza existe;
- qué evidencia la sostiene;
- quién resulta afectado;
- qué medios se utilizan;
- hasta dónde debe llegar la respuesta;
- qué ocurrirá cuando la amenaza termine.

En este modelo, **defender es la orientación hacia proteger a una persona, un objeto, un vínculo, una identidad, un límite, un valor o un principio frente a una amenaza real, anticipada o percibida.**

Puede manifestarse mediante:

- una intervención;
- una retirada estratégica;
- un límite;
- una argumentación;
- una denuncia;
- una solicitud de ayuda;
- la conservación de pruebas;
- una negativa;
- una acción colectiva;
- una omisión deliberada;
- una disposición sostenida de protección.

Defender no exige necesariamente atacar. Tampoco obliga a permanecer inmóvil esperando que el daño ocurra.

Amenaza real, anticipada y percibida

Una amenaza **real** posee elementos comprobables que indican capacidad o intención de producir daño.

Una amenaza **anticipada** todavía no se ha materializado, pero existen señales suficientes para preverla razonablemente.

Una amenaza **percibida** es aquello que la persona interpreta como peligroso, aunque esa interpretación pueda ser correcta, exagerada o equivocada.

Las tres pueden activar una defensa.

Una empresa detecta intentos reiterados de acceso no autorizado a sus sistemas. Existe una amenaza verificable.

Una comunidad observa que una tormenta se aproxima y protege sus recursos antes de que llegue. La amenaza es anticipada.

Una persona interpreta una crítica respetuosa como un intento de destruir su reputación y responde atacando a quien la formuló. La amenaza pudo existir únicamente en su interpretación.

La emoción producida por una amenaza percibida puede sentirse tan intensa como la generada por un peligro comprobado. Sin embargo, la intensidad de la respuesta interna no demuestra la exactitud de la interpretación.

Defender responsablemente exige verificar lo que puede verificarse antes de convertir una percepción en acusación, castigo o enemistad.

Defender, proteger, atacar, contraatacar y vengarse

Estas respuestas pueden aparecer dentro de un conflicto, pero no significan lo mismo.

Proteger consiste en reducir la exposición de algo valioso a un daño.

Defender implica organizar una respuesta frente a una amenaza que afecta o puede afectar aquello que se protege.

Atacar significa dirigir una acción contra otra persona, estructura u objeto.

Contraatacar consiste en responder mediante una ofensiva después de una agresión o amenaza.

Vengarse busca producir sufrimiento como compensación por el daño recibido.

Una defensa puede incluir una acción contra la fuente del peligro, pero no todo ataque es defensivo.

Alguien puede llamar defensa a una represalia ejecutada cuando la amenaza ya terminó.

Puede afirmar que protege su honor cuando intenta humillar a quien lo contradijo.

Puede presentar como prevención una agresión basada únicamente en sospechas.

La diferencia se reconoce preguntando:

¿La respuesta intenta detener o limitar el daño, o busca castigar, dominar y satisfacer la necesidad de devolverlo?

Una medida defensiva debe conservar relación con la amenaza y con la protección necesaria. Cuando la respuesta continúa después de alcanzar esa finalidad, puede transformarse en represalia.

Defender no es justificar

Defender a una persona no significa afirmar que todo lo que hizo fue correcto.

Una madre puede proteger la dignidad de su hijo y exigir que asuma las consecuencias de una conducta perjudicial.

Un abogado puede defender el derecho de una persona acusada a ser escuchada, conocer las pruebas y recibir un proceso justo sin declarar personalmente que cada una de sus acciones fue correcta.

Un amigo puede impedir que alguien sea humillado públicamente y después confrontarlo en privado por el daño que produjo.

El derecho de defensa y la presunción de inocencia protegen el procedimiento mediante el cual una acusación debe ser examinada; no convierten automáticamente en inocente a toda persona defendida ni legitiman el acto investigado.

Esta distinción evita dos extremos.

El primero consiste en abandonar a una persona apenas aparece una acusación, antes de verificar los hechos.

El segundo consiste en negar toda evidencia para demostrar lealtad.

La defensa responsable puede proteger simultáneamente:

- a la persona acusada frente a una condena arbitraria;
- a la persona afectada frente a un nuevo daño;
- la búsqueda de la verdad;
- la integridad del procedimiento;
- la posibilidad de reparación.

Una causa bien defendida no se vuelve justa

La eficacia de una defensa demuestra capacidad argumentativa, organizativa o estratégica. No demuestra por sí sola la validez de la causa.

Durante la historia, personas e instituciones han defendido:

- esclavitud;
- discriminación;
- violencia;
- censura;
- explotación;
- privilegios hereditarios;
- persecuciones;
- exclusión de grupos.

Muchas de esas causas utilizaron leyes, discursos, tradiciones, autoridades y sistemas completos para sostenerse.

Una causa puede estar:

- bien organizada;
- legalmente permitida;
- ampliamente aceptada;
- protegida por instituciones;
- defendida por personas inteligentes;

y continuar siendo injusta.

Por eso, antes de preguntar cómo defender una posición, debemos preguntar:

¿Qué hechos la sostienen?

¿Qué derecho o principio protege?

¿Qué daño produce?

¿Aplicaría el mismo criterio si yo estuviera del otro lado?

¿Qué evidencia me obligaría a revisarla?

Una defensa que no admite ninguna posibilidad de corrección quizá ya no protege una verdad. Puede estar protegiendo una identidad.

Defender una opinión exige conocerla

No basta con repetir una conclusión.

Quien defiende una posición debería poder explicar:

- qué significa;
- qué no significa;
- qué fundamentos posee;
- cuáles son sus límites;
- qué objeciones enfrenta;
- qué consecuencias produciría;
- bajo qué condiciones debería revisarse.

Una persona afirma:

«Defiendo la libertad de expresión».

Después necesita responder:

- ¿incluye amenazas directas?
- ¿incluye divulgar información privada?
- ¿incluye acusaciones falsas?
- ¿qué ocurre cuando una expresión impide a otros ejercer sus derechos?
- ¿qué responsabilidad acompaña esa libertad?

Otra afirma:

«Defiendo a mi familia».

Debe preguntarse si protege realmente a sus integrantes o únicamente la apariencia pública del grupo.

Una institución declara:

«Defendemos la seguridad».

Debe demostrar por qué sus medidas son necesarias, proporcionadas y compatibles con la dignidad y la privacidad.

Conocer una opinión no significa preparar más frases para repetirla. Significa comprender el sistema de razones, límites y consecuencias que permite sostenerla.

Cuando defender exige detener una orden

El siguiente caso muestra que Defender no necesita convertir inmediatamente a alguien en enemigo. Puede proteger a varias personas mediante verificación, procedimiento y responsabilidad.

Valeria trabajaba como enfermera en una institución de salud. Durante la preparación de un tratamiento observó que una indicación registrada no coincidía con otros datos del expediente del paciente.

Podía obedecer sin preguntar. La orden provenía de un profesional con mayor autoridad dentro de la estructura.

También podía acusarlo públicamente de incompetencia antes de confirmar lo ocurrido.

Ninguna de esas respuestas protegía adecuadamente la situación.

Valeria suspendió provisionalmente la ejecución, verificó la información disponible, comunicó la discrepancia mediante el procedimiento correspondiente y solicitó una revisión.

Algunos compañeros interpretaron la decisión como falta de confianza en el médico.

Sin embargo, defender al paciente no significaba atacar al profesional.

Defender la reputación del médico tampoco podía significar ejecutar una indicación dudosa para evitar una conversación incómoda.

La revisión mostró que un dato había sido registrado de manera incorrecta. La indicación fue modificada antes de llegar al paciente.

Valeria había protegido:

- la seguridad del paciente;
- al profesional frente a una consecuencia evitable;
- la institución frente a la repetición del error;
- su propia responsabilidad;
- la confiabilidad del procedimiento.

Si la revisión hubiera confirmado que la orden era correcta, detenerse para verificar no habría sido inútil. Habría demostrado que el sistema permitía cuestionar una discrepancia sin convertir toda pregunta en insubordinación.

El conocimiento permitió reconocer la inconsistencia.

La ley y las normas profesionales establecieron responsabilidades.

La inteligencia permitió comparar obedecer, acusar o verificar.

La sabiduría valoró el tiempo, el riesgo y la proporción.

Los principios de cuidado, verdad y responsabilidad impidieron sacrificar la seguridad para conservar una apariencia de armonía.

Defender organizó la respuesta destinada a preservar aquello que podía resultar dañado.

Defender sin fabricar un enemigo

Una amenaza puede proceder de:

- una persona;
- una institución;
- un error;
- una omisión;
- una condición ambiental;
- una información falsa;
- una debilidad del sistema;
- una decisión propia.

No siempre existe un enemigo consciente.

En el caso de Valeria, el peligro surgía de un dato incorrecto. Convertir inmediatamente al médico en adversario habría ocultado la posibilidad de un problema del sistema.

Una empresa descubre una pérdida de información. La reacción inicial puede ser buscar a quién castigar. Sin embargo, el problema podría encontrarse en una configuración deficiente, una capacitación insuficiente o una responsabilidad mal distribuida.

Una familia enfrenta gastos descontrolados. Culpar a una sola persona puede impedir observar ingresos insuficientes, ausencia de presupuesto o decisiones compartidas.

Defender con precisión exige identificar la fuente del riesgo sin inventar intenciones que todavía no han sido demostradas.

Medios y finalidad

Una finalidad legítima puede ser destruida por los medios utilizados para defenderla.

Proteger la verdad mediante mentiras introduce otra falsedad.

Defender la dignidad humillando a otras personas contradice el criterio proclamado.

Proteger la libertad mediante dominación reemplaza una amenaza por otra.

Defender la paz silenciando todo desacuerdo crea una estabilidad basada en miedo.

Martin Luther King Jr. defendió la resistencia frente a la injusticia sin identificar defensa con humillación o violencia. Su concepción de la no violencia buscaba enfrentar el mal sin convertir la destrucción del adversario en finalidad.

Esto no significa que toda defensa deba ser pasiva.

Una respuesta no violenta puede incluir:

- documentación;
- denuncia;
- protesta;
- litigio;
- negociación;
- resistencia;
- retirada de cooperación;
- organización comunitaria;
- comunicación pública;
- establecimiento de límites.

La Declaración de las Naciones Unidas sobre los defensores de los derechos humanos reconoce la posibilidad de actuar individualmente o junto con otros para promover y proteger derechos, acceder a información, formular críticas, presentar denuncias y participar en actividades pacíficas contra violaciones.

La defensa no se mide únicamente por la fuerza física utilizada. También puede manifestarse mediante constancia, evidencia, coordinación y negativa a colaborar con un daño.

La proporcionalidad de la defensa

La respuesta necesita conservar relación con:

- la gravedad de la amenaza;
- su proximidad;
- la capacidad de producir daño;
- las alternativas disponibles;
- la urgencia;
- la posibilidad de reparación;
- los derechos comprometidos.

Una persona recibe una crítica negativa en una plataforma. Responder publicando datos privados del crítico sería desproporcionado.

Un estudiante escucha un rumor. Golpear a quien supuestamente lo inició no protege su reputación de manera responsable.

Una empresa detecta una equivocación menor. Instalar vigilancia total sobre todos sus empleados puede producir un daño mayor que el problema.

La proporcionalidad no significa debilidad. Significa no utilizar una amenaza limitada como permiso para ejercer un poder ilimitado.

También existen peligros graves que exigen medidas firmes. La prudencia no obliga a negociar indefinidamente con quien mantiene una agresión, vulnera límites o representa un riesgo inmediato.

La pregunta es:

¿Qué medida resulta suficiente para proteger sin producir un daño injustificable?

Defender la dignidad

La dignidad no depende completamente de:

- reputación;
- riqueza;
- nacionalidad;
- profesión;
- capacidad física;

- aprobación;
- utilidad económica.

Una persona puede perder una posición sin perder su dignidad.

Puede cometer un error y continuar teniendo derecho a un trato humano.

Puede ser acusada y conservar derecho a defenderse.

Puede necesitar ayuda sin convertirse en un objeto.

Defender la dignidad no significa impedir toda consecuencia. Significa evitar que la responsabilidad se transforme en humillación, deshumanización o permiso para negar derechos.

Una institución puede sancionar una conducta sin reducir a la persona a esa conducta.

Una familia puede establecer distancia sin destruir públicamente a quien vulneró un límite.

Una comunidad puede protegerse sin convertir en culpable a todo integrante de un grupo.

Defender un hogar

Un hogar puede representar seguridad, pertenencia, intimidad y continuidad. Sin embargo, defenderlo no significa proteger cada conducta realizada dentro de sus paredes.

Una familia puede ocultar violencia para conservar la imagen de unidad.

Puede exigir silencio a quien denuncia.

Puede tratar una intervención externa como ataque contra el hogar cuando intenta proteger a uno de sus integrantes.

En esas condiciones, se defiende la estructura y se abandona a la persona.

Un hogar digno de defensa debe permitir:

- seguridad;
- respeto;
- límites;
- posibilidad de hablar;
- responsabilidad;
- protección de quienes poseen menos poder.

La familia no convierte automáticamente en correcto aquello que hace uno de sus miembros.

Defender una patria

La patria puede representar historia, territorio, cultura, memoria, instituciones y responsabilidad compartida.

Defenderla no exige afirmar que nunca se equivoca.

Criticar corrupción, injusticia o abuso puede constituir una forma de defensa cuando busca impedir que el país destruya los principios que declara representar.

El patriotismo pierde su función cuando obliga a:

- negar hechos;
- justificar cualquier autoridad;
- tratar toda crítica como traición;
- considerar inferiores a otros pueblos;
- proteger símbolos mientras se abandona a las personas.

La dignidad, el hogar y la patria pueden ser objetos legítimos de defensa. No constituyen los únicos ni funcionan como tres códigos universales.

También defendemos:

- vida;
- integridad;
- privacidad;
- verdad;
- libertad;
- justicia;
- relaciones;
- conocimiento;
- límites;
- ambiente;
- comunidades;
- derechos;
- responsabilidades.

Cada objeto debe ser examinado por separado.

Defender la paz

La paz no consiste solamente en ausencia visible de enfrentamientos.

Una familia puede no discutir porque una persona controla a las demás.

Una empresa puede no recibir quejas porque quienes denunciaron fueron despedidos.

Una sociedad puede parecer tranquila mientras grupos enteros carecen de mecanismos para reclamar.

En csos casos, el silencio no demuestra paz. Puede demostrar incapacidad para defenderse.

Defender una paz sostenible exige observar también:

- discriminación;
- desigualdad;
- violencia oculta;
- pobreza extrema;
- corrupción;
- ausencia de acceso a la justicia;

- concentración arbitraria de poder.

Sin embargo, reconocer esas condiciones no permite concluir que cualquier forma de confrontación sea legítima. La defensa de la justicia también debe responder por sus medios y consecuencias.

Defender a quien no puede defenderse

Algunas personas enfrentan amenazas sin poseer iguales recursos para responder.

Puede tratarse de:

- niños;
- personas con determinadas discapacidades;
- víctimas de violencia;
- trabajadores frente a estructuras abusivas;
- comunidades excluidas;
- personas detenidas;
- quienes desconocen sus derechos;
- personas aisladas.

Defenderlas no significa reemplazar permanentemente su voz.

La ayuda puede convertirse en otra forma de control cuando alguien decide todo en nombre de la persona protegida sin permitirle participar.

Una defensa responsable pregunta:

- ¿qué necesita?
- ¿qué desea?
- ¿qué capacidad conserva?
- ¿qué riesgo enfrenta?
- ¿qué decisión puede tomar?
- ¿qué apoyo necesita para participar?

Proteger la autonomía forma parte de proteger a la persona.

Defender mediante evidencia

Cuando la amenaza puede discutirse, documentar puede resultar más eficaz que reaccionar impulsivamente.

La evidencia puede incluir:

- fechas;
- mensajes;
- registros;
- contratos;
- fotografías obtenidas legítimamente;
- testigos;
- informes;
- procedimientos incumplidos;
- decisiones oficiales.

Documentar permite:

- separar recuerdos de hechos verificables;
- mostrar patrones;
- evitar contradicciones;
- presentar una reclamación;
- identificar responsabilidades;
- conservar información antes de que desaparezca.

Pero recopilar evidencia también necesita límites.

No toda vigilancia está permitida.

No toda conversación puede ser grabada legalmente en cualquier jurisdicción.

No debe exponerse innecesariamente a personas vulnerables.

Defender la verdad mediante una obtención ilícita o desproporcionada de información puede crear un nuevo conflicto.

Defender una creencia

Las personas no procesan toda evidencia de manera neutral.

Cuando una información amenaza una identidad, una posición política, una pertenencia o una imagen personal, podemos exigirle más pruebas que a la información que nos favorece. La investigación sobre razonamiento motivado ha estudiado precisamente cómo una finalidad distinta de la exactitud puede orientar la evaluación de la evidencia.

Una persona acepta rápidamente cualquier dato que confirma su opinión.

Encuentra defectos en cada fuente contraria.

Recuerda los errores del otro grupo y olvida los propios.

Interpreta la revisión como debilidad.

En ese punto quizá ya no defiende una conclusión porque las pruebas la sostienen. Defiende la identidad que construyó alrededor de ella.

Una creencia responsable necesita una puerta de revisión:

¿Qué evidencia me haría cambiar de opinión?

Si la respuesta es «ninguna», la posición ha quedado protegida contra toda realidad.

Defenderse de la verdad

A veces la amenaza no es un daño exterior. Es una información que altera la imagen que tenemos de nosotros mismos.

Una persona puede defenderse:

- negando;
- culpando;
- racionalizando;

- minimizando;
- proyectando;
- cambiando de tema;
- atacando a quien presentó la evidencia.

La psicología utiliza la expresión **mecanismos de defensa** para referirse a procesos principalmente automáticos y, con frecuencia, poco conscientes que ayudan a regular conflictos emocionales o experiencias internas difíciles. Entre ellos se estudian formas como negación, proyección y racionalización.

Estos mecanismos no son equivalentes al producto conductual Defender.

El producto Defender describe una orientación operativa que puede examinarse mediante sus objetos, medios y consecuencias.

Un mecanismo psicológico de defensa puede actuar sin que la persona haya decidido conscientemente protegerse de determinada emoción o representación.

Ambos pueden relacionarse. Una persona puede argumentar para defender una posición mientras racionaliza inconscientemente la razón verdadera por la que la sostiene.

Pero no deben confundirse.

Entrar en el espejo

Mirarse en un espejo permite observar una imagen desde fuera.

Entrar en el espejo exige algo más: abandonar provisionalmente la posición desde la cual siempre nos explicamos y reconstruir cómo nuestra defensa aparece desde el lugar de quienes soportan sus consecuencias.

Antes de defender una decisión, podemos intentar formular la objeción más fuerte contra ella.

No una versión débil diseñada para ser derrotada fácilmente.

La versión que una persona inteligente y bien informada podría presentar.

Entrar en el espejo implica preguntar:

- ¿cómo describiría esta situación quien se siente perjudicado?
- ¿qué parte de mi relato no aceptaría?
- ¿qué evidencia estoy minimizando?
- ¿qué exigencia aplico a otros, pero no a mí?
- ¿qué diría una persona sin interés personal en el resultado?
- ¿qué estoy protegiendo realmente?
- ¿qué temor aparecería si reconociera que me equivoqué?

No se trata de entregar la decisión a la opinión ajena.

Tampoco significa creer que todas las perspectivas poseen igual validez.

La función consiste en reducir el punto ciego creado por una defensa que solo escucha sus propias razones.

Defender una posición después de haber entrado en el espejo la fortalece si resiste el examen. También permite abandonarla sin interpretar la corrección como destrucción personal.

Cambiar de opinión no siempre es rendirse

Una persona puede haber defendido una idea con sinceridad y descubrir después que estaba equivocada.

Corregirse no borra automáticamente todo lo realizado. Tampoco demuestra que nunca poseyó criterio.

La madurez aparece cuando la persona:

- reconoce el error;
- detiene el daño;
- explica qué cambió;
- repara cuando es posible;

- modifica el procedimiento;
- evita repetirlo.

Continuar defendiendo una mentira únicamente para no admitir que antes se creyó en ella añade una nueva responsabilidad al error inicial.

La coherencia no consiste en repetir eternamente la misma conclusión.

Consiste en mantener criterios capaces de responder a nueva evidencia.

Defender un límite

Un límite expresa lo que una persona:

- acepta;
- rechaza;
- permite;
- comparte;
- conserva;
- hará ante una vulneración.

Decir:

«No continuaré esta conversación mientras existan insultos»

define una condición y una respuesta propia.

Decir:

«Tienes prohibido sentirte enojado conmigo»

intenta controlar una experiencia ajena.

Un límite no garantiza que los demás lo respeten.

Su fuerza se encuentra en la conducta que la persona está preparada para ejecutar legítimamente cuando se vulnera.

Puede consistir en:

- terminar una conversación;
- retirar acceso;
- cambiar una condición;
- solicitar mediación;
- documentar;
- denunciar;
- alejarse;
- buscar protección.

Defender un límite no significa castigar a quien no obedece. Significa conservar coherencia entre lo declarado y lo que se permite continuar.

Cuando Defender se vuelve una guerra permanente

Una defensa puede comenzar ante una amenaza real y continuar después de que las condiciones cambiaron.

Una persona traicionada puede interpretar cada nueva relación como una posible repetición.

Una institución atacada una vez puede convertir medidas temporales de emergencia en vigilancia permanente.

Una comunidad que sufrió discriminación puede llegar a tratar todo desacuerdo interno como colaboración con el enemigo.

La defensa se vuelve rígida cuando necesita mantener viva la amenaza para justificar su propia existencia.

Esto puede producir:

- sospecha constante;
- agotamiento;
- aislamiento;
- ataques preventivos;
- incapacidad de cooperar;
- pérdida de objetivos;
- identificación completa con el conflicto.

Toda defensa prolongada necesita una condición de revisión:

¿Qué tendría que cambiar para reducir, transformar o terminar esta respuesta?

Sin esa pregunta, proteger puede convertirse en una forma de vivir únicamente contra algo.

Defender bajo los cinco efectos

El producto Defender se transforma según los cinco efectos.

El **conocimiento** permite identificar qué ocurre, qué evidencia existe y qué riesgo debe distinguirse de la suposición.

La **ley** establece derechos, procedimientos, competencias y límites aplicables a la respuesta.

La **inteligencia** compara intervenir, retirarse, documentar, negociar, denunciar o solicitar ayuda.

La **sabiduría** valora el momento, la proporción, el costo y las consecuencias humanas.

Los **principios** determinan qué debe protegerse y qué medios no deben utilizarse, aunque parezcan eficaces.

Una persona puede conocer una vulnerabilidad digital.

La ley puede establecer responsabilidades sobre datos.

La inteligencia puede diseñar una respuesta.

La sabiduría puede decidir qué medida evita un daño mayor.

Los principios de privacidad y dignidad impiden proteger un sistema mediante vigilancia ilimitada.

Defender no escapa a los demás efectos. Recibe de ellos información, límites, alternativas, proporción y criterios.

Defender puede coexistir con los demás productos

Una persona puede:

- desear conservar algo;
- evitar una amenaza;
- meditar la respuesta;
- controlar variables;
- defender aquello que considera valioso.

Una comunidad desea conservar una fuente de agua.

Evita su contaminación.

Medita alternativas económicas.

Controla el acceso y la calidad.

Defiende el recurso frente a una explotación destructiva.

Defender puede ocupar la orientación dominante, pero actúa en relación con los otros productos.

La misma conducta puede responder a funciones diferentes.

Una persona guarda silencio para defender una confidencia.

Otra guarda silencio para evitar responsabilidad.

Otra lo utiliza para controlar emocionalmente a alguien.

Otra todavía está meditando qué decir.

La forma visible no identifica por sí sola el producto.

Defender algo delimitado y defender sin final

Algunas defensas poseen una condición clara de cierre:

- proteger un documento hasta entregarlo;
- impedir un acceso específico;
- responder a una acusación determinada;
- conservar un derecho durante un procedimiento;
- detener una agresión concreta.

Otras pueden expandirse:

- defender la reputación frente a toda crítica;
- impedir cualquier pérdida;
- proteger una identidad contra toda revisión;
- mantener control absoluto sobre una relación;
- considerar enemigo a quien no confirma nuestras ideas.

Cuando el objeto no está delimitado, la defensa puede absorber cada nueva situación.

Esta diferencia será desarrollada al estudiar **productos conductuales delimitados** y **productos conductuales abiertos**.

Por ahora conviene preguntar:

¿Qué resultado indicará que la defensa cumplió su función?

Protocolo de interrogación introspectiva

Estas preguntas permiten examinar el producto Defender. No constituyen por sí solas una psicoterapia ni sustituyen orientación profesional, jurídica o de seguridad cuando la situación la requiere.

Primera fase: identificar

- ¿Qué estoy defendiendo exactamente?
- ¿Es una persona, un vínculo, un derecho, una identidad, un límite, un objeto o una idea?

- ¿Qué valor representa?
- ¿Cuándo comenzó esta defensa?
- ¿Qué perdería si dejara de sostenerla?

Segunda fase: identificar la amenaza

- ¿Frente a qué intento protegerlo?
- ¿La amenaza es real, anticipada o percibida?
- ¿Qué evidencia existe?
- ¿Qué parte estoy suponiendo?
- ¿La amenaza continúa presente?
- ¿Qué capacidad real posee para causar daño?

Tercera fase: examinar la finalidad

- ¿Quiero detener el daño, evitarlo, castigar o vengarme?
- ¿Estoy protegiendo algo o intentando demostrar poder?
- ¿Defiendo a una persona o toda su conducta?
- ¿Defiendo un principio o mi necesidad de tener razón?
- ¿Qué resultado intento alcanzar?

Cuarta fase: evaluar el objeto defendido

- ¿Es legítimo aquello que protejo?
- ¿A quién beneficia?
- ¿A quién perjudica?
- ¿Aplicaría el mismo criterio si la otra parte lo invocara?
- ¿Qué principio sostiene esta defensa?
- ¿Qué evidencia me obligaría a revisarla?

Quinta fase: elegir medios

- ¿Qué respuestas están disponibles?
- ¿Puedo documentar, dialogar, limitar, retirarme, denunciar o solicitar ayuda?
- ¿La respuesta es necesaria?
- ¿Es proporcional?
- ¿Existe una alternativa menos dañina?
- ¿Mis medios contradicen aquello que intento proteger?

Sexta fase: entrar en el espejo

- ¿Cómo describiría la situación quien recibe mi defensa?
- ¿Qué objeción fuerte podría presentar?
- ¿Qué parte de mi conducta consideraría injusta?
- ¿Qué interés personal estoy protegiendo?
- ¿Estoy dispuesto a escuchar una respuesta que me contradiga?
- ¿Qué punto ciego puede producir mi posición?

Séptima fase: observar consecuencias

- ¿La amenaza disminuyó?
- ¿Apareció un daño nuevo?
- ¿La defensa protege o agrava?
- ¿Qué costo soportan otras personas?
- ¿La medida continúa siendo necesaria?
- ¿La respuesta está creando dependencia, miedo o aislamiento?

Octava fase: limitar y revisar

- ¿Cuándo debe terminar?
- ¿Qué condición permitirá reducirla?
- ¿Qué parte necesita mantenerse?
- ¿Qué debo reparar?
- ¿Qué aprendí?
- ¿Estoy defendiendo todavía el objeto inicial o la existencia de la propia lucha?

Lo que no defendemos

También debemos examinar aquello que abandonamos sin intentar proteger.

- ¿Qué límite permito que se vulnere?
- ¿Qué derecho desconozco?
- ¿Qué persona permanece sola frente a un daño?
- ¿Qué verdad oculto para conservar comodidad?
- ¿Qué responsabilidad dejo en manos de alguien con menos poder?

- ¿Qué parte de mí considero indigna de protección?
- ¿Qué principio proclamo, pero abandono cuando exige un costo?
- ¿Qué debería defender y continúo posponiendo?

No defender puede expresar prudencia cuando intervenir produciría un daño mayor o excedería nuestras capacidades.

También puede revelar:

- miedo;
- indiferencia;
- dependencia;
- desconocimiento;
- agotamiento;
- normalización;
- falta de recursos.

La ausencia de defensa no debe juzgarse sin comprender las condiciones reales.

El cierre de los cinco productos

Con Defender se completa la estructura de los cinco productos conductuales:

- **Desear** orienta hacia obtener, conservar, recuperar, repetir, transformar o aproximarse a un resultado valorado.
- **Evitar** orienta hacia prevenir, reducir, interrumpir, abandonar o alejarse de un resultado considerado perjudicial.
- **Meditar** orienta hacia examinar información, alternativas, razones, límites y consecuencias.
- **Controlar** orienta hacia regular variables conforme a un criterio, objetivo o límite.
- **Defender** orienta hacia proteger algo valorado frente a una amenaza real, anticipada o percibida.

Estos productos pueden aparecer individualmente, coexistir, alternarse o entrar en conflicto.

Sin embargo, conocer su dirección todavía no explica por completo cómo una persona se relaciona con aquello que quiere producir.

Puede desear algo y asumirlo como una exigencia absoluta.

Puede permitir un deseo sin comprometerse plenamente con su ejecución.

Puede sostenerlo únicamente mientras determinadas condiciones permanezcan.

La misma diferencia puede aparecer al evitar, meditar, controlar o defender.

Por eso, después de identificar los productos, necesitamos examinar la configuración de la voluntad que los sostiene, permite, limita o modifica.

PARTE III
ARQUITECTURA DE LOS PRODUCTOS

LAS TRES VOLUNTADES:
ABSOLUTA, PERMISIVA Y RELATIVA

«Voluntad firme no es lo mismo que voluntad enérgica, y mucho menos que voluntad impetuosa».
—Jaime Balmes, El criterio, § LIX.

Una voluntad puede ser intensa durante algunos minutos y desaparecer ante el primer obstáculo. Otra puede expresarse sin gritos, avanzar lentamente y permanecer cuando la emoción inicial ya terminó.

La fuerza de una voluntad no se reconoce únicamente por su intensidad. También debe observarse:

- qué objcto adopta;
- qué compromiso establece;
- qué condiciones acepta;
- qué medios prepara;
- cuánto tiempo se sostiene;
- qué evidencia puede revisarla;
- qué consecuencias está dispuesta a asumir.

Después de identificar los cinco productos conductuales, todavía falta comprender cómo una persona se vincula con ellos.

Varias personas pueden desear el mismo resultado y no sostenerlo con la misma voluntad.

Una puede considerarlo indispensable.

Otra puede permitir que el deseo exista sin decidirse a perseguirlo.

Otra puede buscarlo solamente mientras permanezcan determinadas condiciones.

Lo mismo puede ocurrir con Evitar, Meditar, Controlar y Defender.

Por eso, conocer el producto no basta. Necesitamos reconocer la modalidad de voluntad que lo sostiene, permite, condiciona, modifica o abandona.

Qué significa voluntad

La voluntad no es una energía misteriosa capaz de producir cualquier resultado. Tampoco es una fuerza que anula automáticamente la enfermedad, la pobreza, las leyes, las limitaciones físicas, la coacción, la falta de recursos o las decisiones de otras personas.

Aquí, **voluntad es la configuración mediante la cual una persona adopta, permite o condiciona una orientación conductual y regula el compromiso que está dispuesta a sostener para convertirla en acción, omisión, decisión o disposición mantenida.**

La voluntad interviene cuando la persona establece una relación práctica con lo que desea, evita, medita, controla o defiende.

Puede expresarse mediante:

- una decisión;
- una negativa;
- una autorización;
- una condición;
- un plan;
- una persistencia;
- una renuncia;
- una revisión.

No demuestra voluntad únicamente quien actúa. También puede existir voluntad cuando una persona decide esperar, no intervenir, permitir una posibilidad, suspender una conducta o abandonar una meta cuyo costo ya no puede justificarse.

Desear no equivale a querer ejecutar

Desear un resultado no significa haber asumido el compromiso de producirlo.

Una persona puede desear aprender un idioma y no haber decidido estudiar.

Puede decidir estudiarlo y no haber organizado cuándo comenzará.

Puede comenzar y no sostener el esfuerzo.

Puede sostenerlo durante meses y no revisar si el método funciona.

La investigación psicológica sobre las fases de la acción distingue entre deliberar deseos, escoger una meta, planificar, actuar y evaluar el resultado. Estas operaciones se relacionan, pero no constituyen un único momento. Convertir un deseo en meta no resuelve automáticamente los problemas de iniciación, ejecución y terminación.

Esta diferencia permite separar tres preguntas:

¿Qué quiero?

¿Qué he decidido asumir?

¿Qué estoy preparado para ejecutar y sostener?

Una persona puede responder con claridad la primera y permanecer sin respuesta ante las otras dos.

Tres configuraciones operativas

Llamaré **voluntad absoluta, voluntad permisiva y voluntad relativa** a tres maneras de relacionarse con un producto conductual.

No son tres órganos mentales.

No son diagnósticos.

No son tipos permanentes de personalidad.

No pretenden demostrar ni negar filosóficamente la existencia del libre albedrío.

Son configuraciones operativas que permiten examinar si una persona adopta una orientación como obligación no negociable, la permite sin convertirla en exigencia o la sostiene bajo condiciones definidas.

Voluntad absoluta

Existe cuando la persona adopta un producto respecto de un objeto delimitado como un compromiso no negociable frente a la conveniencia, la presión o el beneficio inmediato.

Voluntad permisiva

Existe cuando la persona permite que un producto aparezca, continúe o permanezca disponible sin convertirlo en una obligación de ejecución o sostenimiento.

Voluntad relativa

Existe cuando la persona vincula el producto a condiciones, límites, recursos, plazos, riesgos o consecuencias cuya modificación puede justificar mantenerlo, reducirlo, transformarlo o abandonarlo.

Estas modalidades no determinan por sí solas que la conducta sea correcta.

Una voluntad absoluta puede proteger un principio o sostener un fanatismo.

Una voluntad permisiva puede facilitar libertad o convertirse en complicidad.

Una voluntad relativa puede expresar adaptación inteligente o esconder oportunismo.

Su valor depende del objeto, los efectos, los medios, el contexto y las consecuencias.

Una analogía contractual

Las tres voluntades pueden comprenderse mediante tres clases de cláusulas.

Una cláusula **obligatoria** establece algo que debe cumplirse. Se aproxima a la voluntad absoluta.

Una cláusula **opcional** permite una acción sin imponerla. Se aproxima a la voluntad permisiva.

Una cláusula **condicional** produce efectos mientras se cumplan determinadas circunstancias. Se aproxima a la voluntad relativa.

La analogía no significa que la mente funcione literalmente como un contrato. Permite observar que no todas nuestras relaciones con una orientación poseen el mismo grado ni la misma forma de compromiso.

Podemos declarar:

«No falsificaré información».

Podemos permitir:

«Consideraré una propuesta sin comprometerme todavía a aceptarla».

Podemos condicionar:

«Continuaré con el proyecto mientras pueda cumplir sus obligaciones sin comprometer recursos esenciales».

Las tres expresiones contienen voluntad, pero no construyen la misma relación.

VOLUNTAD ABSOLUTA

La palabra *absoluta* puede inducir a error si se interpreta como poder ilimitado, certeza perfecta o libertad sin condicionamientos.

Ninguna persona adquiere dominio total sobre la realidad por declarar una voluntad absoluta.

La absolución no se aplica al resultado. Se aplica al compromiso asumido respecto de un objeto determinado.

Una persona puede declarar:

«No conduciré bajo los efectos del alcohol».

No controla todos los acontecimientos del camino. Tampoco garantiza que nunca enfrentará una emergencia. Lo absoluto se encuentra en que no acepta convertir una conveniencia, presión social o deseo de llegar rápidamente en excepción para ejecutar aquella conducta.

Otro ejemplo:

«No falsificaré una evidencia para proteger a alguien».

La voluntad absoluta excluye un medio, aunque utilizarlo parezca conveniente.

Firmeza no es rigidez

Una voluntad absoluta necesita firmeza, pero no toda firmeza exige mantener el mismo procedimiento.

Podemos conservar un criterio y modificar los medios.

Una persona decide terminar su formación profesional. Puede cambiar:

- horario;
- institución;
- método;

- carga académica;
- fuente de financiamiento;
- tiempo previsto.

Si su objeto absoluto es **completar la formación**, modificar la ruta no significa abandonar la voluntad.

Confundir el propósito con un único procedimiento puede transformar firmeza en rigidez.

Balmes distinguía precisamente la firmeza del ímpetu. Una voluntad firme puede rodear un obstáculo, esperar o cambiar de ruta sin abandonar aquello que sostiene.

Lo absoluto necesita delimitación

Una declaración como:

«Defenderé a mi familia pase lo que pase»

parece firme, pero contiene una amplitud peligrosa.

¿Defenderá también una mentira?

¿Ocultará una agresión?

¿Impedirá que un integrante asuma responsabilidad?

¿Atacará a cualquier persona que formule una crítica?

La voluntad absoluta necesita un objeto suficientemente preciso:

«Defenderé la dignidad y los derechos de mi familia sin encubrir daños ni negar la responsabilidad de ninguno de sus integrantes».

La delimitación no debilita el compromiso. Impide que una palabra amplia se convierta en autorización para cualquier conducta.

Una voluntad absoluta puede estar equivocada

La persistencia no demuestra justicia.

Una persona puede sostener absolutamente:

- una venganza;
- un prejuicio;
- una obediencia destructiva;
- una mentira;
- una forma de dominación;
- una interpretación falsa.

El fanático también puede ser firme.

El manipulador puede sostener un plan durante años.

Quien explota a otros puede resistir presiones para abandonar su beneficio.

Por eso, la voluntad absoluta debe responder a los cinco efectos.

Necesita conocimiento para no comprometerse con una falsedad.

Necesita ley para reconocer límites públicos.

Necesita inteligencia para escoger y ejecutar.

Necesita sabiduría para valorar proporción y consecuencias.

Necesita principios capaces de impedir que la firmeza se convierta en destrucción.

Revisar no siempre traiciona lo absoluto

Una voluntad absoluta no debe modificarse por simple conveniencia. Sin embargo, la persona puede descubrir que había definido incorrectamente su objeto.

Alguien afirma:

«Nunca abandonaré este negocio».

Después descubre que la empresa depende de fraude, explotación o una deuda imposible de sostener.

Mantener la frase únicamente para demostrar firmeza no protege la voluntad. Protege el orgullo.

La corrección puede consistir en identificar el principio más profundo:

«No abandonaré irresponsablemente mis obligaciones, pero tampoco mantendré una estructura que produce un daño injustificable».

Lo absoluto debe aplicarse al criterio válido, no a una formulación que quedó refutada por los hechos.

VOLUNTAD PERMISIVA

Permitir significa dejar existir, continuar o permanecer disponible una posibilidad sin convertirla en una exigencia.

Una persona puede permitir que un deseo aparezca sin ejecutarlo.

Puede permitir que otra persona elija sin asumir que debe escoger por ella.

Puede mantener una alternativa abierta sin adoptarla todavía.

Puede autorizar una acción dentro de límites definidos.

La voluntad permisiva no es ausencia completa de voluntad. La persona adopta una posición respecto de aquello que decide no impedir, no imponer o no cerrar.

Permitir no es desear

Una persona puede permitir algo que no desea.

Un padre puede permitir que su hijo adulto escoja una profesión diferente de la que él prefería.

Una directora puede permitir que un trabajador proponga otro método sin considerar que el método anterior era incorrecto.

Una persona puede permitir que una emoción exista sin actuar según su impulso.

En estos casos, permitir significa reconocer un margen de autonomía o tolerar una posibilidad, no adoptar el mismo deseo.

También puede ocurrir lo contrario: alguien desea algo y no se permite perseguirlo porque reconoce un límite.

Desear y permitir pueden coincidir, pero no son equivalentes.

Permitir no es ignorar

Para que exista una voluntad permisiva identificable, la persona debe poseer algún grado de conocimiento y margen de intervención.

Si no sabe que algo ocurre, no puede decirse que lo permitió conscientemente.

Si está completamente coaccionada, no posee el mismo margen para impedirlo.

Si carece de capacidad material o autoridad, su falta de intervención no demuestra consentimiento.

No impedir una conducta puede significar:

- permiso;
- desconocimiento;
- incapacidad;
- miedo;
- negligencia;
- coacción;

- espera estratégica;
- ausencia de responsabilidad sobre el asunto.

La apariencia externa no basta.

El permiso puede ser responsable

Una institución puede permitir diferentes horarios mientras se cumplan las obligaciones.

Una familia puede permitir que sus integrantes expresen desacuerdos sin convertir toda diferencia en deslealtad.

Una empresa puede permitir experimentos limitados antes de adoptar un método nuevo.

Una persona puede permitirse sentir tristeza sin abandonar todas sus responsabilidades.

La voluntad permisiva crea margen.

Ese margen puede favorecer:

- aprendizaje;
- autonomía;
- creatividad;
- revisión;
- descanso;
- exploración;
- coexistencia de alternativas.

La teoría de la autodeterminación distingue entre actuar con un sentido de adhesión personal y actuar bajo presión o control. También muestra que los contextos pueden favorecer o impedir autonomía, competencia e integración de responsabilidades. Permitir participación y elección no equivale a eliminar toda norma; puede ayudar a que la persona comprenda y asuma mejor su conducta.

El permiso también puede producir daño

Una persona con autoridad observa una humillación repetida y decide no intervenir.

Puede llamarlo neutralidad.

Sin embargo, si posee conocimiento, responsabilidad y medios razonables para detenerla, su omisión puede permitir que el daño continúe.

Una familia conoce una conducta violenta y guarda silencio para conservar su imagen.

Una empresa sabe que un procedimiento expone a sus trabajadores y posterga la corrección.

Una autoridad permite privilegios que niega a otros.

En esas situaciones, la voluntad permisiva puede convertirse en:

- tolerancia del abuso;
- negligencia;
- complicidad;
- abandono de responsabilidad;
- protección de conveniencia.

La pregunta no es únicamente:

¿Estoy permitiendo?

También:

¿Tengo derecho a permitirlo y quién soportará las consecuencias?

Permitirse no significa concederse cualquier cosa

La frase:

«Debo permitirme vivir»

puede expresar descanso, autonomía o recuperación.

También puede utilizarse para justificar gastos irresponsables, incumplimientos o conductas que trasladan el costo a otras personas.

La voluntad permisiva necesita límites.

Una persona puede permitirse descansar sin abandonar una responsabilidad urgente.

Puede permitirse cambiar de opinión sin falsificar lo ocurrido.

Puede permitirse disfrutar sin utilizar a otros como medios.

El permiso responsable conserva relación con los derechos, acuerdos y consecuencias implicados.

VOLUNTAD RELATIVA

La voluntad relativa vincula el compromiso con condiciones identificables.

Una persona declara:

«Participaré mientras el proyecto conserve transparencia, recursos suficientes y una finalidad legítima».

No afirma que su compromiso sea débil.

Establece aquello de lo que depende.

Puede relacionarse con:

- tiempo;
- recursos;
- seguridad;
- salud;

- legalidad;
- reciprocidad;
- evidencia;
- resultados;
- responsabilidades;
- límites previamente definidos.

Cuando cambian las condiciones relevantes, la voluntad puede cambiar sin que necesariamente exista contradicción.

Relativa no significa relativista

Una voluntad relativa no afirma que todo dependa del gusto ni que no existan criterios firmes.

Puede contener límites absolutos dentro de una relación condicional.

Por ejemplo:

«Continuaré en esta empresa mientras pueda cumplir mi función sin participar en fraude».

La continuidad laboral es relativa.

La negativa a participar en fraude puede ser absoluta.

Las dos voluntades operan sobre objetos diferentes.

Condiciones legítimas y excusas posteriores

La voluntad relativa necesita condiciones suficientemente claras.

No es igual decir:

«Continuaré mientras existan fondos para pagar salarios y se mantenga la seguridad».

que afirmar:

«Continuaré mientras me convenga».

La primera formulación identifica criterios verificables.

La segunda permite reinterpretar cualquier cambio como justificación para abandonar.

Una condición legítima debe ser:

- pertinente;
- comprensible;
- proporcional;
- aplicable de manera coherente;
- conocida antes de utilizarse como excepción;
- revisable mediante hechos.

El oportunismo inventa las condiciones después de conocer qué resultado favorece.

La voluntad relativa las establece antes o reconoce honestamente por qué una circunstancia nueva cambia la decisión.

Adaptación no es debilidad

Una persona comienza a entrenar cinco días por semana.

Después sufre una lesión.

Mantener exactamente la misma rutina para demostrar fuerza puede agravarla.

La voluntad relativa permite conservar la finalidad de recuperación física mientras modifica la intensidad, la frecuencia y el método.

Otra persona reduce temporalmente su carga académica para cuidar una condición de salud.

No necesariamente abandonó su formación.

Adaptó la ejecución a una limitación real.

La voluntad relativa puede proteger la continuidad porque impide que una forma excesivamente rígida destruya el propósito.

El peligro de condicionar todo

También existe un riesgo contrario.

Una persona puede colocar tantas condiciones que nunca tenga que comprometerse.

«Comenzaré cuando tenga tiempo suficiente, dinero suficiente, seguridad absoluta, apoyo completo y ninguna posibilidad de equivocarme».

Cada condición parece razonable por separado.

En conjunto convierten la acción en imposible.

La voluntad relativa necesita distinguir entre:

- condición indispensable;
- condición conveniente;
- incomodidad tolerable;
- riesgo que puede administrarse;
- garantía inexistente.

Condicionar no debe convertirse en una forma sofisticada de evitar.

UN MISMO PROBLEMA, TRES VOLUNTADES

El siguiente caso muestra cómo las tres voluntades pueden intervenir dentro de una misma situación sin contradecirse, siempre que operen sobre objetos distintos.

Rafael dirigía una empresa de construcción. Durante una obra, una prueba preliminar indicó que una partida de hormigón podía no alcanzar la resistencia técnica requerida.

Detener el trabajo produciría retrasos, costos y posibles penalidades.

Continuar permitiría respetar el calendario, pero podría comprometer la seguridad si el resultado era correcto.

Rafael deseaba terminar la obra.

Quería evitar pérdidas.

Necesitaba meditar la información.

Debía controlar materiales, documentos y procedimientos.

Tenía la obligación de defender a trabajadores, clientes y futuros ocupantes.

Las tres voluntades organizaron su respuesta.

La voluntad absoluta

Rafael estableció:

No se utilizará material cuya seguridad no pueda verificarse y no se falsificará ningún resultado para mantener el calendario.

El compromiso no dependía de que la demora fuera costosa.

Su objeto estaba delimitado: no utilizar material no verificado ni alterar evidencias.

La voluntad permisiva

Permitió al proveedor:

- presentar documentación;
- solicitar una prueba independiente;
- explicar el posible error;
- proponer una sustitución;
- ejecutar un plan correctivo.

Permitir la defensa del proveedor no significaba aceptar su versión ni renunciar a proteger la obra.

Mantenía abierta una vía de verificación.

La voluntad relativa

La continuidad del contrato con aquel proveedor quedó condicionada a:

- resultados independientes;
- sustitución del material cuando correspondiera;
- cumplimiento de plazos correctivos;
- asunción de responsabilidades;
- ausencia de nuevas irregularidades.

Rafael no declaró que rompería el contrato bajo cualquier circunstancia.

Tampoco aseguró que continuaría pase lo que pase.

Vinculó la decisión a hechos y condiciones verificables.

La investigación confirmó que parte del material debía sustituirse. La empresa perdió tiempo, pero evitó incorporar un riesgo estructural.

La respuesta no dependió de una única voluntad universal.

Rafael sostuvo absolutamente un límite de seguridad, permitió un procedimiento de aclaración y condicionó relativamente la continuidad comercial.

Los niveles no deben confundirse

Una persona puede poseer:

- un principio absoluto;
- una estrategia relativa;
- alternativas permisivas.

La aparente contradicción desaparece cuando se identifica el objeto exacto.

Absoluto: no falsificar.

Relativo: continuar el contrato si se cumplen condiciones.

Permisivo: permitir revisión y corrección.

No sería coherente sostener simultáneamente respecto del mismo objeto, tiempo y nivel:

«Continuaré incondicionalmente».

y:

«Continuaré únicamente si se cumple esta condición».

Una de las dos formulaciones tendría que revisarse.

LAS TRES VOLUNTADES EN LOS CINCO PRODUCTOS

Cada producto puede relacionarse con las tres voluntades.

Desear

Absoluta

«Completaré esta formación y no abandonaré el propósito por una dificultad temporal».

Permisiva

«Me permito considerar esta oportunidad sin comprometerme todavía».

Relativa

«La perseguiré mientras pueda sostenerla sin incumplir responsabilidades esenciales».

Evitar

Absoluta

«No conduciré después de consumir una sustancia que comprometa mi capacidad».

Permisiva

«Me permitiré tomar distancia temporal antes de responder».

Relativa

«Evitaré el contacto mientras permanezca la amenaza y revisaré la medida si cambian las condiciones».

Meditar

Absoluta

«No formularé una acusación irreversible sin examinar la evidencia disponible».

Permisiva

«Mantendré abierta esta pregunta sin obligarme a resolverla hoy».

Relativa

«La profundidad del examen dependerá de la gravedad, el tiempo disponible y la posibilidad de corregir».

Controlar

Absoluta

«No se permitirá acceso no autorizado a esta información».

Permisiva

«Se permitirán variaciones dentro del margen establecido».

Relativa

«La medida de control continuará mientras el riesgo justifique su costo y su invasividad».

Defender

Absoluta

«No abandonaré la dignidad ni el derecho de defensa de una persona».

Permisiva

«Permitiré críticas y revisión sin responder a cada desacuerdo como si fuera una amenaza».

Relativa

«La intensidad de la defensa cambiará según la gravedad y persistencia del riesgo».

Estos ejemplos no convierten cada modalidad en correcta. Muestran cómo cambia la relación con el producto.

LAS VOLUNTADES PUEDEN COEXISTIR

Una persona no posee necesariamente una sola voluntad para toda su vida.

Puede ser absoluta respecto de un principio, relativa respecto de una estrategia y permisiva respecto de una alternativa.

También puede cambiar de modalidad con el tiempo.

Un deseo puede comenzar como posibilidad permisiva:

«Me interesaría crear una empresa».

Después transformarse en voluntad relativa:

«La iniciaré si alcanzo determinada reserva y verifico la demanda».

Y finalmente adquirir una dimensión absoluta en un punto específico:

«No engañaré a clientes para sostenerla».

Las modalidades pueden organizarse jerárquicamente.

El problema aparece cuando la persona no reconoce cuál está utilizando y exige a otros interpretar una relación que nunca definió.

VOLUNTAD DECLARADA Y VOLUNTAD OPERATIVA

Decir:

«Lo haré»

constituye una declaración.

No demuestra todavía que la voluntad haya sido organizada para ejecutarse.

Podemos observarla en diferentes niveles.

Declaración

La persona expresa lo que pretende.

«Voy a estudiar».

Preparación

Organiza recursos, tiempo y condiciones.

Obtiene materiales y reserva un horario.

Implementación

Define qué hará ante una situación concreta.

«Después de cenar, estudiaré durante cuarenta minutos en el escritorio».

Ejecución

Realiza la conducta.

Sostenimiento o revisión

Continúa, modifica o abandona según los resultados y criterios.

Los planes que vinculan una situación específica con una respuesta —por ejemplo, «si ocurre X, haré Y»— pueden facilitar el inicio de conductas dirigidas a una meta. Sin embargo, funcionan como herramientas de autorregulación; no sustituyen la importancia del objetivo, las capacidades ni las condiciones reales.

La voluntad necesita arquitectura.

Una declaración sin medios puede permanecer como deseo.

Un plan sin ejecución puede permanecer como intención.

Una ejecución sin revisión puede repetir un error.

La conducta contradice a veces la declaración

Una persona afirma:

«Mi salud es una prioridad absoluta».

Pero posterga continuamente todas las acciones relacionadas con ella.

Otra declara:

«Esta relación no me importa».

Sin embargo, vigila, interviene y organiza gran parte de su vida alrededor de ella.

La contradicción puede revelar:

- falta de capacidad;
- conflicto entre productos;
- presión externa;
- hábito;
- miedo;
- una voluntad distinta de la declarada;
- una condición que nunca fue reconocida.

No conviene concluir inmediatamente que la persona miente.

Debe examinarse qué impide la correspondencia entre palabra y conducta.

VOLUNTAD Y AUTONOMÍA

Actuar voluntariamente no significa actuar sin ninguna influencia.

Toda persona vive dentro de:

- relaciones;
- cultura;
- leyes;
- necesidades;
- obligaciones;
- información;
- límites materiales.

Una conducta puede ser voluntaria aunque responda a una responsabilidad externa, siempre que la persona comprenda y adopte de alguna manera el motivo de su acción.

También puede parecer voluntaria mientras está dirigida principalmente por:

- amenaza;
- chantaje;
- miedo;
- dependencia;
- presión;
- manipulación;
- ausencia de alternativas reales.

La autonomía no equivale a aislamiento absoluto. Se relaciona con la posibilidad de comprender, participar y reconocer la acción como propia, aun dentro de responsabilidades y vínculos. La teoría de la autodeterminación diferencia regulaciones más autónomas de aquellas dominadas por presión o control, y examina cómo los contextos pueden favorecer o impedir esa apropiación.

Consentimiento bajo presión

Una persona puede decir sí y no estar ejerciendo una voluntad plenamente libre.

Debe examinarse:

- qué ocurriría si dijera no;
- qué información recibió;
- qué alternativas posee;
- qué poder tiene la otra parte;
- qué consecuencias fueron amenazadas;
- si puede retirar su consentimiento.

La existencia de una respuesta verbal no resuelve automáticamente la calidad de la voluntad.

LA VOLUNTAD NO CREA CAPACIDAD INFINITA

Afirmaciones como:

«Quien quiere puede»

confunden voluntad con capacidad, oportunidad y resultado.

Una persona puede poseer voluntad firme y carecer de:

- dinero;
- salud;
- tiempo;
- acceso;
- conocimientos;
- documentos;
- apoyo;
- seguridad;
- autoridad;
- medios técnicos.

Reconocer esas limitaciones no elimina la responsabilidad sobre el margen que todavía conserva.

Pero tampoco permite culpabilizar a alguien por no producir un resultado objetivamente inaccesible.

La pregunta responsable no es únicamente:

¿Tiene voluntad?

También:

¿Qué capacidad posee, qué condiciones enfrenta y qué medios necesita?

Esfuerzo y resultado

El esfuerzo puede aumentar la probabilidad de alcanzar una meta.

No garantiza todos los resultados.

Dos personas pueden realizar esfuerzos semejantes y enfrentar:

- oportunidades diferentes;
- condiciones económicas distintas;
- enfermedades;
- discriminación;
- redes de apoyo desiguales;
- acontecimientos imprevisibles.

Reconocer la influencia de las circunstancias no convierte a la persona en pasiva.

Impide utilizar la voluntad como explicación total de la vida.

LA VOLUNTAD Y LOS CINCO EFECTOS

Las tres voluntades no operan fuera de los efectos ya desarrollados.

Conocimiento

Permite comprender el objeto, las condiciones y los medios.

Una voluntad absoluta construida sobre información falsa puede sostener un error con mayor fuerza.

Ley

Establece límites, derechos, obligaciones y procedimientos.

La voluntad personal no convierte en legítimo todo aquello que alguien está dispuesto a ejecutar.

Inteligencia

Permite distinguir alternativas, escoger, implementar y revisar.

Una voluntad intensa sin inteligencia puede insistir sobre un camino que no conduce al resultado.

Sabiduría

Valora el momento, la proporción, los límites y las consecuencias humanas.

Puede mostrar cuándo mantener, permitir, condicionar o abandonar.

Principios

Ofrecen criterios relativamente estables para decidir qué compromiso no debe negociarse y qué formulación necesita revisión.

La voluntad no reemplaza los efectos.

Determina el modo de compromiso mediante el cual esos efectos se relacionan con los productos.

LA VOLUNTAD
Y LOS CONFLICTOS ENTRE PRODUCTOS

Una persona puede desear algo y evitar el costo necesario para obtenerlo.

Puede meditar una decisión y controlar tanto la incertidumbre que nunca actúa.

Puede defender una relación y evitar toda conversación capaz de repararla.

Puede controlar recursos para alcanzar una meta y descubrir que está destruyendo aquello que deseaba proteger.

La voluntad puede distribuirse de manera diferente entre productos que compiten.

Alguien afirma poseer voluntad absoluta para terminar una carrera, pero mantiene una voluntad permisiva frente a cada distracción.

Otra persona desea cuidar su salud, pero posee una voluntad más fuerte para evitar la incomodidad inmediata del ejercicio.

No basta con examinar cada producto por separado.

Debemos preguntar:

Cuando dos productos entran en conflicto, ¿cuál recibe prioridad y mediante qué voluntad?

EL CAMBIO DE VOLUNTAD

Cambiar de voluntad no significa siempre inconstancia.

Puede responder a:

- información nueva;
- modificación del contexto;
- pérdida de capacidad;
- aparición de una obligación superior;
- consecuencias inesperadas;
- corrección de un error;
- cambio legítimo de prioridad.

Sin embargo, una persona también puede cambiar para evitar el costo de cumplir.

La diferencia aparece en la justificación.

Cambio responsable

La persona puede explicar:

- qué cambió;
- por qué ese cambio es relevante;
- qué criterio aplica;
- qué consecuencias asumirá;
- qué compromiso continúa vigente.

Cambio oportunista

La persona modifica las reglas únicamente después de conocer qué resultado la favorece.

Aplica condiciones distintas a situaciones equivalentes.

Exige firmeza a los demás y se concede excepciones indefinidas.

La voluntad relativa necesita coherencia para no convertirse en conveniencia cambiante.

CUANDO DOS VOLUNTADES ABSOLUTAS CHOCAN

Una persona puede afirmar:

«Siempre cumpliré mis promesas».

También:

«Nunca colaboraré con un daño injusto».

Después descubre que prometió participar en una conducta perjudicial.

Las dos formulaciones parecen absolutas, pero no pueden ejecutarse conjuntamente.

El conflicto obliga a revisar su jerarquía y precisión.

Cumplir compromisos legítimos puede continuar como principio.

La promesa concreta necesita abandonarse porque su objeto contradice un criterio superior.

Cuando dos absolutos chocan, al menos uno:

- fue formulado demasiado ampliamente;
- pertenece a un nivel inferior;
- necesita una excepción explícita;
- se aplicó fuera de contexto;
- protege un bien menos fundamental.

La solución no consiste en gritar con mayor fuerza ambos compromisos. Consiste en identificar qué protege cada uno y cuál debe limitar al otro.

PROTOCOLO DE INTERROGACIÓN INTROSPECTIVA

Estas preguntas permiten examinar cómo la voluntad configura un producto. No constituyen por sí solas una psicoterapia ni sustituyen orientación profesional cuando la situación la requiere.

Primera fase: identificar el producto y el objeto

- ¿Qué producto está operando?
- ¿Qué deseo, evito, medito, controlo o defiendo?
- ¿Cuál es el objeto exacto?
- ¿Está claramente delimitado?
- ¿Qué resultado espero?

Segunda fase: identificar la modalidad

- ¿Mi voluntad es absoluta, permisiva o relativa?
- ¿Estoy asumiendo una obligación, permitiendo una posibilidad o estableciendo condiciones?
- ¿Lo he comunicado con claridad?
- ¿Estoy utilizando palabras absolutas para una intención débil?
- ¿Estoy llamando relativa a una decisión que solo depende de mi conveniencia?

Tercera fase: examinar autoría y libertad

- ¿Reconozco esta voluntad como propia?
- ¿Qué presión interviene?
- ¿Qué ocurriría si dijera no?
- ¿Poseo alternativas reales?
- ¿Estoy actuando por convicción, miedo, amenaza, hábito o dependencia?
- ¿Puedo retirar o revisar mi consentimiento?

Cuarta fase: examinar capacidad

- ¿Qué recursos poseo?
- ¿Qué conocimientos necesito?
- ¿Qué parte depende de mí?
- ¿Qué parte depende de otras personas?
- ¿Qué limitación debo aceptar?
- ¿Estoy confundiendo voluntad con poder ilimitado?

Quinta fase: delimitar condiciones

- ¿Qué parte es no negociable?
- ¿Qué puedo permitir?
- ¿Qué depende de condiciones?
- ¿Cuáles son esas condiciones?
- ¿Cómo se verificarán?
- ¿Fueron establecidas antes o las inventé después?
- ¿Qué ocurrirá si dejan de cumplirse?

Sexta fase: preparar la ejecución

- ¿Cuál será el primer paso?
- ¿Cuándo y dónde actuaré?
- ¿Qué haré si aparece un obstáculo previsto?
- ¿Qué recurso debo preparar?
- ¿Qué conducta debo detener?
- ¿Qué persona necesita conocer mi decisión?

Séptima fase: examinar coherencia

- ¿Mi conducta confirma la voluntad declarada?
- ¿Qué producto compite con ella?
- ¿Qué estoy permitiendo que la debilita?
- ¿Qué condición no había reconocido?
- ¿Estoy sosteniendo el propósito o únicamente una forma particular de ejecutarlo?

Octava fase: revisar

- ¿Qué resultado produjo?
- ¿Qué consecuencia no preví?

- ¿Debo mantener, permitir, condicionar o abandonar?
- ¿La revisión responde a evidencia o comodidad?
- ¿Qué responsabilidad debo asumir?
- ¿Qué parte continúa siendo válida?

LO QUE NO QUEREMOS QUERER

También existe conflicto cuando una persona rechaza conscientemente un deseo que continúa apareciendo.

Puede decir:

«No quiero querer esto».

La primera voluntad se dirige hacia abandonar, limitar o no ejecutar el deseo.

El deseo continúa como orientación inicial.

Esto puede ocurrir frente a:

- una relación perjudicial;
- una sustancia;
- una venganza;
- una compra;
- una aprobación;
- una conducta repetida;
- una forma de control.

La persona puede poseer un deseo fuerte y una voluntad más firme de no ejecutarlo.

La existencia del deseo no invalida automáticamente la voluntad.

La lucha revela que productos y voluntades pueden operar en niveles diferentes.

LA ARQUITECTURA TODAVÍA NO ESTÁ COMPLETA

Identificar la voluntad permite saber si una persona adopta, permite o condiciona un producto.

Pero todavía no determina el alcance del objeto.

Una voluntad absoluta puede dirigirse hacia una meta con final claro:

terminar una certificación específica.

También puede dirigirse hacia algo sin criterio evidente de suficiencia:

obtener cada vez más reconocimiento.

Una voluntad relativa puede establecer un plazo y un límite verificable.

También puede mantener condiciones abiertas que cambian indefinidamente.

Una voluntad permisiva puede dejar una posibilidad disponible durante una semana o durante toda la vida.

Por tanto, después de reconocer la modalidad de voluntad debemos preguntar:

¿El producto posee un objeto, un límite y una condición de cierre identificables, o puede expandirse sin un punto definido de suficiencia?

Esto nos lleva al siguiente capítulo.

PRODUCTOS CONDUCTUALES
DELIMITADOS Y
PRODUCTOS CONDUCTUALES
ABIERTOS

«Quienes se apresuran por un laberinto se enredan más cuanto mayor es su velocidad».
—Séneca, Cartas a Lucilio, 45; traducción propia.

Una persona puede avanzar con rapidez y, aun así, no saber si se aproxima a un resultado o se interna cada vez más en una búsqueda sin salida.

Puede trabajar más, acumular más, preguntar más, vigilar más o luchar más sin haber determinado cuánto será suficiente, qué resultado busca exactamente ni qué condición permitirá detenerse.

Conocer el producto conductual dominante tampoco resuelve ese problema.

Decir:

«Deseo dinero»

no explica cuánto, para qué, durante cuánto tiempo ni qué medios serán aceptables.

Decir:

«Evito el peligro»

no determina qué peligro, qué probabilidad posee ni cuándo la medida deberá terminar.

Decir:

«Medito mi decisión»

no establece qué información falta ni cuándo el examen será suficiente.

Decir:

«Controlo mi empresa»

no define qué variables necesitan regulación ni qué grado de intervención resulta proporcionado.

Decir:

«Defiendo mi reputación»

no indica qué amenaza existe, qué respuesta sería legítima ni qué crítica debería aceptarse.

Una orientación puede estar presente y, sin embargo, carecer de una arquitectura que permita reconocer cuándo ha cumplido su función.

Dos configuraciones del alcance

Llamaré **productos conductuales delimitados** y **productos conductuales abiertos** a dos configuraciones operativas mediante las cuales Desear, Evitar, Meditar, Controlar y Defender pueden organizarse.

No son diagnósticos.

No son tipos de personalidad.

No indican por sí mismos que una conducta sea correcta o perjudicial.

Describen hasta qué punto el objeto, el alcance y la condición de suficiencia de un producto han sido definidos.

Producto conductual delimitado

Un **producto conductual delimitado** es una orientación cuyo objeto, alcance y criterio de suficiencia o cierre se encuentran definidos con precisión suficiente para guiar, evaluar y revisar la conducta.

Por ejemplo:

«Deseo acumular una reserva equivalente a seis meses de gastos durante los próximos dos años, sin utilizar una deuda de alto costo».

El objeto es una reserva económica.

La cantidad está definida.

Existe un plazo.

Hay un medio excluido.

También existe una condición de suficiencia: alcanzar seis meses de gastos.

Otro ejemplo:

«Evitaré transitar por esta ruta durante la reparación del puente y revisaré la medida cuando la autoridad confirme su reapertura».

La evitación posee:

- un lugar;
- una razón;
- una duración condicionada;
- un criterio de revisión.

Un producto delimitado no necesita estar expresado siempre mediante cifras exactas.

Esta defensa también puede estar delimitada:

«Protegeré la confidencialidad de este expediente durante el procedimiento y solamente entregaré información a las personas autorizadas».

No existe una cantidad numérica, pero sí se identifican:

- el objeto;
- el contexto;
- los destinatarios permitidos;
- la duración funcional;
- el límite de la conducta.

La delimitación exige precisión suficiente, no necesariamente medición matemática de cada aspecto.

Producto conductual abierto

Un **producto conductual abierto** es una orientación cuyo objeto, alcance o criterio de suficiencia permanece indeterminado, puede desplazarse o expandirse y no ofrece por sí mismo una condición clara de cierre.

Por ejemplo:

«Quiero tener cada vez más dinero».

No se determina cuánto sería suficiente.

Tampoco qué finalidad cumple, qué medios serán aceptables ni qué costo obligaría a revisar la búsqueda.

Otro ejemplo:

«Evitaré todo lo que pueda hacerme sufrir».

El alcance puede expandirse hacia relaciones, cambios, responsabilidades, emociones, críticas y oportunidades.

La orientación no contiene un límite que permita distinguir protección de reducción progresiva de la vida.

También puede aparecer así:

«Necesito controlar lo que los demás piensan de mí».

No existe una intervención capaz de garantizar ese resultado.

Cada nueva opinión puede producir otra medida, otra vigilancia y otra necesidad de corrección.

Lo abierto no significa que la orientación continuará literalmente para siempre. Significa que **no contiene una condición suficientemente definida para reconocer cuándo ha cumplido su función**.

Con el objetivo de lograr una mayor claridad conceptual, resulta más didáctico sustituir los términos «finito» e «infinito».
En su lugar, adoptaremos las nociones de «delimitado» y «abierto», las cuales reflejan mejor la naturaleza de los resultados conductuales.

En matemáticas, un conjunto es finito cuando su cantidad de elementos corresponde a algún número natural; es infinito cuando no es finito. Esas palabras describen cardinalidad dentro de una estructura matemática.

Un producto conductual no es un conjunto matemático.

Desear no se convierte en finito porque una persona enumere cinco deseos.

Tampoco se convierte en infinito porque todavía existan objetos no identificados.

Una vida humana posee:

- tiempo limitado;
- atención limitada;
- recursos limitados;
- capacidad limitada;
- oportunidades limitadas;
- una duración biológica limitada.

Por tanto, ninguna persona ejecuta literalmente una cantidad infinita de conductas.

Una orientación puede, sin embargo, carecer de cierre y continuar desplazándose mientras existan tiempo y recursos. Por esa razón, la palabra correcta es **abierto**, no infinito.

Del mismo modo, un producto puede poseer límites reconocibles sin que todos los elementos de la situación hayan sido descubiertos. Por eso utilizaremos **delimitado**, no finito.

Las dimensiones de la delimitación

Un producto puede delimitarse mediante diferentes criterios. No siempre necesita contenerlos todos, pero debe poseer suficientes para orientar la elección y permitir una revisión.

El objeto

Responde:

¿Qué deseo, evito, medito, controlo o defiendo?

No es igual desear «éxito» que desear concluir una certificación concreta.

No es igual defender «mi honor» que responder a una acusación específica mediante un procedimiento identificable.

El resultado

Responde:

¿Qué cambio espero producir?

Una persona puede desear mejorar su salud.

Necesita definir qué resultado busca:

- aumentar movilidad;
- reducir determinada conducta;
- cumplir un tratamiento;
- recuperar una capacidad;
- establecer una rutina.

La cantidad o intensidad

Responde:

¿Cuánto necesito o cuánto permitiré?

Puede referirse a:

- dinero;
- tiempo;
- frecuencia;
- duración;
- exposición;
- nivel de riesgo;
- esfuerzo;
- acceso.

El tiempo

Responde:

¿Cuándo comienza, cuánto durará y cuándo deberá revisarse?

Una decisión sin límite temporal puede mantenerse únicamente porque nadie estableció el momento de examinarla nuevamente.

El contexto

Responde:

¿En qué situación se aplica y en cuál no?

Una medida adecuada durante una emergencia puede resultar injustificable cuando la emergencia termina.

Una norma laboral no debe trasladarse automáticamente a la vida privada.

Los medios

Responde:

¿Qué estoy dispuesto a hacer y qué no haré para alcanzar el resultado?

Una meta económica puede estar delimitada en cantidad y tiempo, pero continuar siendo peligrosa si permite cualquier medio.

Las personas afectadas

Responde:

¿Quién recibirá el beneficio y quién asumirá el costo?

Una meta puede parecer clara para quien la persigue y trasladar sus consecuencias a familiares, trabajadores, socios o comunidades.

La condición de suficiencia

Responde:

¿Qué indicará que ya es suficiente?

Esta es una de las delimitaciones más importantes.

Una persona puede alcanzar la cantidad inicialmente deseada y decidir inmediatamente que ya no basta.

Si no existe una condición de suficiencia, todo logro puede transformarse en prueba de que debe buscarse más.

La condición de cierre

Responde:

¿Qué permitirá terminar, suspender o transformar la orientación?

No siempre coincide con el éxito.

Una búsqueda también puede cerrarse porque:

- perdió legitimidad;
- cambió el contexto;
- agotó los recursos razonables;
- apareció un daño desproporcionado;
- dejó de servir al propósito;
- otra responsabilidad adquirió prioridad.

La condición de revisión

Responde:

¿Qué evidencia me obligará a examinar nuevamente lo decidido?

Delimitar no significa encerrar una decisión para que nunca cambie.

Significa establecer cómo se reconocerá que necesita mantenerse, corregirse o cerrarse.

Delimitar no significa fragmentar toda la vida

No todo propósito humano necesita convertirse en una cifra rígida.

Una persona puede sostener orientaciones amplias:

- aprender durante toda la vida;
- cuidar su salud;
- defender la dignidad;
- fortalecer una familia;
- contribuir a una comunidad;
- vivir con honestidad.

Estas orientaciones pueden permanecer abiertas en su sentido general porque no se agotan mediante una sola acción.

Sin embargo, necesitan traducirse en ciclos delimitados para convertirse en conducta evaluable.

Orientación abierta: aprender durante toda la vida.

Ciclo delimitado: concluir un curso específico durante doce semanas y aplicar una de sus herramientas.

Orientación abierta: cuidar la salud.

Ciclo delimitado: cumplir durante tres meses el plan acordado, registrar determinados indicadores y revisarlo con el profesional correspondiente.

Orientación abierta: defender la dignidad.

Respuesta delimitada: presentar una reclamación concreta, proteger la información necesaria y detener la intervención cuando exista una resolución o cambien las condiciones.

Una orientación abierta puede ofrecer continuidad.

Las acciones delimitadas permiten ejecutarla sin convertirla en una búsqueda desorganizada.

Delimitado no significa bueno

Una conducta perjudicial puede estar perfectamente delimitada.

Una persona puede planificar:

- cometer un fraude determinado;
- vengarse de alguien;
- difundir una información privada;
- perjudicar a un competidor;
- consumir una cantidad peligrosa;
- ejecutar una agresión en un momento específico.

El objeto, el plazo y los medios pueden estar claros.

Eso no convierte la conducta en correcta.

La delimitación describe estructura, no legitimidad.

El conocimiento, la ley, la inteligencia, la sabiduría y los principios continúan siendo necesarios para valorar aquello que se persigue.

Abierto no significa malo

Algunas orientaciones valiosas no poseen un final absoluto.

No existe un punto único en el que una persona pueda declarar:

«Ya aprendí todo lo necesario para no aprender nunca más».

Tampoco existe una única acción que complete para siempre:

- la responsabilidad;
- el cuidado;
- la justicia;

- la convivencia;
- la formación;
- la revisión personal.

El problema no es que una orientación permanezca abierta.

El problema aparece cuando su apertura:

- impide reconocer suficiencia;
- consume recursos sin revisión;
- invade otras áreas;
- cambia continuamente el objetivo;
- convierte todo límite en enemigo;
- exige una expansión permanente;
- impide cerrar etapas.

Una orientación abierta necesita administración, no necesariamente eliminación.

Cuando una meta delimitada se vuelve abierta

El siguiente caso muestra cómo una orientación puede comenzar con límites claros y perderlos después de alcanzar sus primeros resultados.

Gabriel abrió un pequeño negocio de fabricación de muebles.

Su objetivo inicial era preciso:

- pagar una deuda determinada;
- crear una reserva equivalente a seis meses de gastos;
- estabilizar los ingresos de su familia;
- lograrlo dentro de tres años.

Su deseo estaba delimitado.

Sabía qué buscaba, cuánto necesitaba y qué condición indicaría que había alcanzado el objetivo.

Después de dos años, la deuda había sido pagada y la reserva estaba completa.

Gabriel experimentó satisfacción durante algunas semanas.

Luego comenzó a comparar su negocio con empresas más grandes.

Pensó:

«Seis meses de reserva ya no son suficientes. Necesito abrir una segunda sucursal».

La nueva meta podía ser razonable. El problema no se encontraba en crecer.

El problema apareció cuando cada resultado eliminaba la condición anterior de suficiencia.

Abrió una segunda sucursal.

Después decidió que necesitaba una tercera para no quedarse atrás.

Alcanzó un nivel de ingresos que antes habría considerado extraordinario, pero ahora lo interpretaba como insuficiente.

Trabajaba más horas.

Controlaba personalmente cada decisión.

Evitaba descansar porque temía perder oportunidades.

Meditaba únicamente estrategias de expansión.

Defendía cualquier crítica al crecimiento como si fuera un ataque contra su capacidad.

El deseo de estabilidad se había transformado en una necesidad abierta de expansión.

La búsqueda ya no respondía:

¿Qué necesita mi familia para vivir con seguridad?

Respondía:

¿Qué debo alcanzar para no sentirme inferior a quien posee más?

El criterio de suficiencia se desplazaba cada vez que Gabriel se aproximaba.

La adaptación a resultados positivos puede reducir con el tiempo parte de su impacto emocional, aunque no ocurre de manera idéntica en todas las personas ni frente a toda experiencia. Acostumbrarse a un logro puede hacer que lo excepcional comience a sentirse normal, pero no obliga a convertir cada adaptación en una nueva carrera.

Gabriel no necesitaba abandonar su empresa.

Necesitaba recuperar la arquitectura del producto.

Definió:

- una reserva mínima;
- un máximo de endeudamiento;
- condiciones verificables antes de abrir otra sucursal;
- un límite de horas semanales;
- funciones que debían delegarse;
- una fecha semestral de revisión;
- criterios de cierre para cada fase de expansión.

La ambición no desapareció.

Dejó de funcionar sin límites.

El deseo general de construir una empresa podía permanecer abierto, mientras cada etapa adquiría condiciones delimitadas.

El desplazamiento del criterio de suficiencia

Llamaré **desplazamiento del criterio de suficiencia** al proceso mediante el cual una persona modifica continuamente aquello que consideraba bastante después de aproximarse o alcanzar el resultado.

Puede ocurrir así:

«Cuando gane esta cantidad estaré tranquilo».

Después:

«Necesito el doble».

Luego:

«Necesito superar a esta persona».

Más tarde:

«Necesito asegurar que nadie pueda alcanzarme».

El objeto inicial cambia.

La medida cambia.

La comparación cambia.

La condición de cierre desaparece.

Este desplazamiento también puede afectar los otros productos.

Evitar

«Evitaré una calle peligrosa».

Después:

«Evitaré todo el sector».

Más tarde:

«Evitaré salir».

Meditar

«Revisaré tres alternativas».

Después:

«Buscaré cinco más».

Luego:

«No decidiré hasta estar completamente seguro».

Controlar

«Verificaré los gastos mensuales».

Después:

«Revisaré cada compra».

Más tarde:

«Decidiré personalmente todo lo que los demás pueden comprar».

Defender

«Responderé a esta acusación».

Después:

«Responderé a cada crítica».

Finalmente:

«Impediré que alguien formule una opinión negativa».

La orientación comienza ante un objeto delimitado y termina expandiéndose hacia todo aquello que pueda relacionarse con él.

La velocidad puede ocultar la ausencia de dirección

Una persona puede realizar muchas acciones y no avanzar hacia una condición de cierre.

Puede:

- abrir más proyectos;
- recopilar más información;
- añadir más controles;
- responder a más adversarios;
- perseguir más oportunidades.

La actividad produce sensación de progreso.

Pero movimiento y progreso no son equivalentes.

La investigación sobre fijación de metas ha encontrado que los objetivos específicos y desafiantes pueden dirigir la atención, aumentar el esfuerzo y favorecer el rendimiento en determinadas condiciones. Sin embargo, una meta clara no determina por sí sola que el objetivo sea ético, completo o compatible con otras responsabilidades.

También se han señalado riesgos de metas excesivamente estrechas o agresivas: pueden reducir la atención hacia consecuencias no incluidas en el indicador, aumentar conductas arriesgadas o favorecer medios indebidos cuando alcanzar la cifra se convierte en la prioridad dominante.

Delimitar no consiste únicamente en colocar un número.

También exige delimitar:

- medios;
- costos;
- derechos;
- consecuencias;
- criterios de revisión.

Una empresa puede definir:

«Aumentar ventas en veinte por ciento».

Pero si no limita los medios, la meta podría incentivar:

- promesas falsas;
- presión indebida;
- ocultamiento de información;
- reducción de calidad;
- agotamiento del personal.

La precisión cuantitativa no reemplaza la arquitectura ética.

El indicador puede sustituir el propósito

Un producto puede deformarse cuando la medida utilizada para observarlo reemplaza el bien que pretendía representar.

Una escuela desea mejorar el aprendizaje.

Utiliza calificaciones como indicador.

Después comienza a trabajar únicamente para aumentar números, aunque los estudiantes no comprendan mejor.

Una empresa desea satisfacer clientes.

Mide rapidez.

Después reduce tanto el tiempo de atención que ya no escucha los problemas.

Una persona desea mejorar su salud.

Mide únicamente su peso.

Después ignora descanso, fuerza, alimentación, movilidad y bienestar porque no aparecen dentro de la cifra dominante.

El indicador debe servir al propósito.

Cuando el propósito comienza a servir al indicador, la delimitación perdió su dirección.

Saturación, acumulación y desplazamiento

Los productos abiertos pueden producir tres movimientos diferentes.

Saturación

La persona obtiene más, pero el beneficio adicional disminuye.

Una cuarta hora de descanso puede ser necesaria.

Una vigésima hora puede impedir responsabilidades.

Una cantidad de información aclara.

Otra cantidad añade repetición sin cambiar la decisión.

Acumulación

Cada fase añade costos que permanecen.

Más propiedades pueden significar:

- más mantenimiento;
- más deuda;
- más impuestos;
- más administración.

Más controles pueden significar:

- más vigilancia;
- más registros;
- más tiempo;
- más errores administrativos.

La persona observa lo nuevo que obtiene, pero no todo lo que ahora debe sostener.

Desplazamiento

La búsqueda comienza a sustituir otros objetivos.

El deseo de crecer desplaza la salud.

Evitar el conflicto desplaza la verdad.

Meditar indefinidamente desplaza la ejecución.

Controlar cada detalle desplaza la confianza.

Defender la reputación desplaza la capacidad de corregirse.

Un producto no solo consume recursos. También puede reorganizar la prioridad de los demás.

Los cinco productos pueden ser delimitados o abiertos

DESEAR

Delimitado

«Deseo ahorrar una cantidad específica para completar el pago inicial de una vivienda dentro de tres años».

Abierto

«Deseo acumular tanto como sea posible para no volver a sentir que alguien tiene más que yo».

El primer deseo posee objeto, cantidad y plazo.

El segundo depende de una comparación que puede regenerarse indefinidamente.

EVITAR

Delimitado

«Evitaré contacto con esta persona durante el proceso de protección y revisaré la medida cuando exista una resolución».

Abierto

«Evitaré toda relación que pueda decepcionarme».

La primera evitación responde a una amenaza y a un contexto.

La segunda puede extenderse hacia cualquier vínculo humano.

MEDITAR

Delimitado

«Examinaré las tres propuestas recibidas, consultaré el aspecto técnico y decidiré el viernes».

Abierto

«Seguiré investigando hasta estar completamente seguro».

La certeza completa puede no existir.

La búsqueda de información queda sin criterio de suficiencia.

CONTROLAR

Delimitado

«Mantendré los gastos dentro del presupuesto aprobado y los revisaré cada mes».

Abierto

«Controlaré cada variable para impedir que algo salga mal».

No existe una cantidad de control capaz de eliminar toda incertidumbre.

DEFENDER

Delimitado

«Responderé a esta reclamación mediante evidencia y utilizaré los recursos disponibles hasta la decisión final».

Abierto

«Defenderé mi reputación contra cualquier persona que hable negativamente de mí».

La defensa deja de proteger frente a una amenaza específica y comienza a tratar toda crítica como agresión.

Un producto puede estar delimitado en un nivel y abierto en otro

Una persona puede poseer un propósito general abierto:

«Quiero contribuir a la educación».

Dentro de ese propósito desarrolla una meta delimitada:

«Prepararé un curso de doce semanas para veinte estudiantes».

La meta concluye, aunque la orientación educativa permanezca.

También puede ocurrir lo contrario.

La actividad parece delimitada:

«Publicaré un video cada día».

Pero el propósito permanece abierto:

«Hasta que todo el mundo me reconozca».

La conducta posee frecuencia, pero no existe suficiencia en el resultado buscado.

Por eso, no basta con encontrar un número o una fecha.

Debemos examinar en qué nivel se encuentra la delimitación.

Delimitación completa y delimitación parcial

Las dos categorías no siempre forman una división perfecta.

Un producto puede estar delimitado en algunos aspectos y abierto en otros.

Por ejemplo:

«Deseo abrir un restaurante el próximo año».

Existe un objeto y un plazo.

Pero todavía falta definir:

- presupuesto;
- ubicación;
- capacidad;
- deuda máxima;

- medios;
- criterio de sostenibilidad.

El producto se encuentra **parcialmente delimitado**.

Eso no lo convierte automáticamente en incorrecto.

Significa que todavía necesita arquitectura antes de exigir una ejecución irreversible.

Podemos imaginar un continuo:

- completamente abierto;
- parcialmente delimitado;
- suficientemente delimitado para actuar;
- excesivamente rígido.

El objetivo no es imponer la mayor cantidad posible de límites.

Es establecer los límites necesarios para comprender, ejecutar y revisar sin eliminar toda capacidad de adaptación.

Delimitar no significa impedir cambios

Un producto delimitado puede modificarse.

La diferencia es que el cambio debe poder explicarse.

Una empresa establece una meta de producción.

Después aparece una escasez de materia prima.

Puede revisar:

- cantidad;
- plazo;
- método;
- precio.

La modificación responde a una condición verificable.

No equivale a mover la meta únicamente para afirmar que nunca hubo incumplimiento.

La delimitación responsable incluye desde el principio la posibilidad de revisión.

«La meta será revisada si cambia sustancialmente el costo, la demanda o la capacidad disponible».

El límite no destruye la flexibilidad.

La organiza.

Relación con la voluntad absoluta

Una voluntad absoluta puede dirigirse hacia un producto delimitado.

«No falsificaré este informe bajo ninguna circunstancia».

El objeto y el medio excluido están claros.

También puede dirigirse hacia una orientación abierta:

«Siempre seré superior a todos».

La voluntad es absoluta, pero el criterio de superioridad puede expandirse y nunca alcanzar cierre.

El riesgo aumenta cuando se combinan:

- voluntad absoluta;
- producto abierto;
- ausencia de límites en los medios.

La persona puede interpretar cada costo como prueba de que necesita insistir más.

Relación con la voluntad permisiva

Una voluntad permisiva puede abrir una posibilidad delimitada:

«Me permitiré probar este horario durante un mes».

Existe permiso y existe cierre.

También puede dejar indefinidamente una posibilidad sin resolver:

«Algún día quizá comience».

La apertura puede ser útil mientras se exploran alternativas.

Pero mantener todas las puertas abiertas durante demasiado tiempo también puede impedir atravesar cualquiera.

Permitir necesita una fecha o condición de revisión cuando la indefinición produce costos.

Relación con la voluntad relativa

La voluntad relativa se adapta naturalmente a condiciones:

«Continuaré mientras existan recursos, legalidad y seguridad».

Puede producir un producto delimitado cuando esas condiciones son claras.

También puede mantener un producto abierto si las condiciones son vagas:

«Continuaré mientras sienta que vale la pena».

La emoción puede ser relevante, pero no ofrece por sí sola un criterio estable.

La voluntad relativa necesita identificar:

- qué condición;
- qué umbral;
- quién la verifica;
- qué ocurre cuando cambia.

La arquitectura combinada

Podemos representar la relación de esta manera:

Producto + objeto + voluntad + delimitación + efectos + contexto → conducta y consecuencias.

Ejemplo:

Producto: Defender.
Objeto: información privada de clientes.
Voluntad: absoluta respecto de no divulgarla sin autorización.
Delimitación: durante la relación profesional y conforme a los procedimientos aplicables.
Efectos: conocimiento técnico, ley de protección, inteligencia operativa, sabiduría proporcional y principios de dignidad.
Conducta: limitar acceso, registrar autorizaciones y responder ante vulneraciones.

La palabra Defender por sí sola no contiene toda esa arquitectura.

La voluntad por sí sola tampoco.

La delimitación organiza el alcance.

Los efectos permiten comprender y valorar.

El contexto determina las condiciones reales.

Cómo delimitar una orientación

Puede utilizarse la siguiente estructura:

Durante [tiempo o condición], orientar é [producto] hacia [objeto y resultado], mediante [medios], dentro de [límites], hasta [condición de suficiencia o cierre], y revisaré la decisión si [condición relevante].

Desear

Durante los próximos dieciocho meses, orientar é mi deseo hacia completar la reserva económica establecida, mediante ahorro mensual y reducción de gastos no esenciales, sin contraer deuda de alto costo, hasta alcanzar la cantidad acordada.

Evitar

Evitaré participar en esta actividad mientras no cumpla los requisitos de seguridad, y revisaré la decisión cuando exista evidencia de que fueron corregidos.

Meditar

Examinaré la decisión durante cinco días, consultaré las dos fuentes técnicas necesarias y escogeré con la información disponible el viernes.

Controlar

Mantendré el gasto mensual dentro del límite establecido, revisaré las desviaciones cada semana y modificaré el presupuesto si cambia el ingreso.

Defender

Defenderé este derecho mediante documentación, comunicación formal y los recursos permitidos, sin divulgar información privada ni convertir el conflicto en una represalia.

La fórmula no debe utilizarse mecánicamente.

Sirve para revelar los límites que todavía no han sido pensados.

Cómo administrar una orientación abierta

No toda orientación abierta debe cerrarse definitivamente.

Puede administrarse mediante ciclos.

Primer paso: traducirla

«Quiero aprender siempre».

Se convierte en:

«Durante este trimestre estudiaré esta materia y completaré este proyecto».

Segundo paso: establecer suficiencia provisional

«La fase concluirá cuando pueda ejecutar estas tres habilidades».

Tercer paso: limitar medios y costos

«No utilizaré recursos destinados a obligaciones esenciales».

Cuarto paso: revisar

«Al terminar decidiré si continúo, cambio de área o cierro el proceso».

La orientación general permanece.

La conducta concreta adquiere límites.

Señales de que un producto se está abriendo sin control

Conviene revisar cuando aparece alguno de estos patrones:

- lo suficiente cambia después de cada logro;
- cada límite parece una amenaza;
- ningún resultado produce cierre;

- los costos aumentan sin modificar la estrategia;
- la meta sustituye aquello que pretendía proteger;
- se acumulan proyectos sin terminar;
- la comparación con otros reemplaza el propósito;
- los medios contradicen los principios;
- detenerse se interpreta como destrucción personal;
- la búsqueda continúa porque ya se invirtió demasiado;
- nadie puede explicar qué indicaría éxito;
- las personas afectadas pagan costos que nunca aceptaron.

Una sola señal no demuestra necesariamente que el producto se volvió perjudicial.

Varias señales sostenidas indican que la arquitectura necesita revisión.

Cuando la identidad se une al producto

Una orientación se vuelve más difícil de cerrar cuando deja de describir algo que hacemos y comienza a definir completamente lo que creemos ser.

«Soy quien nunca abandona».

«Soy quien siempre gana».

«Soy quien protege a todos».

«Soy quien tiene todo bajo control».

Detener una estrategia puede comenzar a sentirse como perder la identidad.

Una persona continúa un proyecto no porque todavía sea viable, sino porque cerrarlo significaría admitir:

- que se equivocó;
- que cambió;
- que no controla todo;

- que necesita ayuda;
- que otra persona tenía razón.

La identidad puede convertir una revisión necesaria en amenaza.

En esos casos debemos separar:

abandonar una estrategia

de:

abandonar el principio, la capacidad o el valor personal.

Cerrar un negocio no elimina toda capacidad empresarial.

Corregir una opinión no destruye la inteligencia.

Dejar una lucha no significa abandonar toda dignidad.

Cerrar no siempre significa fracasar

Una orientación puede cumplir su función sin producir exactamente el resultado inicial.

Una persona estudia un proyecto y descubre que no es viable.

Cerrar después de obtener esa información puede ser el resultado correcto.

Una empresa prueba un servicio durante tres meses y comprueba que la demanda no sostiene el costo.

Detenerlo evita una pérdida mayor.

Una persona establece distancia temporal para evaluar una relación y concluye que necesita terminarla.

El cierre no demuestra que la fase fue inútil.

Puede haber producido:

- conocimiento;
- límites;
- evidencia;
- capacidad;
- corrección;
- protección.

Fracasar no es lo mismo que cerrar.

También es posible fracasar precisamente por negarse a cerrar cuando la evidencia lo exige.

Protocolo de interrogación introspectiva

Estas preguntas permiten examinar la delimitación y apertura de un producto. No constituyen por sí solas una psicoterapia ni sustituyen orientación profesional cuando la situación la requiere.

Primera fase: identificar

- ¿Qué producto está operando?
- ¿Qué deseo, evito, medito, controlo o defiendo?
- ¿Cuál es el objeto exacto?
- ¿Estoy tratando varios objetos como si fueran uno?
- ¿Qué resultado busco?

Segunda fase: examinar límites

- ¿Existe una cantidad?
- ¿Existe un plazo?
- ¿Existe un contexto definido?
- ¿Qué medios están permitidos?
- ¿Qué medios están excluidos?
- ¿Qué personas resultarán afectadas?
- ¿Qué responsabilidad no puedo trasladar?

Tercera fase: definir suficiencia

- ¿Qué será suficiente?
- ¿Cómo lo reconoceré?
- ¿El criterio depende de una necesidad o de una comparación interminable?
- ¿Qué ocurrirá después de alcanzarlo?
- ¿Estoy preparado para detener, mantener o transformar?

Cuarta fase: observar apertura

- ¿La meta ha cambiado desde que comenzó?
- ¿Cada logro produce una exigencia mayor?
- ¿Qué área nueva está absorbiendo?
- ¿Qué costo acumulado no había considerado?
- ¿Existe alguna condición capaz de cerrar la búsqueda?
- ¿Estoy persiguiendo todavía el objetivo inicial?

Quinta fase: relacionar la voluntad

- ¿La voluntad es absoluta, permisiva o relativa?
- ¿La modalidad corresponde al objeto?
- ¿Estoy aplicando voluntad absoluta a una orientación sin límites?
- ¿Estoy permitiendo indefinidamente algo que necesita decisión?
- ¿Las condiciones de la voluntad relativa son verificables?

Sexta fase: examinar los cinco efectos

- ¿Qué conozco y qué ignoro?
- ¿Qué ley interviene?
- ¿Qué alternativas reconoce la inteligencia?
- ¿Qué proporción exige la sabiduría?
- ¿Qué principio no debe sacrificarse?
- ¿La delimitación protege o contradice esos efectos?

Séptima fase: construir cierre y revisión

- ¿Cuándo revisaré?
- ¿Qué evidencia cambiaría la decisión?
- ¿Qué resultado permitirá cerrar?
- ¿Qué costo obligará a detener?
- ¿Qué ocurrirá si no se alcanza la meta?
- ¿Cómo asumiré las consecuencias?

Octava fase: convertir lo abierto en ciclos

- ¿Qué fase concreta puedo ejecutar ahora?
- ¿Qué resultado corresponde a esta fase?
- ¿Cuánto tiempo durará?
- ¿Qué recursos utilizará?
- ¿Qué aprenderé antes de iniciar otra?
- ¿Debo continuar, transformar o concluir?

Lo que todavía no conocemos

Delimitar un producto no significa conocer todos los factores que pueden intervenir.

Una persona puede definir:

- el objeto;
- el resultado;
- el plazo;
- los medios;
- el criterio de cierre;

y continuar ignorando variables capaces de modificar la ejecución.

También puede identificar muchas partes de una situación y, aun así, mantener un producto abierto porque no sabe qué será suficiente.

Por eso, la delimitación y el conocimiento de los componentes no son la misma cosa.

Después de determinar si un producto posee límites o permanece abierto, necesitamos examinar:

- qué componentes reconocemos;
- cuáles podemos nombrar;
- cuáles inferimos;
- cuáles todavía no hemos identificado;
- cómo una condición desconocida puede modificar la elección.

ELEMENTOS IDENTIFICABLES Y ELEMENTOS NO IDENTIFICADOS

«El primer principio es que no debes engañarte a ti mismo; y tú eres la persona a quien resulta más fácil engañar».
—Richard Feynman, discurso de graduación de Caltech, 1974; traducción propia.

Identificar que una persona desea, evita, medita, controla o defiende algo constituye un avance. Sin embargo, esa clasificación todavía no explica qué está ocurriendo dentro de la situación.

Alguien puede afirmar:

«Quiero abandonar mi trabajo porque necesito ganar más dinero».

El salario puede ser un elemento verdadero. Pero también podrían intervenir:

- un horario imprevisible;
- agotamiento;
- falta de reconocimiento;
- conflictos con una autoridad;
- obligaciones familiares;
- temor a perder estabilidad;
- comparación con otras personas;
- expectativas que nunca fueron expresadas;
- una oportunidad externa;

- una experiencia anterior que modifica la interpretación presente.

Algunos de esos elementos pueden reconocerse inmediatamente. Otros aparecerán después de examinar la conducta, el contexto y sus consecuencias. Algunos continuarán sin comprobarse.

Nombrar el producto no equivale a conocer su arquitectura.

Qué es un elemento

En este modelo, **un elemento es cualquier componente relevante que interviene en la formación, dirección, intensidad, ejecución, mantenimiento, revisión o consecuencia de un producto conductual.**

Un elemento puede intervenir antes, durante o después de una elección.

Puede ayudar a explicar:

- qué activa la orientación;
- hacia qué objeto se dirige;
- qué significado posee;
- qué la fortalece;
- qué la limita;
- qué medios permite;
- qué riesgo anticipa;
- qué costo acepta;
- qué consecuencia produce;
- qué condición obliga a revisarla.

Un elemento no es necesariamente una cosa material.

Puede ser:

- una persona;
- un objeto;
- una información;

- una interpretación;
- una emoción;
- un estado corporal;
- una necesidad;
- una expectativa;
- una ley;
- un principio;
- una relación;
- un recurso;
- una restricción;
- una fecha;
- un recuerdo;
- una recompensa;
- una amenaza;
- una consecuencia anticipada.

La palabra *elemento* no significa que todos esos componentes pertenezcan a la misma categoría psicológica. Funciona como una denominación operativa para aquello que participa de manera relevante en la orientación examinada.

Elemento identificable

Un **elemento identificable** es un componente que puede nombrarse, describirse y vincularse con una orientación conductual mediante evidencia, observación, registro, comparación o una inferencia suficientemente fundada.

Por ejemplo:

«Evito conducir por esa carretera porque permanece cerrada después de un derrumbe».

Podemos identificar:

- el producto: Evitar;
- el objeto: la carretera;
- la condición: cierre por derrumbe;
- la fuente de información: aviso verificable;
- la finalidad: reducir un riesgo;

- la condición de revisión: reapertura confirmada.

No conocemos absolutamente todo lo que podría ocurrir, pero poseemos suficientes elementos identificables para comprender y evaluar la evitación.

Elemento no identificado

Un **elemento no identificado** es un componente relevante que todavía no ha sido reconocido, delimitado o verificado en el momento del examen, aunque pueda influir en la conducta y llegar a descubrirse posteriormente.

La expresión correcta es **no identificado**, no **no identificable**.

No identificable sugeriría que nunca podrá conocerse.

No identificado indica únicamente que todavía no ha sido reconocido o comprobado.

Un elemento no identificado puede:

- descubrirse mediante nueva información;
- hacerse visible después de observar un patrón;
- aparecer cuando cambia el contexto;
- inferirse provisionalmente;
- permanecer incierto;
- resultar finalmente irrelevante.

No debe suponerse que todo elemento desconocido existe, que es inconsciente o que contiene un peligro oculto.

Desconocer algo no autoriza a inventarlo.

No identificado no significa inexistente

Una persona puede no reconocer el efecto que un horario irregular produce sobre su irritabilidad.

Puede desconocer una cláusula contractual que limita su decisión.

Puede no advertir que compara continuamente sus resultados con los de otra persona.

Puede ignorar una condición médica que modifica energía, atención o estado de ánimo.

También puede atribuir una conducta a un elemento que en realidad posee poca influencia.

Por tanto, existen dos errores opuestos.

El primero consiste en afirmar:

«Como no lo reconozco, no existe».

El segundo consiste en asegurar:

«Como todavía no puedo explicarlo, debe existir una causa oculta».

Una investigación responsable conserva la incertidumbre sin convertirla en negación ni fantasía.

Clases funcionales de elementos

Para analizar un producto no basta con crear una lista de objetos. Conviene identificar la función que cada componente desempeña.

Objeto o resultado

Es aquello hacia lo cual se dirige el producto.

Dinero, reconocimiento, seguridad, descanso, una relación, información, un derecho.

En Desear puede ser aquello que se busca.

En Evitar, aquello cuya aparición se intenta impedir.

En Defender, aquello que se protege.

Señal o desencadenante

Es una condición que activa o intensifica la orientación.

Una llamada, una fecha, una crítica, una imagen, una notificación, un lugar, una persona.

La señal no siempre constituye la causa completa. Puede activar una respuesta aprendida o recordar otra situación.

Necesidad, motivo o expectativa

Expresa aquello que la persona espera obtener, conservar o impedir.

Sentirse segura, evitar humillación, pertenecer, descansar, demostrar capacidad.

El objeto visible y la expectativa no siempre coinciden.

Alguien puede desear un automóvil, pero perseguir principalmente reconocimiento.

Creencia o interpretación

Es el significado atribuido a los hechos.

«Si rechazo esta petición, dejarán de quererme».

«Si permito una crítica, perderé autoridad».

Una creencia puede orientar poderosamente la conducta aunque sea inexacta.

Emoción o estado corporal

Puede incluir:

- miedo;
- ira;
- alegría;
- vergüenza;
- cansancio;
- dolor;
- hambre;
- activación fisiológica.

La emoción no determina automáticamente el producto, pero puede modificar su intensidad y ejecución.

Recurso o capacidad

Es aquello que permite o limita la respuesta.

Tiempo, dinero, conocimiento, apoyo, acceso, habilidad, autoridad.

La voluntad no sustituye un recurso inexistente.

Persona o relación

Las decisiones se producen dentro de vínculos que pueden aportar:

- colaboración;
- presión;
- dependencia;
- reconocimiento;
- información;
- conflicto;
- protección.

Una misma persona puede ocupar funciones diferentes según el contexto.

Norma, ley o principio

Puede permitir, prohibir, limitar u orientar los medios utilizados.

Una persona puede desear un resultado y rechazar ciertos procedimientos porque contradicen una obligación jurídica o un principio.

Obstáculo, costo o riesgo

Representa aquello que dificulta o amenaza la orientación.

Deuda, pérdida de tiempo, sanción, rechazo, lesión, conflicto.

El costo anticipado puede ser exacto, exagerado o incompleto.

Condición temporal, social o ambiental

Incluye:

- plazo;
- hora;
- lugar;
- situación económica;
- cultura institucional;
- incentivos;
- infraestructura;
- tecnología disponible.

La misma orientación puede producir respuestas distintas cuando cambia el contexto.

Consecuencia esperada u observada

Puede participar antes de la conducta como anticipación o después como resultado.

«Si hablo, perderé el empleo».

«Después de evitar la reunión, sentí alivio».

La consecuencia observada puede fortalecer, debilitar o transformar el producto.

El mismo elemento puede cumplir funciones diferentes

El dinero puede ser:

- objeto de un deseo;
- medio para defender una familia;
- recurso para controlar una deuda;
- señal de reconocimiento;
- fuente de conflicto;
- costo de una decisión;
- condición para continuar un proyecto.

La crítica puede ser:

- amenaza percibida;
- información útil;
- señal de un problema;
- oportunidad de corrección;
- desencadenante de una defensa;
- instrumento de manipulación.

No conviene clasificar un elemento únicamente por su nombre.

Necesitamos observar qué función desempeña dentro de la situación concreta.

Elemento no es producto

El dinero no es un producto conductual.

Puede ser un objeto dentro de Desear, Controlar o Defender.

El miedo tampoco es automáticamente Evitar.

Puede alimentar:

- el deseo de seguridad;
- la evitación de un lugar;
- la meditación de un riesgo;

- el control de una situación;
- la defensa de una persona.

Una lista como:

DESEAR = {dinero, comida, reconocimiento}

solo enumera objetos posibles. No explica:

- por qué se desean;
- qué activa el deseo;
- qué voluntad lo sostiene;
- si está delimitado o abierto;
- qué medios se utilizarán;
- qué efectos intervienen;
- qué consecuencias producirá.

El análisis comienza después de la lista.

Hechos, declaraciones, inferencias e hipótesis

No todos los elementos poseen el mismo nivel de certeza.

Conviene distinguir por lo menos cinco estados.

Hecho observado o documentado

«Durante las últimas cuatro semanas llegó después de la hora acordada en seis ocasiones».

Existe un registro verificable.

Elemento declarado

«Dice que llega tarde porque el transporte es imprevisible».

La declaración es información relevante. No demuestra por sí sola que sea la única explicación.

Elemento inferido

«La conducta parece aumentar los días en que cambia la ruta».

La inferencia se apoya en una relación observada, pero todavía necesita evaluación.

Hipótesis pendiente

«Tal vez también evita entrar porque anticipa una confrontación».

Es una posibilidad que no debe presentarse como hecho.

Elemento no identificado

Existe una parte de la variación que todavía no puede explicarse con la información disponible.

Factor irrelevante

Un componente puede estar presente sin influir de manera significativa en la conducta examinada.

El hecho de que dos acontecimientos aparezcan juntos no demuestra que uno produzca el otro.

Esta clasificación impide transformar una sospecha en conclusión.

La explicación personal es importante, pero no infalible

Preguntar a alguien por qué actuó constituye una fuente valiosa de información. La persona puede conocer:

- sus objetivos;
- sus recuerdos;
- sus razones;
- sus emociones;
- sus intenciones.

Sin embargo, no posee acceso perfecto a todos los procesos que influyeron en su conducta.

Nisbett y Wilson revisaron investigaciones en las que las personas podían desconocer estímulos que habían influido en sus respuestas y, aun así, ofrecer explicaciones aparentemente coherentes sobre lo que habían hecho. Su tesis no obliga a concluir que toda introspección sea falsa; muestra que una explicación verbal no debe tratarse automáticamente como acceso completo a los procesos causales.

En los experimentos conocidos como **ceguera a la elección**, algunos participantes no detectaron que el resultado presentado no coincidía con la alternativa que habían seleccionado y llegaron a justificar el resultado intercambiado. Esto demuestra que, en determinadas condiciones experimentales, las personas pueden construir razones plausibles sin advertir una discrepancia entre elección y resultado.

La conclusión responsable no es:

«Las personas nunca saben por qué hacen algo».

Es esta:

Las razones declaradas deben considerarse junto con la conducta, el contexto, los registros, las consecuencias y otras fuentes pertinentes.

La conducta tampoco habla por sí sola

Observar una acción no permite conocer automáticamente su función.

Una persona trabaja hasta tarde.

Podría:

- desear un ascenso;
- evitar regresar a un conflicto familiar;
- controlar un atraso;
- defender su empleo;
- repetir un hábito;

- cumplir una obligación temporal.

La conducta visible constituye evidencia, pero necesita contexto.

Tampoco puede suponerse que la respuesta más frecuente revela toda la personalidad.

Una persona puede evitar hablar en una reunión específica y defender firmemente una posición en otro espacio.

Los productos describen orientaciones situacionales y patrones posibles; no reducen al ser humano a una etiqueta permanente.

Hábitos y señales del contexto

Una conducta repetida puede llegar a activarse mediante señales estables del ambiente sin que la persona vuelva a deliberar completamente cada vez.

Las investigaciones sobre hábitos describen cómo la repetición de respuestas en contextos recurrentes puede formar asociaciones entre señales y conductas, permitiendo que estas se ejecuten con menor dependencia de una nueva decisión consciente en cada ocasión.

Esto significa que un elemento identificable puede ser:

- una hora;
- un lugar;
- una secuencia previa;
- una notificación;
- la presencia de una persona;
- un objeto disponible.

Una persona puede afirmar:

«Uso el teléfono porque quiero informarme».

Pero el patrón puede mostrar que lo toma automáticamente al sentarse, recibir una notificación o experimentar una pausa.

El deseo de informarse puede existir, pero no explica cada repetición.

Reconocer la señal contextual permite intervenir sobre el ambiente y no depender únicamente de una orden interior.

Cuando el salario no era toda la explicación

El siguiente caso muestra cómo una orientación aparentemente explicada puede contener elementos identificables, inferidos y todavía no identificados.

Laura trabajaba en una empresa de servicios desde hacía siete años. Durante varios meses repitió:

«Quiero renunciar porque el salario es demasiado bajo».

El salario era objetivamente menor que el ofrecido por algunas empresas semejantes. Por tanto, no se trataba de una excusa inventada.

Laura comenzó a buscar otras oportunidades.

Cuando su empleador le ofreció un aumento significativo, esperaba que el deseo de renunciar desapareciera.

No ocurrió.

Continuaba experimentando tensión antes de comenzar la jornada. Postergaba algunas tareas, evitaba responder mensajes del supervisor y pensaba constantemente en abandonar.

El dinero era un elemento identificable, pero no era suficiente para explicar toda la orientación.

Laura comenzó a registrar durante varias semanas:

- qué días deseaba renunciar con mayor intensidad;
- qué había ocurrido antes;
- con quién había interactuado;
- qué tareas realizaba;

- cómo había dormido;
- qué responsabilidad familiar enfrentaba;
- qué consecuencia esperaba al permanecer o marcharse.

Aparecieron varios patrones.

La intención de renunciar aumentaba cuando el horario cambiaba sin previo aviso.

Laura cuidaba a su madre algunas tardes y necesitaba organizar transporte y acompañamiento. Cada modificación inesperada generaba conflictos familiares y gastos adicionales.

También descubrió que no deseaba únicamente ganar más.

Deseaba recuperar previsibilidad.

Otro elemento surgió durante las conversaciones: había dejado de recibir funciones de mayor responsabilidad, aunque continuaban solicitándole resolver emergencias. Interpretaba esa combinación como falta de reconocimiento.

Un tercer elemento era más difícil de nombrar. Su familia consideraba que abandonar un empleo estable constituía irresponsabilidad. Laura no solo temía perder ingresos; temía ser juzgada como alguien incapaz de perseverar.

La situación contenía entonces:

- salario insuficiente;
- horario imprevisible;
- responsabilidad familiar;
- falta de reconocimiento;
- temor al juicio;
- cansancio;
- incertidumbre laboral.

No todos poseían el mismo peso.

Tampoco todos habían sido identificados desde el principio.

El aumento salarial modificaba un elemento, pero dejaba intactos los demás.

Laura no concluyó que debía renunciar inmediatamente.

Tampoco decidió quedarse únicamente porque había descubierto más razones.

Solicitó una prueba temporal de horario previsible, delimitó qué emergencias podía cubrir y comenzó a explorar oportunidades compatibles con sus responsabilidades.

La empresa aceptó revisar el horario durante seis semanas.

Al finalizar el período, la tensión disminuyó, pero la falta de desarrollo profesional continuó. Laura poseía entonces información más precisa para escoger.

El conocimiento permitió reconocer condiciones laborales y personales.

La ley delimitó obligaciones y derechos aplicables.

La inteligencia comparó permanecer, negociar, cambiar de función o marcharse.

La sabiduría valoró estabilidad, cuidado familiar y futuro profesional.

Los principios impidieron trasladar todo el costo de la decisión a su madre o aceptar indefinidamente una estructura insostenible.

Los productos también coexistían.

Laura deseaba mejores condiciones.

Evitaba una pérdida económica y un juicio familiar.

Meditaba alternativas.

Intentaba controlar su tiempo.

Defendía su responsabilidad de cuidado y su desarrollo profesional.

Su voluntad era relativa respecto de permanecer:

continuaría si existían previsibilidad y condiciones de crecimiento suficientes.

El producto estaba parcialmente delimitado:

buscar un trabajo compatible con sus responsabilidades dentro de un período determinado.

Aun después de todo el examen, podían continuar elementos no identificados. La decisión no exigía descubrir absolutamente cada influencia psicológica. Necesitaba comprender lo suficiente para escoger responsablemente y conservar posibilidad de revisión.

Descubrir un elemento no obliga a obedecerlo

Reconocer que una persona desea reconocimiento no significa que deba perseguirlo mediante cualquier medio.

Identificar miedo no demuestra que deba evitar.

Descubrir enojo no obliga a atacar.

Reconocer apego no exige permanecer.

El elemento ayuda a comprender la orientación. No sustituye la decisión.

Una persona puede decir:

«Ahora comprendo que intento controlar esta relación porque temo ser abandonado».

Ese descubrimiento no legitima el control.

Permite examinar alternativas más responsables para tratar el miedo.

Identificar tampoco significa eliminar

Algunos elementos no pueden o no necesitan desaparecer.

Una persona puede identificar:

- una enfermedad;
- una obligación;
- una limitación económica;
- una pérdida irreversible;
- una emoción;
- una incertidumbre real.

El propósito puede ser:

- comprender;
- reducir impacto;
- adaptar medios;
- buscar apoyo;
- establecer límites;
- aceptar una condición;
- evitar que el elemento gobierne toda la orientación.

La identificación aumenta la capacidad de responder. No concede poder absoluto.

El centro operativo del producto

En una situación puede existir un elemento que organiza principalmente a los demás.

Lo llamaré **centro operativo**, no núcleo inmutable.

En el caso de Laura, el centro pudo parecer inicialmente el salario. Después se hizo visible que la previsibilidad del tiempo ocupaba una posición más importante.

El centro operativo puede cambiar.

Una persona comienza deseando una vivienda por seguridad.

Después la vivienda se convierte principalmente en símbolo de reconocimiento.

Más tarde, la deuda transforma el centro: ya no trabaja para obtenerla, sino para evitar perderla.

El producto y sus elementos se reorganizan.

Por eso, no conviene afirmar que todo producto posee una esencia fija a la cual siempre regresa.

Puede existir una orientación dominante en un momento, pero su función debe verificarse.

Elementos que fortalecen y elementos que debilitan

Un mismo producto puede recibir fuerzas en direcciones diferentes.

Una persona desea iniciar una empresa.

Elementos que fortalecen:

- experiencia;
- oportunidad;
- recursos;
- apoyo;
- expectativa de autonomía.

Elementos que debilitan:

- deuda;

- falta de tiempo;
- incertidumbre;
- obligación familiar;
- temor a fracasar.

La conducta final no resulta de sumar mecánicamente una lista.

Algunos elementos poseen mayor peso.

Otros interactúan.

Uno puede cambiar el significado de los demás.

Una oportunidad atractiva puede dejar de serlo cuando aparece una obligación legal desconocida.

Un costo elevado puede aceptarse cuando el principio protegido posee mayor importancia.

Elementos internos y externos

La distinción puede ser útil, pero no debe utilizarse como separación absoluta.

Elementos predominantemente internos

- interpretación;
- emoción;
- recuerdo;
- expectativa;
- estado corporal;
- intención.

Elementos predominantemente externos

- ley;
- contrato;
- horario;
- ingreso;

- conducta de otra persona;
- infraestructura;
- sanción;
- disponibilidad de recursos.

Lo interno se desarrolla dentro de contextos externos.

Lo externo adquiere significado mediante procesos internos.

Una deuda constituye una condición externa verificable. Su significado psicológico puede variar entre personas.

Una emoción es una experiencia interna, pero puede estar relacionada con condiciones laborales, familiares o económicas.

No debemos convertir cada problema social en defecto individual ni cada conflicto interior en simple producto del ambiente.

Elementos controlables, influenciables y no controlables

También conviene distinguir el margen de intervención.

Controlables de manera relativamente directa

- registrar información;
- pedir una aclaración;
- organizar una tarea;
- establecer una respuesta propia;
- modificar una contraseña.

Influenciables o compartidos

- relación laboral;
- acuerdo familiar;
- resultado de una negociación;
- funcionamiento de un equipo;
- reputación.

Fuera del control directo

- el pasado;
- la decisión privada de otra persona;
- un acontecimiento natural;
- una pérdida ocurrida;
- determinadas condiciones biológicas.

Identificar un elemento sin clasificar el margen de intervención puede generar culpa o esfuerzos inútiles.

Elementos conocidos no siempre significan elementos comprendidos

Una persona puede nombrar «miedo» sin saber:

- qué lo activa;
- qué predice;
- qué conducta produce;
- qué evidencia lo sostiene;
- qué costo genera;
- cuándo disminuye.

Puede decir «dinero» sin distinguir:

- necesidad;
- seguridad;
- estatus;
- deuda;
- medio;
- recompensa.

Nombrar es el comienzo.

Comprender exige describir relaciones.

El peligro de crear listas interminables

Hacer una lista de deseos, temores, controles o defensas puede ayudar a iniciar la reflexión.

No es necesario encontrar cien elementos.

La cantidad no demuestra profundidad.

Una lista extensa puede incluir:

- repeticiones;
- palabras equivalentes;
- objetos irrelevantes;
- deseos momentáneos;
- interpretaciones no comprobadas.

Una lista breve puede contener los elementos decisivos.

El criterio no debe ser:

¿Cuántos encontré?

Debe ser:

¿Cuáles modifican realmente la comprensión, la elección o sus consecuencias?

No todo lo opuesto constituye otro elemento

Desear descansar y no desear agotarse pueden describir aspectos relacionados de una misma situación.

No es necesario obligar al lector a crear listas artificialmente distintas de:

- lo que desea;
- lo que no desea;
- lo que evita;
- lo que no evita.

La formulación negativa puede revelar información nueva, pero también puede repetir lo mismo.

Conviene preguntar:

¿Qué deseo?

¿Qué resultado rechazo?

¿Qué estoy dispuesto a aceptar?

¿Qué permanece fuera de mi atención?

Las respuestas deben clasificarse por función, no solo por su forma gramatical.

Errores frecuentes al identificar elementos

Convertir una etiqueta en explicación

«Lo hace porque es perezoso».

La palabra no explica qué conducta ocurre, cuándo, ante qué tarea ni bajo qué condiciones cambia.

Suponer una causa única

Una conducta compleja puede depender de varios factores.

Confundir presencia con influencia

Un elemento puede estar presente sin producir el resultado.

Tratar la declaración como prueba definitiva

La persona puede decir la verdad y, aun así, no conocer toda la arquitectura.

Tratar toda discrepancia como mentira

Puede existir error de memoria, conflicto, hábito o cambio de condiciones.

Buscar solamente elementos internos

La conducta puede depender de normas, recursos, poder, acceso y contexto.

Buscar solamente elementos externos

La interpretación y la expectativa también importan.

Explicar después del resultado

Conocer lo ocurrido puede hacernos construir una historia que parece inevitable.

Suponer que lo desconocido es peligroso

La incertidumbre no constituye por sí sola una amenaza.

Convertir la identificación en diagnóstico

Reconocer miedo, evitación o deseo de control no autoriza a asignar un trastorno.

Un método de identificación progresiva

No necesitamos descubrir todos los elementos de una vez.

Podemos trabajar por capas.

Primera capa: descripción

- ¿Qué ocurrió?
- ¿Qué hizo la persona?
- ¿Qué omitió?
- ¿Cuándo y dónde?
- ¿Quién estaba presente?

Segunda capa: orientación

- ¿Qué deseaba?
- ¿Qué evitaba?
- ¿Qué examinaba?
- ¿Qué regulaba?
- ¿Qué protegía?

Tercera capa: antecedentes

- ¿Qué ocurrió inmediatamente antes?
- ¿Qué señal apareció?
- ¿Qué información recibió?
- ¿Qué emoción o estado corporal existía?

Cuarta capa: consecuencias

- ¿Qué obtuvo?
- ¿Qué perdió?
- ¿Qué alivio apareció?
- ¿Qué problema continuó?
- ¿Qué respuesta de otras personas siguió?

Quinta capa: condiciones

- ¿Qué recursos poseía?
- ¿Qué alternativas reconocía?
- ¿Qué ley o principio intervenía?
- ¿Qué presión enfrentaba?

Sexta capa: incertidumbre

- ¿Qué todavía no sabemos?
- ¿Qué estamos infiriendo?
- ¿Qué hipótesis puede comprobarse?
- ¿Qué parte quizá no sea relevante?

Identificar mediante comparación

Un elemento gana credibilidad cuando ayuda a explicar diferencias observables.

Si una persona afirma que evita todas las reuniones porque teme hablar, conviene comparar:

- reuniones pequeñas y grandes;
- presenciales y virtuales;
- con personas conocidas y desconocidas;
- con preparación y sin preparación;
- cuando debe hablar y cuando solo escucha.

Quizá el elemento no sea «reuniones».

Podría ser:

- improvisación;
- evaluación;
- determinada autoridad;
- falta de preparación;
- temor a equivocarse públicamente.

Comparar situaciones permite delimitar mejor la función.

Identificar mediante registros

La memoria humana no conserva cada episodio con precisión completa.

Un registro puede ayudar a observar:

- frecuencia;
- contexto;
- intensidad;
- duración;
- antecedentes;
- consecuencias.

No necesita ser complicado.

Puede contener:

- fecha;
- situación;
- producto;
- elemento identificado;
- respuesta;
- resultado;
- duda pendiente.

El registro tampoco es neutral automáticamente. La persona decide qué anotar y cómo interpretarlo.

Debe utilizarse como evidencia complementaria, no como verdad absoluta.

Identificar mediante pequeñas pruebas

Cuando existe seguridad y la situación lo permite, puede modificarse un elemento para observar qué cambia.

Una persona piensa que no estudia por falta de tiempo.

Durante una semana reserva un horario breve y elimina notificaciones.

Si la conducta mejora, el tiempo o las señales digitales probablemente intervenían.

Si no cambia, pueden existir otros elementos:

- dificultad del material;
- agotamiento;
- ausencia de meta;
- temor a fracasar;
- falta de recursos.

Una prueba no demuestra toda la causalidad.

Aporta información.

No deben realizarse pruebas arriesgadas para comprobar amenazas graves. Nadie necesita exponerse a violencia, fraude o peligro médico para descubrir si el riesgo era real.

Identificar mediante perspectivas externas

Otra persona puede observar:

- una contradicción;
- un patrón;
- una consecuencia;
- una información desconocida.

Pero su perspectiva también contiene límites e intereses.

Conviene distinguir qué se necesita:

- información técnica;
- observación;
- consejo;
- apoyo;
- evaluación profesional;
- confirmación documental.

Pedir opinión a muchas personas no garantiza una respuesta mejor.

La calidad y pertinencia de la fuente importan más que la cantidad.

La identificación bajo los cinco efectos

Conocimiento

Permite reconocer hechos, conceptos, habilidades y vacíos de información.

También muestra qué elemento todavía necesita verificación.

Ley

Puede convertirse en elemento de la situación mediante:

- derecho;
- prohibición;
- obligación;
- procedimiento;
- sanción.

No conocerla no elimina necesariamente sus consecuencias.

Inteligencia

Compara la importancia de los elementos, identifica relaciones y escoge qué respuesta resulta fundamentada.

Sabiduría

Valora cuáles merecen prioridad, qué incertidumbre debe aceptarse y qué costo resulta proporcionado.

Principios

Limitan los medios y determinan qué componentes no deben sacrificarse por conveniencia.

Los efectos no son elementos intercambiables. Intervienen en la manera de comprender y utilizar los elementos de un producto.

Los elementos bajo las tres voluntades

La voluntad puede vincularse de forma diferente con cada elemento.

Absoluta

«No utilizaré información falsa, aunque hacerlo favorezca mi objetivo».

La exclusión del medio es no negociable.

Permisiva

«Permitiré que esta alternativa permanezca abierta mientras obtengo información».

La posibilidad existe sin obligación de ejecutarla.

Relativa

«Continuaré mientras existan recursos y se mantengan las condiciones acordadas».

La voluntad depende de elementos verificables.

Un cambio en un elemento puede modificar la modalidad.

Una persona puede sostener absolutamente un principio y relativamente una estrategia.

Elementos y productos delimitados o abiertos

Un producto delimitado puede contener elementos no identificados.

Laura podía definir:

«Evaluaré durante seis semanas si un horario previsible permite continuar».

La prueba estaba delimitada, aunque no conociera cada factor que afectaba su decisión.

Un producto abierto puede contener muchos elementos identificables.

Una persona puede saber que busca:

- dinero;
- reconocimiento;
- poder;
- comparación;
- seguridad;

y continuar sin definir cuánto será suficiente.

Por tanto:

Delimitación y conocimiento de los elementos son dimensiones distintas.

La primera pregunta es:

¿Tiene el producto una condición suficiente de orientación y cierre?

La segunda:

¿Qué componentes relevantes han sido reconocidos y cuáles permanecen inciertos?

Elementos que cambian de prioridad

Una persona inicia una carrera principalmente por interés profesional.

Después la prioridad puede cambiar hacia:

- estabilidad económica;
- reconocimiento;
- obligación familiar;
- temor a abandonar;
- inversión ya realizada.

El producto puede continuar llamándose Desear, pero los elementos que lo sostienen ya no son los mismos.

Una decisión que fue razonable bajo una arquitectura puede necesitar revisión cuando cambia su centro operativo.

Lo que se añadió ayer puede desaparecer mañana

Los elementos no son siempre permanentes.

Puede cambiar:

- la información;
- la emoción;
- el recurso;
- el vínculo;
- la ley;
- el riesgo;
- la capacidad;
- el plazo;
- la prioridad.

Eso no significa que toda elección deba revisarse cada día.

Significa que debe existir una condición de revisión cuando un cambio importante puede modificar la decisión.

Protocolo de interrogación introspectiva

Estas preguntas ayudan a identificar elementos sin convertir cada respuesta en una certeza. No sustituyen evaluación profesional cuando la situación la requiere.

Primera fase: identificar el producto

- ¿Qué deseo, evito, medito, controlo o defiendo?
- ¿Cuál parece ser el producto dominante?
- ¿Qué otros productos coexisten?
- ¿Qué conducta expresa esa orientación?
- ¿Qué omisión también participa?

Segunda fase: identificar el objeto

- ¿Hacia qué se dirige?
- ¿Qué resultado espero?
- ¿Qué intento conservar?
- ¿Qué intento impedir?
- ¿Está delimitado o permanece abierto?

Tercera fase: reconocer antecedentes

- ¿Qué ocurrió antes?
- ¿Qué señal apareció?
- ¿Qué persona o contexto estaba presente?
- ¿Qué información recibí?
- ¿Qué emoción o estado corporal existía?
- ¿El patrón se repite en condiciones semejantes?

Cuarta fase: identificar significados

- ¿Qué representa para mí el objeto?
- ¿Qué creo que cambiará?
- ¿Qué temo que ocurra?
- ¿Qué interpretación estoy tratando como hecho?
- ¿Qué expectativa sostiene la conducta?

Quinta fase: examinar recursos y límites

- ¿Qué capacidad poseo?
- ¿Qué recurso falta?
- ¿Qué parte depende de mí?
- ¿Qué parte depende de otras personas?
- ¿Qué ley, norma o principio interviene?
- ¿Qué costo estoy aceptando?

Sexta fase: clasificar la evidencia

- ¿Qué está documentado?
- ¿Qué fue declarado?
- ¿Qué estoy infiriendo?
- ¿Qué es solo una hipótesis?
- ¿Qué permanece no identificado?
- ¿Qué factor podría ser irrelevante?

Séptima fase: comparar

- ¿La conducta ocurre siempre?
- ¿En qué situaciones no aparece?
- ¿Qué cambia entre un caso y otro?
- ¿Qué elemento explica mejor la diferencia?

- ¿Existe otra explicación posible?

Octava fase: observar consecuencias

- ¿Qué obtengo inmediatamente?
- ¿Qué pierdo?
- ¿Qué alivio aparece?
- ¿Qué consecuencia se mantiene?
- ¿La respuesta fortalece el mismo patrón?
- ¿Qué efecto aparece a largo plazo?

Novena fase: realizar una comprobación responsable

- ¿Puedo modificar un elemento sin crear un riesgo?
- ¿Qué resultado esperaría observar?
- ¿Qué alternativa reversible existe?
- ¿Qué información necesito antes?
- ¿Qué resultado refutaría mi hipótesis?

Décima fase: revisar

- ¿Qué elemento adquirió mayor importancia?
- ¿Cuál perdió fuerza?
- ¿Qué interpretación resultó incorrecta?
- ¿Qué continúa incierto?
- ¿Poseo suficiente fundamento para escoger?
- ¿Cuándo volveré a examinarlo?

No es necesario conocerlo todo para actuar

Ninguna elección humana se realiza con conocimiento absoluto.

Esperar hasta descubrir cada elemento puede convertir la identificación en otra forma de parálisis.

La pregunta no debe ser:

¿Conozco absolutamente todo lo que interviene?

Debe ser:

¿He identificado los elementos suficientemente relevantes para escoger de manera responsable, reconocer mis límites y conservar posibilidad de corrección?

Una decisión puede ejecutarse cuando:

- el objeto está suficientemente claro;
- los riesgos esenciales fueron considerados;
- las alternativas principales fueron examinadas;
- las obligaciones relevantes se reconocieron;
- la incertidumbre restante puede aceptarse;
- existe una condición de revisión.

Cuando conviene detener la búsqueda

Continuar identificando elementos deja de ser útil cuando:

- la información adicional no cambiará razonablemente la decisión;
- la búsqueda solo repite las mismas hipótesis;
- el costo de esperar supera el beneficio;
- la situación exige una respuesta provisional;
- ya existe un procedimiento seguro y revisable;
- se busca una garantía que ninguna investigación puede ofrecer.

Detener el examen no significa declarar que todo fue descubierto.

Significa reconocer que existe fundamento suficiente para el siguiente paso.

La arquitectura se aproxima a su integración

Hasta este punto hemos distinguido:

- los cinco efectos;
- los cinco productos conductuales;
- las tres voluntades;

- los productos delimitados y abiertos;
- los elementos identificables y los elementos no identificados.

Sin embargo, todavía aparecen como piezas separadas.

Una persona puede conocer un hecho bajo el efecto del conocimiento, desear un resultado, sostenerlo mediante voluntad relativa, delimitarlo dentro de un plazo e identificar varios elementos.

Pero aún falta explicar cómo esas piezas se relacionan para producir una acción, una omisión, una decisión, una disposición mantenida y determinadas consecuencias.

También necesitamos comprender cómo las consecuencias regresan al sistema y modifican:

- el conocimiento;
- la interpretación;
- la voluntad;
- el producto;
- los elementos;
- las elecciones futuras.

Ese será el propósito del capítulo final de esta parte:

RELACIÓN ENTRE EFECTOS, PRODUCTOS, ELEMENTOS Y CONSECUENCIAS

RELACIÓN ENTRE EFECTOS, PRODUCTOS, ELEMENTOS Y CONSECUENCIAS

«Una consecuencia no termina una elección: regresa convertida en información, hábito, advertencia o condición para la próxima».
—Pierre Paul Dasny

Una columna, una puerta y un techo pueden encontrarse reunidos en un mismo terreno sin constituir todavía una casa. Para que exista una arquitectura, cada pieza debe ocupar una posición, soportar determinadas cargas, relacionarse con las demás y cumplir una función dentro del conjunto.

Hasta este punto hemos identificado las piezas principales de la elección:

- los cinco efectos;
- los cinco productos conductuales;
- las tres voluntades;
- los productos delimitados y abiertos;
- los elementos identificables y los elementos no identificados.

Sin embargo, conocer las partes no basta. Necesitamos comprender cómo se relacionan, cómo una modificación cambia el sistema y cómo las consecuencias regresan para alterar elecciones posteriores.

Una persona puede conocer una situación, desear un resultado, sostenerlo mediante voluntad relativa y delimitarlo dentro de un plazo. Pero todavía puede equivocarse al interpretar un elemento, ignorar una consecuencia, utilizar un medio contrario a sus principios o mantener una estrategia después de que dejó de servir al propósito.

La arquitectura no explica solamente cómo comienza una conducta. También permite observar:

- qué la dirige;
- qué la sostiene;
- qué la limita;
- qué la modifica;
- qué produce;
- qué aprende la persona después de ejecutarla.

Cinco categorías con funciones diferentes

Los componentes desarrollados no son nombres distintos para una misma cosa.

Los efectos influyen

El conocimiento, la ley, la inteligencia, la sabiduría y los principios intervienen en la manera de comprender y utilizar una elección.

Aportan:

- información;
- límites;
- alternativas;
- criterios;
- valoración;
- orientación.

No ejecutan automáticamente la conducta.

Los productos orientan

Desear, Evitar, Meditar, Controlar y Defender indican hacia dónde comienza a dirigirse la conducta.

Muestran si la persona intenta:

- aproximarse;
- alejarse;
- examinar;
- regular;
- proteger.

No determinan por sí solos la acción exacta.

Las voluntades configuran el compromiso

La voluntad absoluta, permisiva o relativa muestra cómo la persona se relaciona con la orientación.

Permite distinguir si:

- la adopta como compromiso no negociable;
- permite que permanezca sin imponer su ejecución;
- la sostiene bajo condiciones.

La delimitación establece alcance

Un producto delimitado posee objeto, alcance y condición suficiente de revisión o cierre.

Un producto abierto puede expandirse, desplazarse o continuar sin criterio claro de suficiencia.

Los elementos componen la situación

Los elementos incluyen hechos, señales, personas, recursos, interpretaciones, emociones, leyes, riesgos, condiciones y consecuencias anticipadas.

Algunos se encuentran identificados.

Otros todavía no han sido reconocidos o verificados.

La conducta expresa la arquitectura

La relación entre esas categorías puede manifestarse mediante:

- acción;
- omisión;
- decisión;
- disposición mantenida.

Las consecuencias muestran lo producido

Las consecuencias revelan cambios posteriores vinculados con la respuesta.

También aportan información que puede modificar nuevamente todo el sistema.

Qué es una consecuencia

Una **consecuencia** es un cambio, resultado o condición posterior que puede vincularse razonablemente, de manera directa o indirecta, con una acción, omisión, decisión o disposición mantenida, sin suponer que todo acontecimiento posterior fue causado exclusivamente por ella.

Esta definición contiene dos límites importantes.

Primero, una consecuencia no tiene que ser inmediata.

Una decisión tomada hoy puede producir un efecto visible dentro de varios meses.

Segundo, que algo ocurra después de una conducta no demuestra automáticamente que fue causado por ella.

Una persona comienza a utilizar una nueva estrategia de estudio y obtiene una calificación más alta. El resultado puede estar relacionado con la estrategia, pero también pudieron intervenir:

- mayor facilidad del examen;
- conocimientos previos;
- más horas de descanso;
- ayuda externa;
- azar;
- un cambio en la corrección.

La relación temporal es una señal que merece investigación, no una prueba definitiva de causalidad.

El mapa de la arquitectura

La relación general puede representarse así:

Contexto y elementos ↔ efectos ↔ producto o combinación de productos ↔ voluntad y delimitación → acción, omisión, decisión o disposición → consecuencias → nueva información, señales, hábitos, condiciones y elecciones.

Las flechas dobles indican que la relación no se mueve en una única dirección.

El contexto modifica los elementos.

Los elementos cambian la interpretación del contexto.

Los efectos pueden transformar el producto dominante.

El producto puede dirigir qué información busca la persona.

La voluntad modifica cuánto se sostiene una orientación.

Las consecuencias pueden fortalecerla, debilitarla o cambiarla.

No estamos ante una cadena cerrada donde cada paso produce inevitablemente el siguiente.

Estamos ante un sistema de relaciones.

Un elemento puede cambiar toda la arquitectura

Imaginemos que una persona recibe una crítica sobre su trabajo.

La crítica constituye un elemento.

Pero su función dependerá de cómo sea interpretada.

Puede activar **Desear**:

desea demostrar que posee capacidad.

Puede activar **Evitar**:

evita presentar nuevos trabajos para no exponerse.

Puede activar **Meditar**:

examina qué parte de la crítica posee fundamento.

Puede activar **Controlar**:

revisa el proceso para reducir errores.

Puede activar **Defender**:

responde ante una acusación falsa.

La crítica no contiene automáticamente uno de los cinco productos.

Su función depende de:

- contenido;
- fuente;
- contexto;
- historia previa;
- interpretación;
- recursos;

- riesgos;
- principios;
- respuesta elegida.

Si después aparece evidencia de que la crítica era correcta, el conocimiento cambia.

Si se descubre que la crítica fue utilizada para humillar, cambia la valoración del medio.

Si la ley o una norma institucional establece un procedimiento, cambia el marco de respuesta.

Si la persona reconoce que una defensa pública causaría más daño que una aclaración privada, cambia la sabiduría de la elección.

Un nuevo elemento puede reorganizar toda la arquitectura.

Los efectos no actúan como botones

No debemos imaginar que el conocimiento, la ley, la inteligencia, la sabiduría y los principios se activan mecánicamente y producen una respuesta correcta.

Una persona puede poseer conocimiento incompleto.

Puede interpretar incorrectamente una ley.

Puede utilizar inteligencia para manipular.

Puede llamar sabiduría a una preferencia conservadora.

Puede sostener un principio perjudicial.

Los efectos pueden:

- complementarse;
- limitarse;

- corregirse;
- contradecirse;
- recibir diferente prioridad.

Una empresa conoce una técnica capaz de aumentar ventas.

La ley no la prohíbe expresamente.

La inteligencia permite perfeccionarla.

La sabiduría puede advertir que genera dependencia o desconfianza.

Un principio de no explotación puede impedir utilizarla.

La posibilidad técnica no produce por sí sola autorización moral.

El producto no es la conducta

El producto orienta, pero no determina una única forma visible.

Defender una relación puede llevar a:

- hablar;
- escuchar;
- establecer un límite;
- pedir ayuda;
- retirarse;
- aceptar una responsabilidad.

La misma conducta también puede responder a productos diferentes.

Una persona abandona una reunión.

Puede hacerlo para:

- evitar una humillación;
- controlar una reacción;
- defender un límite;

- meditar antes de responder;
- dirigirse hacia una emergencia más importante.

La acción externa no identifica automáticamente la orientación.

Para comprenderla, necesitamos relacionar:

- antecedentes;
- significado;
- voluntad;
- consecuencias;
- patrones;
- contexto.

La voluntad tampoco garantiza la ejecución

Una persona puede poseer voluntad absoluta respecto de un principio y carecer de capacidad para producir todo el resultado.

Puede defender absolutamente la honestidad y no controlar que los demás digan la verdad.

Puede desear firmemente terminar una formación y enfrentar una enfermedad que obliga a suspenderla.

Puede comprometerse a cuidar a un familiar y necesitar ayuda que no posee.

La voluntad configura el compromiso.

No crea recursos ilimitados ni elimina la incertidumbre.

También puede ocurrir lo contrario: la persona posee capacidad, pero mantiene una voluntad permisiva.

Tiene medios para comenzar un proyecto, pero todavía no lo adopta como obligación.

La relación entre capacidad y voluntad debe examinarse por separado.

La delimitación permite evaluar

Una orientación sin límites dificulta reconocer:

- progreso;
- suficiencia;
- fracaso;
- aprendizaje;
- cierre.

Una persona afirma:

«Defenderé mi reputación».

Sin delimitación, cada crítica puede convertirse en amenaza.

En cambio:

«Responderé a esta acusación mediante la evidencia disponible y utilizaré los procedimientos correspondientes hasta obtener una resolución».

permite identificar:

- objeto;
- medios;
- plazo funcional;
- condición de cierre;
- consecuencias aceptables.

La delimitación no garantiza que la defensa sea correcta.

Permite examinarla con mayor precisión.

La intención y la consecuencia no son iguales

Una intención positiva puede producir un daño.

Una intención perjudicial puede fracasar y no alcanzar el resultado buscado.

Una decisión mal fundamentada puede producir un resultado favorable por casualidad.

Una decisión responsable puede enfrentar una consecuencia negativa imposible de anticipar razonablemente.

Por eso, no debe evaluarse una elección únicamente mediante su resultado final.

La investigación sobre **sesgo de resultado** ha mostrado que las personas pueden evaluar la calidad de una decisión de manera distinta según conozcan que produjo éxito o fracaso, incluso cuando la información disponible para quien decidió era la misma.

Supongamos que dos médicos toman la misma decisión con la misma evidencia y bajo el mismo nivel de incertidumbre.

Un paciente mejora.

Otro presenta una complicación imprevisible.

El resultado importa y debe examinarse.

Pero no demuestra por sí solo que el primer proceso fue inteligente y el segundo irresponsable.

La evaluación necesita considerar:

- información disponible;
- alternativas;
- criterios;
- previsibilidad;
- procedimiento;
- capacidad de corrección.

El resultado favorable tampoco absuelve el proceso

Una persona conduce a velocidad excesiva y llega sin sufrir un accidente.

El resultado favorable no convierte la conducta en segura.

Una empresa oculta una condición importante y obtiene ganancias.

El beneficio no convierte el engaño en una decisión correcta.

Alguien invierte todos sus recursos en una operación altamente incierta y obtiene ganancias.

El resultado no demuestra que el riesgo fue valorado responsablemente.

La suerte puede recompensar temporalmente una mala decisión.

También puede castigar una elección razonable.

Consecuencias directas e indirectas

Una consecuencia **directa** aparece vinculada de manera próxima con la conducta.

Una persona deja de pagar una factura y el servicio es suspendido.

Una consecuencia **indirecta** aparece a través de otras relaciones.

La suspensión impide trabajar, reduce ingresos y afecta el cumplimiento de otras obligaciones.

La consecuencia indirecta puede superar en importancia a la directa.

Una empresa reduce personal para disminuir costos.

El efecto directo es una reducción del gasto.

Los efectos indirectos pueden incluir:

- aumento de carga;
- retrasos;
- errores;
- pérdida de conocimiento;
- deterioro del servicio;
- salida de otros trabajadores.

La primera consecuencia no contiene toda la evaluación.

Consecuencias inmediatas y diferidas

Una conducta puede producir alivio inmediato y daño posterior.

Evitar una conversación reduce tensión hoy.

El conflicto se agrava durante semanas.

Una compra produce satisfacción inmediata.

La deuda limita decisiones futuras.

También puede ocurrir lo contrario.

Estudiar produce cansancio inmediato y capacidad posterior.

Establecer un límite genera conflicto inicial y mejora una relación a largo plazo.

La diferencia temporal obliga a preguntar:

¿Qué produce ahora y qué puede producir después?

Consecuencias intencionadas y no intencionadas

Una consecuencia **intencionada** corresponde a un resultado que la persona pretendía producir.

Una consecuencia **no intencionada** ocurre sin haber sido buscada.

No intencionada no significa necesariamente imprevisible.

Una empresa puede desear aumentar productividad y saber que la medida también aumentará carga laboral. El segundo resultado no era el objetivo, pero podía anticiparse.

Robert K. Merton examinó cómo acciones dirigidas hacia un propósito pueden producir consecuencias no anticipadas debido, entre otros factores, a conocimiento insuficiente, errores, concentración en intereses inmediatos y relaciones complejas entre acciones y contextos.

Consecuencias anticipadas y no anticipadas

Una consecuencia **anticipada** fue considerada antes de actuar, aunque no fuera deseada.

Una consecuencia **no anticipada** no fue prevista.

Esto permite cuatro combinaciones:

Intencionada y anticipada

Establecer una formación para mejorar una habilidad.

No intencionada, pero anticipada

Saber que la formación reducirá temporalmente el tiempo libre.

No intencionada y no anticipada

Descubrir que durante la formación surge una colaboración inesperada.

Intencionada, pero no producida

Buscar mejorar una habilidad y abandonar antes de alcanzarla.

La intención y la anticipación responden a preguntas distintas.

Consecuencias previsibles e imprevisibles

Una consecuencia no anticipada pudo ser razonablemente previsible.

Una persona quizá no pensó en ella, aunque la información disponible permitía considerarla.

Otra consecuencia pudo ser imposible de prever con los conocimientos y condiciones existentes.

La responsabilidad no debe evaluarse únicamente mediante la frase:

«Yo no sabía que eso ocurriría».

También debe preguntarse:

- ¿tenía obligación de investigar?
- ¿existían señales?
- ¿poseía experiencia?
- ¿ignoró advertencias?
- ¿tenía autoridad?
- ¿qué riesgo estaba aceptando?
- ¿qué hizo al descubrir el daño?

No toda ignorancia libera de responsabilidad.

Tampoco toda consecuencia imprevista demuestra negligencia.

Consecuencias reversibles e irreversibles

Una decisión reversible permite regresar, corregir o limitar parte del resultado.

Una decisión irreversible o difícilmente reversible necesita mayor cuidado.

Podemos probar un horario durante una semana.

No podemos devolver completamente una información privada después de hacerla pública.

Podemos modificar un borrador.

No podemos retirar todas las consecuencias de una acusación difundida masivamente.

Cuando el daño potencial es difícil de reparar, la inteligencia y la sabiduría deben exigir mayor verificación, límites más claros y medios más proporcionales.

Consecuencias individuales, compartidas y trasladadas

Una persona puede recibir el beneficio y trasladar el costo a otras.

Un empresario obtiene ganancias mientras los trabajadores asumen jornadas insostenibles.

Una persona evita una responsabilidad y obliga a su familia a resolverla.

Una institución reduce gastos y transfiere el riesgo a sus usuarios.

Por eso, no basta con preguntar:

¿Qué me ocurrirá?

También:

¿Quién soportará las consecuencias de mi elección?

Una consecuencia puede ser:

- individual;
- compartida;
- impuesta;

- distribuida;
- trasladada;
- acumulada en personas con menor poder.

Consecuencias aisladas y acumulativas

Una acción aislada puede producir un impacto mínimo.

La repetición puede transformar su importancia.

Un gasto pequeño no destruye un presupuesto.

Cientos de gastos semejantes pueden hacerlo.

Una interrupción no impide trabajar.

Interrupciones constantes pueden reducir significativamente la concentración.

Una frase humillante puede ser corregida.

Una repetición diaria puede transformar el ambiente de una familia o institución.

Las consecuencias acumulativas suelen pasar desapercibidas porque ninguna acción individual parece suficiente para explicar el resultado completo.

Consecuencias visibles y menos visibles

Algunos resultados pueden medirse con facilidad:

- dinero;
- tiempo;
- cantidad;
- frecuencia;
- retrasos;
- errores.

Otros resultan más difíciles de observar:

- confianza;
- miedo;
- dependencia;
- aprendizaje;
- resentimiento;
- reputación;
- percepción de seguridad.

Lo difícil de medir no debe tratarse automáticamente como inexistente.

Pero tampoco debe afirmarse sin evidencia solo porque parezca psicológicamente posible.

Necesitamos indicadores, testimonios, comparación, observación y prudencia en la interpretación.

La consecuencia regresa al sistema

Las consecuencias no permanecen fuera de la arquitectura.

Regresan como nuevos elementos.

Una consecuencia puede convertirse en:

- información;
- señal;
- recompensa;
- amenaza;
- hábito;
- expectativa;
- creencia;
- recurso;
- obstáculo;
- nueva norma;
- condición de voluntad.

Una persona evita una reunión y siente alivio.

El alivio puede fortalecer la evitación.

Una empresa introduce una medida y reduce errores.

El resultado puede aumentar la confianza en el procedimiento.

Una persona establece un límite y pierde una relación.

La consecuencia puede modificar lo que defenderá en el futuro.

Los modelos de autorregulación basados en retroalimentación describen precisamente cómo se compara un estado observado con una referencia y cómo el resultado de la intervención vuelve a informar el proceso.

Sin embargo, la retroalimentación también puede interpretarse mal.

Una conducta puede parecer eficaz porque ocultó el problema.

Un control puede reducir denuncias porque las personas tienen miedo de hablar.

La ausencia de quejas no demuestra necesariamente ausencia de daño.

Retroalimentación que corrige y retroalimentación que engaña

Una empresa establece un canal de comunicación y recibe menos reclamaciones.

Puede concluir que mejoró el servicio.

Pero también pudo dificultar el acceso al canal.

El indicador bajó.

El problema permaneció.

Una persona controla cada detalle de un proyecto y observa menos errores visibles.

Puede interpretar que la vigilancia total funciona.

Sin embargo, los trabajadores quizá dejaron de informar fallos pequeños.

El sistema parece más estable mientras acumula información oculta.

La retroalimentación necesita responder:

¿El resultado cambió o solamente cambió su visibilidad?

Una medida que protegía y comenzaba a perjudicar

El siguiente caso integra efectos, productos, voluntades, elementos, delimitación y consecuencias dentro de una misma decisión.

Sofía dirigía una escuela secundaria. Durante varios meses aumentaron los problemas relacionados con teléfonos móviles:

- interrupciones en clases;
- grabaciones sin autorización;
- difusión de humillaciones;
- respuestas copiadas durante evaluaciones;
- conflictos entre estudiantes.

Los elementos identificables eran suficientes para reconocer un problema.

Sofía deseaba recuperar un ambiente adecuado para aprender.

Quería evitar nuevas grabaciones y enfrentamientos.

Meditó posibles respuestas.

Intentó controlar el acceso a los dispositivos.

Defendía la privacidad, la seguridad y el trabajo educativo.

Decidió prohibir completamente los teléfonos durante toda la jornada.

La voluntad adoptada fue absoluta:

Ningún estudiante utilizará ni tendrá acceso a un teléfono dentro de la escuela.

La medida parecía delimitada porque contenía una regla clara.

Sin embargo, el resultado perseguido era mucho más abierto:

Eliminar toda distracción y todo riesgo relacionado con la comunicación digital.

No existía una condición realista de suficiencia.

La escuela no podía eliminar toda distracción ni controlar completamente lo que los estudiantes hacían antes y después de la jornada.

Consecuencias intencionadas

Durante las primeras semanas disminuyeron las interrupciones visibles dentro de algunas aulas.

Los docentes dedicaban menos tiempo a pedir que los estudiantes guardaran los dispositivos.

También se redujo la facilidad para realizar determinadas grabaciones durante las clases.

Esas consecuencias apoyaban parte de la decisión.

Consecuencias no intencionadas

Pronto aparecieron otros resultados.

Algunos estudiantes comenzaron a ocultar los teléfonos en lugares más difíciles de supervisar.

Las discusiones se desplazaron desde el uso educativo hacia registros, revisiones y sanciones.

La oficina recibía más llamadas de familias que necesitaban comunicar cambios de transporte.

Un estudiante utilizaba el dispositivo como parte de una asistencia previamente autorizada relacionada con su salud.

Otros dependían de la comunicación con familiares después de salir de la escuela y temían no recuperar el teléfono a tiempo.

Los profesores se convirtieron en vigilantes de una prohibición cuya aplicación consumía parte del tiempo recuperado.

La regla reducía algunas conductas y creaba otras.

Elementos no identificados

Sofía había considerado:

- interrupciones;
- grabaciones;
- evaluaciones;
- conflictos.

No había identificado suficientemente:

- necesidades justificadas de comunicación;
- excepciones relacionadas con salud;
- procedimientos de custodia;
- capacidad real de los docentes para aplicar la medida;
- reacción de las familias;
- incentivos para ocultar los dispositivos;
- diferencia entre uso perjudicial y uso autorizado.

Los nuevos elementos no demostraban que toda regulación fuera incorrecta.

Demostraban que la arquitectura inicial era insuficiente.

Cambio en los efectos

El conocimiento se amplió mediante:

- registros;
- entrevistas;
- quejas;
- observación;
- información de familias;
- resultados de las primeras semanas.

Las normas institucionales y las obligaciones de cuidado exigían procedimientos claros y excepciones justificadas.

La inteligencia permitió comparar:

- prohibición total;
- almacenamiento durante clases;
- permisos definidos;
- sanciones progresivas;
- educación digital;
- canales de emergencia.

La sabiduría mostró que una protección absoluta podía trasladar costos desproporcionados.

Los principios obligaban a conservar:

- privacidad;
- igualdad;
- seguridad;
- responsabilidad;
- proporcionalidad.

Cambio en el producto dominante

Al principio predominaba Controlar:

impedir acceso a los dispositivos.

Después la arquitectura cambió.

Defender la seguridad y el aprendizaje adquirió mayor importancia que controlar físicamente cada teléfono.

Meditar permitió revisar el método.

Evitar se dirigió hacia conductas específicas, no hacia la existencia completa del dispositivo.

Cambio en la voluntad

La voluntad absoluta:

«No habrá ningún teléfono accesible»

se transformó en una voluntad relativa:

«El acceso permanecerá restringido durante las actividades académicas, salvo excepciones justificadas y procedimientos definidos».

Sofía conservó algunos límites absolutos:

- no grabar a otra persona sin autorización;
- no utilizar el dispositivo para acosar;
- no usarlo durante evaluaciones prohibidas.

La voluntad no se debilitó.

Se distribuyó con mayor precisión entre objetos distintos.

Cambio en la delimitación

La escuela estableció una prueba de ocho semanas.

Durante ese período:

- los dispositivos permanecerían guardados durante clases;
- se documentarían excepciones;
- existiría un canal para emergencias;
- se registrarían interrupciones, sanciones y dificultades;
- se revisaría la medida con docentes, familias y estudiantes;
- la política sería modificada al finalizar el período.

El producto pasó de una búsqueda abierta de control total a una regulación delimitada, medible y revisable.

Nuevas consecuencias

La medida revisada no eliminó todos los problemas.

Continuaron algunas infracciones.

Sin embargo, permitió distinguir:

- uso ordinario;
- emergencia;
- infracción;
- necesidad autorizada;
- reincidencia;
- problema educativo;
- problema disciplinario.

La escuela ya no evaluaba la política únicamente por la cantidad de teléfonos confiscados.

Observaba:

- interrupciones reales;

- protección de la privacidad;
- tiempo docente;
- cumplimiento;
- dificultades;
- efectos trasladados.

La consecuencia dejó de ser un veredicto final.

Se convirtió en información para la próxima decisión.

Una consecuencia puede cambiar el significado del producto

Al inicio, Sofía creía que controlaba teléfonos para defender la educación.

Cuando la aplicación comenzó a consumir tiempo, el control amenazaba parte de aquello que protegía.

El mismo producto podía cambiar de función.

Una defensa puede transformarse en dominación.

Una evitación puede producir el daño temido.

Una meditación puede convertirse en parálisis.

Un deseo puede desplazar el bien que inicialmente perseguía.

Un control puede ocultar información necesaria.

La arquitectura debe revisarse cuando el medio comienza a contradecir el propósito.

Puntos donde el sistema puede fallar

Conocimiento falso o insuficiente

La persona actúa sobre hechos equivocados, información incompleta o fuentes poco confiables.

Ley ignorada o mal interpretada

Puede creer que una acción está permitida, prohibida o exigida cuando no es así.

Inteligencia utilizada sin límites

Encuentra el medio más eficaz para un objetivo perjudicial.

Sabiduría insuficiente

No valora proporción, tiempo, incertidumbre o consecuencias humanas.

Principio dañino

La conducta se organiza alrededor de una regla injusta o rígida.

Producto mal identificado

La persona afirma que defiende cuando busca controlar.

Dice meditar cuando evita.

Dice desear ayudar cuando persigue reconocimiento.

Voluntad incoherente

Declara un compromiso absoluto, pero permite excepciones únicamente cuando la favorecen.

Producto abierto sin revisión

El objetivo continúa expandiéndose y nunca alcanza suficiencia.

Elemento relevante no identificado

Una condición ignorada modifica la conducta o el resultado.

Consecuencia interpretada incorrectamente

Se atribuye éxito o fracaso a una causa equivocada.

Costo trasladado

Quien decide recibe el beneficio mientras otras personas soportan el daño.

Responsabilidad y consecuencias

La responsabilidad no debe distribuirse de manera idéntica frente a todas las consecuencias.

Conviene examinar:

- previsibilidad razonable;
- información disponible;
- autoridad;
- función;
- margen de control;
- capacidad;
- participación;
- advertencias recibidas;
- respuesta posterior.

Una persona puede no haber causado inicialmente un daño y adquirir responsabilidad cuando lo descubre y decide ocultarlo.

Otra puede participar parcialmente dentro de una estructura que limita su capacidad de decisión.

Una autoridad posee normalmente mayor responsabilidad sobre condiciones que puede modificar que una persona sin acceso ni poder.

También existe responsabilidad por omisión cuando alguien:

- conoce el riesgo;
- posee obligación de intervenir;
- dispone de medios razonables;
- decide no hacerlo.

Pero no toda ausencia de acción es negligencia.

Puede existir:

- desconocimiento;
- incapacidad;
- coacción;
- ausencia de competencia;
- peligro desproporcionado;
- falta de alternativas.

La consecuencia no es siempre premio o castigo

Algunas consecuencias provienen de decisiones humanas de recompensar o sancionar.

Otras surgen de relaciones prácticas, naturales, económicas o sociales.

Una deuda puede generar intereses por una condición contractual.

Una falta de descanso puede afectar el funcionamiento corporal.

Una mentira puede destruir confianza aunque nunca exista una sanción jurídica.

No toda consecuencia representa justicia.

Una persona puede sufrir un resultado grave sin merecerlo.

Otra puede evitar durante años las consecuencias institucionales de una conducta perjudicial.

El sistema no debe interpretar automáticamente:

resultado favorable = virtud;

resultado desfavorable = culpa.

Consecuencias positivas, negativas y mixtas

Una misma decisión puede beneficiar un área y perjudicar otra.

Aceptar un empleo puede aumentar ingresos y reducir tiempo familiar.

Establecer una denuncia puede proteger a otros y exponer a quien denuncia.

Cerrar una empresa puede producir desempleo y evitar una deuda mayor.

No todas las decisiones permiten eliminar cada costo.

En ocasiones debemos escoger entre alternativas que distribuyen pérdidas diferentes.

La sabiduría no transforma todo conflicto en una solución sin daño.

Ayuda a reconocer:

- qué se protege;
- qué se sacrifica;
- por qué;
- durante cuánto tiempo;
- quién asumirá el costo;
- qué reparación será necesaria.

El efecto de una consecuencia depende de su interpretación

Varias personas pueden experimentar resultados semejantes y aprender cosas diferentes.

Después de un rechazo, una concluye:

«Debo mejorar mi preparación».

Otra:

«Nunca debo intentarlo nuevamente».

Otra:

«Esa oportunidad no correspondía con mis necesidades».

La consecuencia aporta información, pero la interpretación determina parte de su efecto posterior.

Una interpretación puede ser:

- precisa;
- incompleta;
- exagerada;
- defensiva;
- provisional.

Por eso, después de observar una consecuencia debemos preguntar:

¿Qué demuestra realmente y qué estoy añadiendo yo?

El peligro de aprender la lección equivocada

Una persona miente y evita una consecuencia inmediata.

Puede aprender:

«Mentir funciona».

Pero quizá solo ocurrió que nadie descubrió todavía la falsedad.

Otra persona dice la verdad y recibe un castigo injusto.

Puede concluir:

«La honestidad siempre perjudica».

El resultado muestra una experiencia real, pero no necesariamente una regla universal.

El aprendizaje necesita distinguir:

- resultado inmediato;
- resultado acumulativo;
- contexto;
- probabilidad;
- principio;
- costo a largo plazo.

De la consecuencia a la próxima elección

Después de actuar, la arquitectura puede cambiar de varias maneras.

El conocimiento aumenta

La persona descubre un dato nuevo.

La ley cambia o se comprende mejor

Aparece una obligación, un límite o un procedimiento.

La inteligencia revisa alternativas

Una estrategia pierde viabilidad.

La sabiduría modifica la proporción

El costo se vuelve excesivo.

Un principio se confirma o necesita reformulación

La aplicación produjo una contradicción.

Cambia el producto dominante

Un deseo se convierte en defensa.

Una evitación se transforma en control.

Cambia la voluntad

Una decisión absoluta pasa a ser relativa.

Una posibilidad permisiva se convierte en compromiso.

Cambia la delimitación

La meta se cierra, se amplía o se divide en etapas.

Aparecen nuevos elementos

Recursos, riesgos, personas o consecuencias antes ignoradas.

Un sistema abierto a corrección

Una arquitectura inteligente necesita permitir corrección sin convertir cada dificultad en motivo para abandonar.

Debe poder distinguir entre:

- obstáculo normal;
- error de ejecución;
- información nueva;
- contradicción estructural;
- consecuencia imprevisible;
- objetivo perdido;
- costo desproporcionado.

La revisión no significa comenzar desde cero.

Puede afectar solo una parte.

Tal vez el producto sigue siendo válido, pero cambia el medio.

Tal vez la voluntad permanece, pero cambia la delimitación.

Tal vez el principio continúa, pero la interpretación era incorrecta.

Tal vez la consecuencia exige cerrar completamente.

Mapa operativo de integración

Antes de ejecutar o revisar una elección, conviene organizarla mediante este mapa.

Contexto

- ¿Qué está ocurriendo?
- ¿Dónde y cuándo?
- ¿Quiénes participan?
- ¿Qué condiciones limitan la respuesta?

Elementos

- ¿Qué está identificado?
- ¿Qué fue declarado?
- ¿Qué está documentado?
- ¿Qué se infiere?
- ¿Qué permanece sin identificar?

Efectos

- ¿Qué conocimiento existe?
- ¿Qué ley interviene?
- ¿Qué alternativas reconoce la inteligencia?
- ¿Qué proporción exige la sabiduría?
- ¿Qué principios limitan la decisión?

Productos

- ¿Qué deseo?
- ¿Qué evito?
- ¿Qué medito?
- ¿Qué controlo?
- ¿Qué defiendo?
- ¿Cuál predomina?

Voluntad

- ¿Es absoluta, permisiva o relativa?
- ¿Qué parte es no negociable?
- ¿Qué posibilidad permito?
- ¿Qué depende de condiciones?

Delimitación

- ¿Cuál es el objeto?
- ¿Qué resultado busco?
- ¿Qué medios utilizaré?
- ¿Qué será suficiente?
- ¿Cuándo revisaré?
- ¿Qué permitirá cerrar?

Conducta

- ¿Qué haré?
- ¿Qué omitiré?
- ¿Qué decisión comunicaré?
- ¿Qué disposición mantendré?

Consecuencias

- ¿Qué resultado espero?
- ¿Qué daño puede aparecer?
- ¿Quién asumirá el costo?
- ¿Qué es reversible?

- ¿Qué consecuencia no intencionada puedo prever?
- ¿Qué información necesitaré después?

Retroalimentación

- ¿Cómo observaré el resultado?
- ¿Qué indicador utilizaré?
- ¿Qué podría quedar oculto?
- ¿Qué evidencia obligará a corregir?
- ¿Qué aprenderé para la próxima elección?

Protocolo de interrogación introspectiva

Estas preguntas integran la arquitectura. No sustituyen una evaluación profesional, jurídica, médica o técnica cuando la situación la necesita.

Primera fase: describir

- ¿Qué está ocurriendo?
- ¿Qué conducta o decisión se examina?
- ¿Qué ocurrió antes?
- ¿Qué resultado ya apareció?
- ¿Qué continúa incierto?

Segunda fase: identificar efectos

- ¿Qué conozco?
- ¿Qué desconozco?
- ¿Qué norma o ley interviene?
- ¿Qué alternativas puedo reconocer?
- ¿Qué consecuencias humanas debo valorar?
- ¿Qué principio no debería vulnerarse?

Tercera fase: identificar productos

- ¿Qué intento obtener?
- ¿Qué intento impedir?
- ¿Qué estoy examinando?

- ¿Qué variable intento regular?
- ¿Qué intento proteger?
- ¿Qué producto domina y cuáles lo acompañan?

Cuarta fase: examinar voluntad

- ¿Qué compromiso asumí?
- ¿Es absoluto, permisivo o relativo?
- ¿Qué condición lo sostiene?
- ¿La voluntad corresponde con mi capacidad real?
- ¿La presión externa modifica la decisión?

Quinta fase: evaluar delimitación

- ¿Cuál es el objeto exacto?
- ¿Existe condición de suficiencia?
- ¿Qué medios están permitidos?
- ¿Qué plazo existe?
- ¿Qué indicará cierre o revisión?
- ¿El producto se está expandiendo?

Sexta fase: clasificar elementos

- ¿Qué es hecho?
- ¿Qué es interpretación?
- ¿Qué es hipótesis?
- ¿Qué recurso existe?
- ¿Qué riesgo falta considerar?
- ¿Qué elemento puede estar oculto?

Séptima fase: anticipar consecuencias

- ¿Qué consecuencia es directa?
- ¿Qué consecuencia puede ser indirecta?
- ¿Qué ocurrirá inmediatamente?
- ¿Qué puede acumularse?
- ¿Qué resultado es difícil de reparar?
- ¿Qué costo trasladaré a otros?

Octava fase: ejecutar

- ¿Qué haré?
- ¿Cuándo?
- ¿Quién necesita participar?
- ¿Qué información comunicaré?
- ¿Qué medida será provisional?
- ¿Qué no debo hacer?

Novena fase: observar

- ¿Qué resultado ocurrió?
- ¿Qué indicador cambió?
- ¿Qué problema se volvió menos visible?
- ¿Qué consecuencia no había anticipado?
- ¿Qué persona recibió un costo no considerado?
- ¿Qué información nueva apareció?

Décima fase: retroalimentar

- ¿Qué efecto necesita revisión?
- ¿Cambió el producto dominante?
- ¿La voluntad debe mantenerse o modificarse?
- ¿El producto necesita cerrarse o delimitarse mejor?
- ¿Qué elemento adquirió mayor importancia?
- ¿Qué haré diferente en la próxima elección?

La arquitectura ya no consiste en piezas separadas.

Ahora podemos comprender que:

- los efectos influyen en la elección;
- los productos orientan la conducta;
- las voluntades configuran el compromiso;
- la delimitación establece alcance y cierre;
- los elementos componen la situación;
- la conducta expresa la organización;
- las consecuencias muestran resultados;

- la retroalimentación modifica elecciones posteriores.

La secuencia no es perfecta ni automática.

Puede contener:

- errores;
- contradicciones;
- influencias externas;
- información incompleta;
- resultados imprevistos;
- posibilidades de corrección.

El objetivo no consiste en controlar cada variable de la existencia.

Consiste en impedir que una elección permanezca reducida a una reacción sin estructura, una intención sin medios o una consecuencia sin aprendizaje.

Ahora debemos convertir toda la estructura en un procedimiento que pueda utilizarse ante una elección concreta.

PARTE IV
MÉTODO DE APLICACIÓN

PROTOCOLO PARA ESCOGER

«Es de sentido común elegir un método y probarlo. Si falla, admitirlo francamente y probar otro. Pero, sobre todo, intentar algo».
—Franklin D. Roosevelt, discurso en la Universidad Oglethorpe, 22 de mayo de 1932; traducción propia.

Un mapa no conduce el vehículo, no elimina los obstáculos ni garantiza que la ruta permanezca abierta. Su función consiste en impedir que el viajero confunda movimiento con dirección, que repita un camino equivocado sin advertirlo o que llegue a un destino distinto del que había escogido.

Un protocolo para escoger cumple una función semejante.

No decide por la persona.

No convierte una situación compleja en una fórmula automática.

No garantiza que el resultado será favorable.

No elimina la incertidumbre, los límites materiales, las decisiones ajenas ni los acontecimientos imprevisibles.

Su función consiste en impedir que una elección importante quede reducida a:

- una reacción inmediata;
- una emoción convertida en prueba;
- una presión aceptada sin examen;

- una intención sin medios;
- una alternativa falsa;
- una consecuencia que nunca fue considerada;
- una decisión que nadie sabe cuándo revisar.

Un protocolo para escoger es una secuencia ordenada y revisable que transforma una situación ambigua en una elección delimitada, fundamentada, ejecutable y susceptible de corrección.

La palabra *protocolo* no significa obedecer ciegamente una lista.

Significa organizar preguntas y operaciones que disminuyan el riesgo de olvidar componentes esenciales.

La persona continúa teniendo la responsabilidad de:

- interpretar;
- comparar;
- decidir;
- actuar;
- detenerse;
- pedir ayuda;
- corregir;
- asumir consecuencias.

El protocolo no sustituye el juicio

Un procedimiento puede ordenar el pensamiento y, aun así, ser aplicado de manera incorrecta.

Una persona puede llenar todas las casillas y ocultar la información que contradice su deseo.

Puede inventar alternativas que conducen al mismo resultado.

Puede utilizar una tabla para disfrazar una decisión tomada de antemano.

Puede asignar mayor valor a lo que la beneficia y minimizar el costo trasladado a otros.

Puede cumplir cada paso formal y continuar defendiendo una elección injusta.

Por eso, el protocolo no reemplaza:

- conocimiento suficiente;
- interpretación jurídica competente;
- inteligencia;
- sabiduría;
- principios;
- honestidad durante el examen.

Tampoco sustituye una evaluación médica, jurídica, financiera, psicológica o técnica cuando la situación exige conocimientos especializados.

Su función es ayudar a formular mejor la elección, preparar preguntas, reconocer límites y utilizar responsablemente la orientación profesional recibida.

Una elección no es lo mismo que un problema

Una persona puede decir:

«Mi trabajo es un problema».

La expresión describe una situación general, pero no establece todavía qué debe escogerse.

Puede precisar:

«Debo decidir antes del viernes si acepto la modificación de horario, propongo otra distribución o inicio un proceso de salida».

Ahora existe una elección.

Otra persona afirma:

«Mi relación no funciona».

Todavía necesita identificar si debe decidir:

- iniciar una conversación;
- establecer un límite;
- solicitar mediación;
- separarse temporalmente;
- terminar la relación;
- observar durante un período definido;
- buscar protección inmediata.

Un problema puede contener varias decisiones.

Intentar resolverlas todas al mismo tiempo puede producir confusión.

La primera operación consiste en encontrar **la elección real que exige respuesta ahora**.

No todas las elecciones necesitan el mismo procedimiento

Aplicar diez fases completas para escoger una bebida consumiría más recursos que la propia decisión.

En cambio, elegir un tratamiento, firmar un contrato, terminar una relación, cambiar de país o comprometer una parte importante del patrimonio exige mayor cuidado.

El protocolo puede utilizarse en tres escalas.

Aplicación completa

Conviene cuando la elección:

- posee consecuencias importantes;
- compromete recursos elevados;
- afecta a otras personas;

- es difícil de revertir;
- contiene obligaciones jurídicas;
- enfrenta valores o principios en conflicto;
- produce daños potencialmente graves;
- dispone de tiempo suficiente para examinarse.

Aplicación abreviada

Puede utilizarse cuando la elección posee consecuencias moderadas y las alternativas son relativamente conocidas.

La persona puede concentrarse en:

1. qué debe decidir;
2. qué hechos conoce;
3. qué alternativas existen;
4. qué consecuencia principal produce cada una;
5. qué criterio no puede vulnerarse;
6. qué hará y cuándo lo revisará.

Respuesta inmediata

Una emergencia no siempre permite completar un análisis extenso.

Cuando existe una amenaza inmediata contra la vida, la integridad o la seguridad, la prioridad debe ser:

- ejecutar procedimientos previamente aprendidos;
- alejarse del peligro cuando sea posible;
- solicitar ayuda competente;
- proteger a las personas afectadas;
- evitar acciones improvisadas que agraven el riesgo.

El protocolo completo puede utilizarse después para evaluar, reparar y prevenir.

Ningún método de reflexión debe retrasar una respuesta urgente que ya se encuentra suficientemente indicada.

PRIMER MOVIMIENTO
DELIMITAR LA ELECCIÓN REAL

Una decisión mal formulada puede obligarnos a escoger entre alternativas que nunca fueron las únicas disponibles.

La frase:

«Debo aceptar este empleo o perder la oportunidad de mi vida»

contiene varias afirmaciones que necesitan examen.

¿Realmente es la única oportunidad?

¿Debe aceptarse exactamente en las condiciones presentadas?

¿Existe posibilidad de negociar?

¿Qué se perdería al rechazarla?

¿Qué se sacrificaría al aceptarla?

La formulación operativa

Puede utilizarse esta estructura:

Debo escoger [qué decisión concreta] antes de [fecha o condición], porque [razón por la que exige respuesta], dentro de [límites u obligaciones], sabiendo que todavía desconozco [incertidumbres principales].

Ejemplo:

Debo escoger antes del viernes si firmo el contrato, solicito modificaciones o rechazo la propuesta, porque la oferta vence ese día, dentro de mi presupuesto y mis obligaciones actuales, sabiendo que todavía desconozco el costo total de implementación.

La formulación debe incluir:

- objeto;
- plazo;
- razón;
- límites;
- incertidumbre.

Qué no está en discusión

Delimitar también significa separar la elección actual de otras preguntas.

Una empresa debe decidir si lanza un nuevo servicio.

Eso no obliga a resolver al mismo tiempo:

- toda su estrategia de cinco años;
- la identidad completa de la marca;
- cada contratación futura;
- todas las posibilidades tecnológicas.

Debe determinar qué pertenece a la decisión inmediata y qué corresponde a etapas posteriores.

Preguntas útiles:

- ¿Qué necesito escoger ahora?
- ¿Qué puede esperar?
- ¿Qué ya fue decidido legítimamente?
- ¿Qué no depende de mí?
- ¿Qué asunto estoy introduciendo sin necesidad?
- ¿Qué decisión mayor contiene esta decisión menor?

Urgencia real y urgencia fabricada

Un plazo puede proceder de:

- una obligación legítima;

- una oportunidad que realmente vence;
- un riesgo que aumenta;
- una emergencia;
- una presión comercial;
- una estrategia de manipulación;
- la incomodidad de continuar sin respuesta.

La frase:

«Decide ahora»

no demuestra que decidir ahora sea necesario.

Conviene preguntar:

- ¿qué cambia si espero una hora, un día o una semana?
- ¿quién estableció el plazo?
- ¿qué evidencia confirma que no puede modificarse?
- ¿qué consecuencia concreta produce esperar?
- ¿la urgencia pertenece a la situación o a la otra parte?

Esperar sin razón puede perjudicar.

Aceptar una urgencia falsa también.

SEGUNDO MOVIMIENTO
SEPARAR HECHOS, INTERPRETACIONES, PREDICCIONES E INCERTIDUMBRE

La decisión necesita una base suficientemente clara.

Para construirla, conviene dividir la información en cuatro categorías.

Hechos

Son datos documentados, observados o suficientemente comprobados.

«El contrato dura veinticuatro meses».

«El ingreso mensual actual es esta cantidad».

«La oferta exige trasladarse».

Interpretaciones

Son significados atribuidos a los hechos.

«Si rechazo, la empresa pensará que no tengo ambición».

Puede ser cierto, pero todavía no es un hecho.

Predicciones

Son resultados anticipados.

«Si acepto, mi familia sufrirá».

La predicción puede contener razones válidas, pero necesita delimitar:

- qué sufrimiento;
- con qué probabilidad;
- durante cuánto tiempo;
- bajo qué condiciones;
- qué medidas podrían reducirlo.

Incertidumbres

Son aspectos que todavía no se conocen.

«No sé si aceptarán una fecha posterior».

«Desconozco el costo real del traslado».

«No está claro quién asumiría esta responsabilidad».

La incertidumbre no debe ocultarse dentro de una afirmación segura.

La tabla de certeza

Puede organizarse así:

Conocido

- hechos confirmados;
- obligaciones;
- recursos disponibles;
- plazos.

Probable

- interpretaciones con evidencia;
- consecuencias previsibles;
- respuestas esperadas.

Posible

- escenarios que podrían ocurrir, pero poseen menor fundamento.

Desconocido

- información todavía ausente;
- variables no verificadas;
- decisiones ajenas.

No conocible antes de actuar

- resultados que solo podrán observarse después;
- reacciones humanas imposibles de garantizar;
- acontecimientos imprevisibles.

No toda incertidumbre necesita resolverse.

La pregunta es:

¿Cuál información podría cambiar razonablemente la elección?

El costo de investigar

Buscar más datos también posee costos:

- tiempo;
- dinero;
- agotamiento;
- pérdida de oportunidad;
- retraso;
- exposición.

La búsqueda debe continuar cuando la información adicional:

1. puede modificar una alternativa;
2. puede revelar un riesgo grave;
3. puede aclarar una obligación;
4. puede impedir una decisión difícil de revertir.

Puede detenerse cuando la nueva información solo repite lo conocido o pretende ofrecer una certeza imposible.

Herbert Simon mostró que la elección humana se realiza bajo límites de información, tiempo y capacidad de procesamiento. Su enfoque de racionalidad limitada cuestiona la idea de que una persona pueda conocer y calcular todas las alternativas y consecuencias posibles antes de escoger.

El protocolo no exige omnisciencia.

Exige reconocer qué ignoramos y decidir cuánta incertidumbre puede aceptarse responsablemente.

TERCER MOVIMIENTO
IDENTIFICAR ELEMENTOS, PERSONAS, RECURSOS Y RESTRICCIONES

Una elección no ocurre dentro de un espacio vacío.

Necesita identificar los elementos que pueden modificarla.

Personas afectadas

- ¿quién decide?
- ¿quién tiene autoridad?
- ¿quién recibirá beneficios?
- ¿quién asumirá costos?
- ¿quién debe consentir?
- ¿quién posee información?
- ¿quién puede impedir o facilitar la ejecución?

No toda persona afectada posee el mismo derecho de decisión.

Pero ignorar a quienes soportarán consecuencias puede deformar el análisis.

Recursos

- dinero;
- tiempo;
- conocimientos;
- apoyo;
- transporte;
- tecnología;
- documentos;
- capacidad física;
- espacio;
- autoridad;
- acceso.

Una alternativa puede ser atractiva y continuar siendo inexecutable por falta de recursos esenciales.

Restricciones

- ley;
- contrato;
- salud;
- plazo;
- deuda;

- responsabilidad familiar;
- capacidad institucional;
- seguridad;
- límites éticos.

Una restricción no siempre obliga a abandonar la meta.

Puede exigir modificar:

- tiempo;
- método;
- alcance;
- responsables;
- costo.

Elementos identificados y no identificados

Conviene registrar:

- qué elemento está comprobado;
- cuál fue declarado;
- cuál se infiere;
- cuál es una hipótesis;
- qué permanece sin identificar.

No debemos esperar descubrir absolutamente todos los componentes.

Necesitamos reconocer los suficientes para impedir que un factor esencial permanezca invisible.

CUARTO MOVIMIENTO
CONSTRUIR ALTERNATIVAS REALES

Muchas decisiones parecen binarias porque fueron formuladas desde una presión.

Aceptar o rechazar.

Permanecer o marcharse.

Callar o pelear.

Comprar o perder.

La elección inteligente necesita examinar si existen otras posibilidades.

Seis clases de alternativas

Actuar

Ejecutar la opción principal.

No actuar

Mantener la situación actual de manera consciente.

No actuar también produce consecuencias.

Esperar

Aplazar dentro de una fecha o condición definida para obtener información o capacidad.

Intervenir parcialmente

Ejecutar una parte reversible antes de comprometer todo el resultado.

Negociar o modificar

Cambiar precio, plazo, alcance, responsabilidad, condiciones o medios.

Crear una alternativa nueva

Diseñar una opción que ninguna de las partes había presentado.

La situación actual también es una alternativa

La persona puede comparar dos propuestas y olvidar examinar qué ocurre si mantiene la condición existente.

Permanecer no significa ausencia de elección cuando existe capacidad para modificar.

Debe evaluarse con los mismos criterios:

- beneficio;
- riesgo;
- costo;
- plazo;
- consecuencia acumulativa.

Alternativas falsas

No toda opción escrita en una lista constituye una alternativa real.

Una alternativa debe poseer:

- disponibilidad suficiente;
- recursos;
- legalidad;
- posibilidad de ejecución;
- compatibilidad con condiciones esenciales.

«No pagar y esperar que no ocurra nada»

puede ser una fantasía, no una alternativa responsable.

«Trabajar el doble sin dormir»

no se convierte en viable por estar escrita.

Crear antes de comparar

Comparar únicamente las primeras opciones disponibles puede encerrar la decisión dentro del problema formulado por otra persona.

Antes de puntuar alternativas, conviene preguntar:

- ¿puedo dividir la decisión?

- ¿puedo hacer una prueba?
- ¿puedo negociar?
- ¿puedo pedir una excepción legítima?
- ¿puedo delegar una parte?
- ¿puedo combinar opciones?
- ¿puedo crear una condición de salida?
- ¿puedo obtener más tiempo?

QUINTO MOVIMIENTO
APLICAR LOS CINCO EFECTOS

Los cinco efectos no constituyen cinco votos equivalentes.

Cada uno cumple una función diferente.

Efecto del conocimiento

Preguntas:

- ¿qué hechos necesito?
- ¿qué experiencia existe?
- ¿qué habilidad requiere?
- ¿qué fuente utilizo?
- ¿qué información falta?
- ¿qué no sé hacer?

El conocimiento impide escoger sobre una situación imaginada.

Efecto de la ley

Preguntas:

- ¿qué derecho interviene?
- ¿qué obligación existe?
- ¿qué procedimiento debe cumplirse?
- ¿qué autoridad decide?
- ¿qué cláusula limita?
- ¿qué consecuencia jurídica puede aparecer?

La ley no debe tratarse como un detalle posterior.

Una alternativa ilegal no se vuelve aceptable porque ofrezca mayor beneficio.

Efecto de la inteligencia

Preguntas:

- ¿qué alternativas reconozco?
- ¿qué relación existe entre medios y resultado?
- ¿qué puedo ejecutar?
- ¿qué opción es reversible?
- ¿qué elemento modifica la comparación?
- ¿qué estrategia permite corregir?

La inteligencia organiza la elección y su ejecución.

Efecto de la sabiduría

Preguntas:

- ¿cuándo conviene actuar?
- ¿cuánto es suficiente?
- ¿qué costo humano resulta proporcionado?
- ¿qué consecuencia aparecerá a largo plazo?
- ¿quién necesita ser escuchado?
- ¿qué capacidad debo aceptar que no poseo?

La sabiduría impide que la eficacia se convierta en el único criterio.

Efecto de los principios

Preguntas:

- ¿qué no estoy dispuesto a sacrificar?
- ¿qué medio contradice el propósito?
- ¿aplicaría este criterio si estuviera en la posición contraria?
- ¿qué obligación permanece aunque nadie pueda sancionarme?

- ¿qué principio podría estar utilizando para proteger una conveniencia?

Los principios establecen límites que no deben convertirse en simples puntos dentro de una suma.

SEXTO MOVIMIENTO
RECONOCER LOS CINCO PRODUCTOS

Una elección puede parecer racional mientras está dirigida por un producto que la persona no reconoce.

Conviene preguntar:

Desear

- ¿qué quiero obtener, conservar, recuperar o transformar?
- ¿qué reconocimiento, seguridad o satisfacción espero?

Evitar

- ¿qué daño, emoción, responsabilidad o pérdida intento impedir?
- ¿estoy evitando un peligro o el malestar de decidir?

Meditar

- ¿qué estoy examinando?
- ¿la reflexión produce distinciones nuevas o repite el mismo conflicto?

Controlar

- ¿qué variable intento regular?
- ¿poseo control, influencia o solamente una ilusión de dominio?

Defender

- ¿qué persona, límite, identidad, derecho o principio intento proteger?
- ¿existe una amenaza comprobada o percibida?

Conflictos entre productos

Una persona puede:

- desear crecimiento;
- evitar incertidumbre;
- controlar cada detalle;
- defender su reputación;
- meditar indefinidamente.

El producto más visible no siempre posee la mayor fuerza.

Preguntas esenciales:

- ¿qué producto predomina?
- ¿cuál lo contradice?
- ¿qué producto estoy utilizando para justificar otro?
- ¿qué orientación recibe prioridad?
- ¿qué ocurrirá si mantengo esa prioridad?

SÉPTIMO MOVIMIENTO
EXAMINAR VOLUNTAD Y DELIMITACIÓN

Voluntad absoluta

Debe aplicarse a objetos precisos.

«No falsificaré información».

No debe utilizarse para promesas imposibles:

«Nunca cometeré ningún error».

Voluntad permisiva

Permite una posibilidad sin imponerla.

«Examinaré la oferta sin comprometerme todavía».

Debe distinguirse de negligencia, desconocimiento o incapacidad.

Voluntad relativa

Mantiene la orientación bajo condiciones.

«Aceptar é si el contrato incluye estas garantías y si el costo total permanece dentro de este límite».

Las condiciones deben ser:

- pertinentes;
- verificables;
- conocidas;
- proporcionales;
- coherentes.

Criterios no negociables

Antes de comparar beneficios, deben establecerse los criterios que excluyen una alternativa.

Pueden incluir:

- ilegalidad;
- riesgo intolerable;
- ausencia de consentimiento;
- violación de un derecho;
- fraude;
- imposibilidad material;
- contradicción con un principio fundamental.

Estos criterios funcionan como **veto**.

No deben mezclarse con preferencias compensables.

Una alternativa ilegal no obtiene legitimidad porque pague mejor.

Una conducta violenta no se vuelve aceptable porque reduzca tiempo.

Condiciones mínimas

Son requisitos que toda alternativa viable debe cumplir.

Por ejemplo:

- ingreso suficiente para cubrir obligaciones;
- seguridad básica;
- plazo posible;
- acceso a recursos;
- compatibilidad con una responsabilidad esencial.

Preferencias

Después de aplicar vetos y mínimos, pueden compararse aspectos deseables:

- comodidad;
- prestigio;
- velocidad;
- ubicación;
- flexibilidad;
- crecimiento.

La distinción evita que una ventaja secundaria compense indebidamente una violación esencial.

Delimitación

Toda elección debe establecer, cuando corresponda:

- objeto;
- alcance;
- plazo;
- medios permitidos;

- recursos;
- condición de suficiencia;
- fecha de revisión;
- condición de cierre.

OCTAVO MOVIMIENTO
EVALUAR CONSECUENCIAS Y RIESGOS

No basta con preguntar qué ocurrirá si la elección funciona.

También necesitamos examinar:

- qué puede salir mal;
- qué costo produce mientras funciona;
- qué ocurre si no hacemos nada;
- quién soporta el daño;
- qué resultado es irreversible.

Clasificación de consecuencias

Directas

Surgen próximamente de la decisión.

Indirectas

Aparecen mediante otras relaciones.

Inmediatas

Ocurren pronto.

Diferidas

Se acumulan o aparecen después.

Intencionadas

Corresponden al objetivo buscado.

No intencionadas

No fueron el propósito, aunque algunas podían preverse.

Reversibles

Permiten corrección suficiente.

Difícilmente reversibles

No pueden deshacerse completamente.

Individuales

Afectan principalmente a quien decide.

Trasladadas

Otra persona recibe el costo.

La prueba premortem

Antes de ejecutar una decisión importante puede utilizarse esta pregunta:

Imaginemos que ha pasado un año y la elección fracasó gravemente. ¿Qué pudo haber ocurrido?

Después se enumeran razones plausibles.

El ejercicio conocido como *premortem*, desarrollado por Gary Klein, invita a asumir provisionalmente que un plan ya fracasó para identificar amenazas, obstáculos y debilidades antes de ejecutarlo. No predice el futuro; amplía la búsqueda de riesgos que el entusiasmo o la presión podrían ocultar.

Preguntas:

- ¿qué información resultó falsa?

- ¿qué costo subestimamos?
- ¿qué persona no participó?
- ¿qué recurso faltó?
- ¿qué ley ignoramos?
- ¿qué conflicto apareció?
- ¿qué señal decidimos no escuchar?
- ¿qué producto se abrió sin límites?
- ¿qué haríamos ahora para reducir ese riesgo?

La prueba del éxito perjudicial

También conviene imaginar:

La elección alcanzó su objetivo, pero produjo un daño grave. ¿Qué pudo haberse sacrificado?

Una empresa puede alcanzar ventas y destruir confianza.

Una persona puede obtener reconocimiento y perder salud.

Una familia puede evitar conflictos y proteger un abuso.

El éxito parcial no elimina el examen.

El costo de no escoger

No tomar una decisión también puede producir:

- pérdida de oportunidad;
- mantenimiento de daño;
- aumento de deuda;
- deterioro de relación;
- transferencia de responsabilidad;
- reducción de alternativas.

El estado actual debe aparecer en la evaluación.

NOVENO MOVIMIENTO
ESCOGER CON SUFICIENCIA RESPONSABLE

La elección no siempre puede esperar hasta encontrar la alternativa perfecta.

En situaciones complejas quizá no exista una opción que:

- elimine todo riesgo;
- satisfaga a todas las personas;
- conserve todos los recursos;
- garantice el resultado;
- produzca cero pérdida.

Herbert Simon utilizó el término *satisficing* para describir la búsqueda de una alternativa que cumpla un nivel de aspiración suficiente, en contraste con la pretensión de encontrar siempre la opción absolutamente óptima entre todas las posibilidades imaginables.

La suficiencia responsable no significa conformarse con cualquier cosa.

Exige que la opción:

1. no vulnere un criterio de veto;
2. cumpla las condiciones mínimas;
3. responda suficientemente al propósito;
4. posea medios ejecutables;
5. mantenga riesgos dentro de límites aceptables;
6. conserve posibilidad de corrección cuando sea necesaria.

Orden correcto de comparación

Primero: vetos

¿Qué alternativa debe excluirse?

Segundo: mínimos

¿Qué alternativa no alcanza condiciones indispensables?

Tercero: consecuencias esenciales

¿Cuál distribuye mejor los costos inevitables?

Cuarto: preferencias

¿Cuál ofrece mayores ventajas secundarias?

Quinto: reversibilidad

¿Cuál permite aprender y corregir?

La matriz de decisión

Puede utilizarse una matriz cuando existen varias alternativas y criterios.

Ejemplo:

Criterio	Rechazar	Aceptar sin cambios	Negociar
Cumple obligaciones esenciales	Sí	No	Sí
Ingreso suficiente	No	Sí	Sí
Riesgo familiar aceptable	Sí	No	Posible
Reversibilidad	Alta	Baja	Media
Desarrollo profesional	Bajo	Alto	Alto

La matriz ayuda a comparar.

No decide automáticamente.

Asignar números puede crear apariencia de precisión donde solo existen juicios inciertos.

Además, un criterio de veto no debe convertirse en una cifra que pueda ser compensada.

El momento de escoger

Conviene cerrar el examen cuando:

- la elección está delimitada;
- los hechos esenciales fueron verificados;
- existen alternativas reales;
- los vetos y mínimos están claros;
- las consecuencias principales fueron consideradas;
- la incertidumbre restante puede aceptarse;
- continuar buscando no cambiará razonablemente la decisión;
- existe capacidad para ejecutar y revisar.

Escoger no significa declarar que no existen dudas.

Significa asumir que ya existe fundamento suficiente para el siguiente paso.

DÉCIMO MOVIMIENTO
CONVERTIR LA ELECCIÓN EN EJECUCIÓN Y RETROALIMENTACIÓN

Una elección que no modifica ninguna conducta puede permanecer como intención.

Debe transformarse en:

- primer paso;
- fecha;
- responsable;
- recurso;
- condición;
- comunicación;
- indicador;
- revisión.

La formulación ejecutable

Escogeré [alternativa], comenzaré [fecha], mediante [primer paso], con [recursos y responsables], dentro de [límites], y revisaré [fecha o condición].

Ejemplo:

Solicitaré la modificación contractual mañana mediante una propuesta escrita, conservaré como límites el presupuesto y la responsabilidad familiar, y revisaré la decisión cuando reciba una respuesta formal o el jueves, lo que ocurra primero.

Planes «si-entonces»

Las intenciones generales pueden convertirse en respuestas más reconocibles mediante planes que vinculan una situación con una conducta:

Si ocurre X, entonces haré Y.

Ejemplos:

«Si la empresa rechaza el plazo adicional, solicitaré una reducción del alcance».

«Si el gasto supera este límite, suspenderé nuevas compras y revisaré el presupuesto».

«Si aparece una amenaza, utilizaré el canal de protección establecido».

La investigación de Peter Gollwitzer sobre intenciones de implementación ha examinado cómo estos planes enlazan señales concretas con respuestas dirigidas a una meta y pueden facilitar la ejecución. No sustituyen la importancia de la meta, los recursos ni la capacidad; organizan la respuesta ante situaciones previstas.

Indicadores

Debe establecerse qué se observará.

- ingreso;
- errores;
- tiempo;
- cumplimiento;
- salud;

- conflictos;
- aprendizaje;
- costos;
- satisfacción de personas afectadas;
- aparición de daños.

El indicador debe representar el propósito.

No debe sustituirlo.

Fecha de revisión

Toda elección provisional necesita una fecha o condición de revisión.

«Revisaré en treinta días».

«Revisaré después de recibir el informe».

«Revisaré si el costo aumenta diez por ciento».

«Revisaré inmediatamente si aparece esta amenaza».

Condiciones de corrección o cierre

La elección debe responder:

- ¿qué obligará a modificar?
- ¿qué indicará que debe detenerse?
- ¿qué resultado demostrará suficiencia?
- ¿qué daño no será aceptable?
- ¿qué ocurrirá si fracasa?

CUANDO LA DECISIÓN PARECÍA
TENER SOLO DOS CAMINOS

El siguiente caso muestra cómo el protocolo puede transformar una falsa dicotomía en una elección ejecutable sin garantizar que desaparecerán todos los costos.

Irene trabajaba desde hacía nueve años en una empresa nacional. Recibió una propuesta para dirigir una nueva oficina en otra ciudad.

El salario bruto sería treinta y cinco por ciento mayor.

La empresa exigía comenzar dentro de treinta días.

La asignación duraría inicialmente dos años.

Irene vivía con su esposo y una hija de once años. Su esposo podía realizar una parte de su trabajo a distancia, pero necesitaba mantener clientes locales. La hija se encontraba en medio del año escolar. Irene también colaboraba semanalmente con el cuidado de su padre, quien vivía cerca.

Su primera formulación fue:

«Tengo que aceptar o perder la mejor oportunidad de mi carrera».

Delimitación

Después de aplicar el primer movimiento, formuló:

Debo escoger antes del lunes si rechazo la propuesta, la acepto en las condiciones actuales o solicito otras condiciones, considerando mi desarrollo profesional, las responsabilidades familiares y el costo real del traslado.

La elección ya no era únicamente aceptar o rechazar.

Hechos

- el salario bruto aumentaría treinta y cinco por ciento;
- la asignación duraría dos años;
- la fecha propuesta era dentro de treinta días;
- la ciudad se encontraba a varias horas;
- la hija estaba escolarizada;
- el padre recibía apoyo semanal.

Interpretaciones

- «Si negocio, pensarán que no estoy preparada».
- «Si rechazo, nunca recibiré otra oportunidad».
- «Una buena madre no debería aceptar».
- «Una persona ambiciosa debe irse inmediatamente».

Ninguna de esas frases constituía todavía un hecho.

Incertidumbres

- salario neto después de vivienda y transporte;
- ayuda de traslado;
- posibilidad de inicio posterior;
- modalidad híbrida;
- frecuencia de viajes;
- condiciones de regreso;
- escuela disponible;
- duración real de la asignación;
- efecto sobre los clientes del esposo.

Elementos

Irene identificó:

- desarrollo profesional;
- ingreso;
- reconocimiento;
- responsabilidad hacia su hija;
- cuidado del padre;
- trabajo del esposo;
- vivienda;
- transporte;
- temor a parecer poco ambiciosa;
- miedo a perder estabilidad;
- deseo de demostrar capacidad.

Alternativas

Primera

Rechazar.

Segunda

Aceptar inmediatamente y trasladar a toda la familia.

Tercera

Aceptar y viajar semanalmente mientras la familia permanece.

Cuarta

Solicitar inicio después del período escolar.

Quinta

Negociar una asignación experimental de seis meses con revisión.

Sexta

Proponer presencia física durante parte de la semana y trabajo remoto durante otra.

Séptima

Solicitar apoyo de vivienda, transporte y retorno.

El protocolo no aseguraba que la empresa aceptaría negociar.

Permitía reconocer que preguntar también era una alternativa.

Los cinco efectos

Conocimiento

Irene calculó el ingreso neto después de vivienda, transporte y cuidado adicional. Descubrió que el aumento real era mucho menor que el porcentaje anunciado.

Ley

Revisó contrato, traslado, duración, terminación y obligaciones aplicables. Solicitó orientación especializada para comprender las cláusulas que no dominaba.

Inteligencia

Comparó alternativas y reconoció que una prueba temporal reduciría parte de la irreversibilidad.

Sabiduría

Examinó el impacto sobre la hija, el esposo, el padre, su salud y su carrera. No convirtió ninguna de esas áreas en el único valor existente.

Principios

Estableció que no ocultaría a su familia información esencial ni aceptaría una condición que hiciera imposible cumplir responsabilidades previamente asumidas sin crear una alternativa real.

Los cinco productos

Irene:

- **deseaba** crecimiento profesional e ingreso;
- **evitaba** estancamiento, pérdida de oportunidad y desorganización familiar;
- **meditaba** alternativas;
- intentaba **controlar** tiempo, costos y traslado;
- **defendía** responsabilidades familiares y desarrollo profesional.

El conflicto principal no estaba entre ambición y familia.

Se encontraba entre varias formas de atender ambos bienes bajo recursos limitados.

Las tres voluntades

Absoluta

«No aceptaré mediante información incompleta ni trasladaré unilateralmente todo el costo a mi familia».

Permisiva

«Me permitiré explorar la propuesta y negociar sin obligarme todavía a aceptarla».

Relativa

«Aceptar é si existen condiciones suficientes de tiempo, apoyo, ingreso neto y revisión».

Delimitación

Irene definió condiciones mínimas:

- acuerdo escrito;
- período inicial de seis meses;
- vivienda temporal;
- transporte;
- fecha de revisión;
- posibilidad de retorno;
- calendario familiar;
- plan de cuidado para el padre;
- costo económico máximo.

Premortem

Imaginó que, después de seis meses, la decisión había fracasado.

Posibles causas:

- agotamiento por viajes;
- conflicto con el esposo;
- deterioro escolar de la hija;
- costo mayor de lo previsto;
- ausencia de autoridad real en el nuevo puesto;
- asignación temporal convertida en permanente;
- cuidado insuficiente para el padre;
- inexistencia de condiciones para regresar.

Cada riesgo produjo una pregunta o condición.

Elección

Irene no escogió aceptar ni rechazar inmediatamente.

Escogió presentar una propuesta de asignación experimental con condiciones definidas.

La empresa aceptó algunas y rechazó otras.

Irene volvió a aplicar los criterios mínimos.

Finalmente aceptó una prueba de seis meses con presencia parcial, vivienda temporal, apoyo de traslado y revisión escrita.

Ejecución

Definió:

- fecha de inicio;
- calendario de viajes;
- responsables del cuidado;
- presupuesto;
- indicadores familiares;
- condiciones laborales;
- fecha de revisión;
- condición de salida.

Resultado

El protocolo no garantizaba que la decisión sería correcta.

Tampoco convertía la negociación en solución perfecta.

Su función consistió en transformar:

«Aceptar o perderlo todo»

en:

«¿Bajo qué condiciones esta oportunidad puede ejecutarse sin vulnerar obligaciones esenciales y con posibilidad de corrección?»

La elección dejó de depender de una frase emocional y adquirió estructura.

DECISIONES REVERSIBLES
Y DECISIONES DIFÍCILES DE REVERTIR

La intensidad del protocolo debe aumentar cuando disminuye la reversibilidad.

Relativamente reversibles

- probar un horario;
- comprar una cantidad pequeña;
- iniciar una fase piloto;
- modificar un borrador;
- solicitar información.

Permiten aprender antes de comprometer todos los recursos.

Difíciles de revertir

- divulgar información privada;
- firmar una obligación prolongada;
- realizar una acusación pública;

- comprometer una parte esencial del patrimonio;
- abandonar una protección;
- ejecutar una intervención con consecuencias permanentes.

Estas decisiones necesitan:

- mayor verificación;
- asesoría adecuada;
- alternativas;
- límites;
- documentación;
- consentimiento;
- consideración de daños.

Una estrategia prudente consiste en buscar, cuando sea posible, **el siguiente paso reversible que produzca información útil.**

No siempre estará disponible.

Pero debe examinarse antes de escoger una acción irreversible.

DECISIONES INDIVIDUALES Y DECISIONES COMPARTIDAS

Una persona puede analizar perfectamente su preferencia y continuar sin derecho a decidir por todos.

Preguntas de autoridad

- ¿quién posee la competencia legítima?
- ¿quién debe consentir?
- ¿quién será consultado?
- ¿quién ejecutará?
- ¿quién responderá?
- ¿quién recibirá el costo?

Participación no significa unanimidad

Escuchar a todas las personas afectadas no obliga a conceder a cada una poder de veto.

Una institución puede necesitar decidir después de consultar.

Una familia puede distribuir autoridad según responsabilidades.

Una persona puede establecer un límite sin obtener aprobación de quien lo vulnera.

La participación debe corresponder con:

- derechos;
- capacidad;
- función;
- impacto;
- responsabilidad.

El silencio no siempre es consentimiento

Una persona puede callar por:

- miedo;
- dependencia;
- desconocimiento;
- agotamiento;
- coacción;
- imposibilidad de participar.

El protocolo debe examinar la calidad de la participación, no únicamente la ausencia de protesta.

DECISIONES BAJO PRESIÓN

La presión puede reducir el campo de alternativas.

Una persona puede creer que escoge cuando únicamente intenta evitar una amenaza.

Preguntas:

- ¿qué ocurrirá si digo no?
- ¿existe castigo desproporcionado?
- ¿puedo pedir tiempo?
- ¿puedo consultar?
- ¿puedo retirar el consentimiento?
- ¿la otra parte controla información esencial?
- ¿qué alternativa quedaría sin esa presión?

Cuando existe coacción grave, la prioridad puede ser buscar protección y apoyo, no perfeccionar individualmente una elección condicionada por la amenaza.

CUANDO EL PROTOCOLO DEBE DETENERSE

Un método puede convertirse en obstáculo cuando la persona lo utiliza para evitar la ejecución.

Señales:

- repite las mismas preguntas;
- busca una certeza imposible;
- añade criterios que no cambian la decisión;
- espera unanimidad;
- crea alternativas inviables;
- aplaza para no asumir un costo;
- modifica continuamente la fecha;
- utiliza el protocolo para justificar lo ya decidido.

La pregunta de cierre es:

¿Qué información nueva podría cambiar razonablemente mi elección?

Cuando la respuesta es «ninguna información accesible», corresponde escoger, ejecutar o reconocer que no se está dispuesto a asumir la decisión.

ERRORES FRECUENTES

Formular una pregunta demasiado amplia

«¿Qué hago con mi vida?»

Debe dividirse.

Escoger antes de investigar

La conclusión dirige toda la búsqueda.

Investigar sin condición de cierre

La información se convierte en evasión.

Comparar alternativas inviables

La lista ofrece una falsa sensación de elección.

Confundir deseo con obligación

Querer algo no demuestra que deba ejecutarse.

Confundir miedo con prohibición

Sentir peligro no demuestra que toda aproximación sea irresponsable.

Convertir una preferencia en principio

«Me incomoda» no equivale automáticamente a «es incorrecto».

Sumar lo que no debe negociarse

La ilegalidad no se compensa mediante salario.

Ignorar el estado actual

No actuar también produce consecuencias.

Planificar sin primer paso

La elección permanece abstracta.

Ejecutar sin revisión

La persistencia puede sostener un error.

Evaluar únicamente por el resultado

La suerte puede favorecer una mala decisión o perjudicar una elección razonable.

PROTOCOLO ABREVIADO
PARA DECISIONES MODERADAS

Cuando no se necesita el procedimiento completo, pueden utilizarse estas diez preguntas:

1. ¿Qué debo escoger exactamente?
2. ¿Cuándo necesito responder?
3. ¿Qué hechos conozco?
4. ¿Qué estoy interpretando o suponiendo?
5. ¿Qué alternativas reales existen?
6. ¿Qué criterio excluye una opción?
7. ¿Qué deseo, evito, controlo o defiendo?
8. ¿Qué consecuencia principal produce cada alternativa?
9. ¿Cuál cumple suficientemente los mínimos?
10. ¿Qué haré primero y cuándo revisaré?

PROTOCOLO INMEDIATO DE TRES PREGUNTAS

Cuando existe poco tiempo, pero no una emergencia que exija procedimiento especializado:

1. **¿Qué daño grave debo impedir ahora?**
2. **¿Qué acción disponible es legítima, proporcionada y reversible?**
3. **¿Cuándo revisaré con más información?**

La respuesta provisional no debe confundirse con una decisión permanente.

HOJA OPERATIVA PARA ESCOGER

1. La elección

Debo escoger:

____

Antes de:

____

Porque:

____

No está en discusión:

____

2. Hechos

Hechos confirmados:

____

____

Interpretaciones:

____

____

Predicciones:

Incertidumbres:

Información que podría cambiar la elección:

3. Elementos

Personas afectadas:

Autoridad y responsabilidades:

Recursos disponibles:

Restricciones:

Elementos no identificados o pendientes:

4. Alternativas

A. Actuar:

B. No actuar:

C. Esperar hasta:

D. Intervenir parcialmente:

E. Negociar o modificar:

F. Alternativa nueva:

---

5. Cinco efectos

Conocimiento:
¿Qué sé y qué necesito verificar?

Ley:
¿Qué derecho, obligación o procedimiento interviene?

Inteligencia:
¿Qué alternativa y medio resultan ejecutables?

Sabiduría:
¿Qué proporción, tiempo y consecuencia humana debo valorar?

Principios:
¿Qué no debo sacrificar?

6. Cinco productos

Deseo:

Evito:

Medito:

Controlo:

Defiendo:

Producto predominante:

Conflicto entre productos:

7. Voluntad

Absoluto:

Permisivo:

Relativo a estas condiciones:

---

8. Delimitación

Objeto:

Resultado esperado:

Plazo:

Medios permitidos:

Medios excluidos:

Condición de suficiencia:

Condición de revisión:

Condición de cierre:

9. Consecuencias

Alternativa principal

Directas:

Indirectas:

Inmediatas:

Diferidas:

Reversibles:

Difíciles de revertir:

Costos trasladados a otros:

10. Premortem

Ha pasado el tiempo y la elección fracasó. Las razones plausibles son:

Medidas para reducir esos riesgos:

11. Decisión

Alternativa escogida:

Razón principal:

Criterios mínimos cumplidos:

Incertidumbre aceptada:

12. Ejecución

Primer paso:

Fecha:

Responsable:

____

Recursos:

____

Plan si-entonces:
Si ____
entonces ____

13. Retroalimentación

Indicadores:

____

Fecha de revisión:

____

Evidencia que obligará a corregir:

____

Condición para mantener:

____

Condición para cerrar:

____

EL PROTOCOLO NO PROMETE UNA VIDA SIN ERROR

Escoger con fundamento no elimina:

- azar;
- pérdida;
- conflicto;
- incertidumbre;
- límites;
- resultados desfavorables.

Su función es diferente.

Permite que una persona pueda responder:

- qué escogió;
- qué sabía;
- qué ignoraba;
- qué alternativas examinó;
- qué criterio utilizó;
- qué costo aceptó;
- qué principio protegió;
- qué hará si el resultado contradice su expectativa.

Una elección responsable no se reconoce porque nunca fracasa.

Se reconoce porque puede ser comprendida, ejecutada, evaluada y corregida sin esconder sus fundamentos.

El protocolo tampoco debe convertirse en una nueva forma de control absoluto.

La realidad siempre puede introducir elementos no identificados.

Las personas pueden cambiar.

Las condiciones pueden modificarse.

Las consecuencias pueden superar lo previsto.

El método debe producir estructura sin destruir adaptación.

Del método hacia su evaluación

Un protocolo puede aportar claridad, consistencia y posibilidad de revisión.

También puede producir riesgos:

- rigidez;
- exceso de preguntas;
- falsa precisión;
- dependencia del procedimiento;
- lentitud;
- racionalización;
- omisión de emociones o relaciones;
- aplicación fuera de contexto.

Para utilizarlo responsablemente debemos examinar no solo sus ventajas, sino también aquello que no puede resolver, los daños que puede producir cuando se aplica mal y las condiciones bajo las cuales conviene abreviarlo, adaptarlo o abandonarlo.

VENTAJAS, RIESGOS Y LÍMITES

«Cuando el método obliga a la realidad a caber en el formulario, deja de organizar la elección y comienza a falsificarla».
—Pierre Paul Dasny

Un puente necesita límites para conservar su dirección, distribuir cargas y permitir un tránsito seguro. Sin embargo, colocar barreras en cada metro, impedir todo cambio de carril o negar la existencia del viento no lo convertiría en una estructura más segura. Podría transformarlo en una construcción incapaz de responder a las condiciones reales.

Algo semejante ocurre con los métodos de elección.

Una estructura puede:

- ordenar información;
- impedir omisiones;
- separar hechos de interpretaciones;
- hacer visibles los criterios;
- distribuir responsabilidades;
- facilitar la revisión.

También puede:

- convertirse en una rutina vacía;
- producir falsa seguridad;
- ocultar relaciones humanas;
- multiplicar pasos innecesarios;
- justificar una conclusión ya escogida;

- tratar una cifra como si contuviera toda la realidad.

Por eso, después de construir el protocolo para escoger, debemos evaluar qué puede aportar, qué daños puede producir y dónde termina su capacidad.

Ventaja, riesgo y límite no significan lo mismo

Estas tres categorías deben separarse.

Ventaja

Una **ventaja** es una propiedad o condición que aumenta la utilidad del método para comprender, comparar, ejecutar o revisar una elección dentro de un contexto determinado.

Una ventaja no garantiza el resultado.

Un protocolo puede mejorar la organización y, aun así, conducir a una elección equivocada si utiliza información falsa.

Riesgo

Un **riesgo** es la posibilidad de que la aplicación del método, su interacción con el contexto o una interpretación incorrecta produzcan error, daño o una consecuencia distinta de la esperada.

El riesgo puede reducirse.

No siempre puede eliminarse.

Límite

Un **límite** es una frontera de lo que el método puede conocer, decidir, sustituir o garantizar.

Un límite no constituye necesariamente una falla.

Que un mapa no pueda controlar el clima no demuestra que el mapa sea inútil. Demuestra que su función no consiste en gobernar el clima.

Del mismo modo, un protocolo puede ayudar a evaluar una decisión sin poder:

- conocer el futuro;
- producir recursos inexistentes;
- eliminar la voluntad de otras personas;
- resolver automáticamente un conflicto moral;
- reemplazar conocimientos profesionales;
- garantizar que nunca ocurrirá un daño.

Por qué ya no hablaremos simplemente de ventajas y desventajas

La palabra *desventaja* puede sugerir que toda consecuencia negativa pertenece necesariamente a la estructura.

Pero no es igual decir:

«Delimitar una meta provoca estrés»

que decir:

«Un plazo rígido, desproporcionado o impuesto sin recursos puede aumentar la presión».

El estrés no es una consecuencia obligatoria de delimitar.

Depende de:

- exigencia;
- capacidad;
- recursos;
- plazo;
- incertidumbre;
- apoyo;
- interpretación;
- consecuencias del incumplimiento.

Tampoco es correcto afirmar:

«Un producto abierto produce ansiedad, irresponsabilidad y desorden».

Una orientación abierta como aprender, cuidar o investigar puede ser valiosa. El riesgo aparece cuando carece de ciclos, prioridades, revisión o límites de costo.

Por eso distinguiremos:

- **ventajas posibles**;
- **riesgos condicionados**;
- **límites estructurales**.

El método es una ayuda, no un sustituto de la persona

Una lista puede recordar una pregunta.

No puede responderla honestamente por quien la utiliza.

Una matriz puede colocar alternativas en columnas.

No puede impedir que una persona manipule las puntuaciones.

Una fecha de revisión puede obligar a volver sobre una decisión.

No puede garantizar que se reconozca el error.

Un principio escrito puede limitar una elección.

No puede impedir que sea reinterpretado para proteger una conveniencia.

La calidad del método depende parcialmente de:

- la información introducida;
- la capacidad de quien lo aplica;
- la disposición para reconocer contradicciones;
- la participación de las personas afectadas;

- el contexto;
- la retroalimentación;
- la posibilidad real de corregir.

El método no elimina la responsabilidad.

La vuelve más visible.

VENTAJAS DEL MÉTODO

1. Convierte una preocupación general en una elección concreta

Una persona puede pasar meses pensando:

«Mi situación económica está mal».

La frase expresa un problema, pero todavía no señala qué debe escoger.

El protocolo puede transformarla en preguntas delimitadas:

- ¿debo reducir un gasto específico?
- ¿debo negociar una deuda?
- ¿debo buscar otra fuente de ingreso?
- ¿debo vender un recurso?
- ¿debo solicitar orientación?
- ¿qué decisión necesita respuesta esta semana?

La ventaja no consiste en resolver automáticamente la situación.

Consiste en impedir que todas las dificultades económicas permanezcan comprimidas dentro de una sola sensación de desorden.

2. Separa hechos de interpretaciones

Una persona afirma:

«Mi jefe quiere obligarme a renunciar».

Después distingue:

Hechos

- recibió dos correcciones formales;
- se modificó su horario;
- no fue incluida en una reunión.

Interpretación

- cree que desean expulsarla.

Incertidumbre

- no conoce el motivo completo de las decisiones.

La interpretación puede resultar correcta.

Pero separar categorías evita actuar como si ya estuviera demostrada.

Esta distinción permite:

- verificar;
- preguntar;
- documentar;
- comparar;
- protegerse sin acusar prematuramente.

3. Impide olvidar criterios esenciales

Bajo presión, una persona puede concentrarse únicamente en el elemento más visible.

Ante una oferta laboral puede observar el salario y olvidar:

- duración contractual;
- costo de traslado;
- horario;
- responsabilidades familiares;
- seguridad;
- posibilidades de salida;

- efectos fiscales;
- salud.

Un protocolo funciona como apoyo para la atención y la memoria. Su utilidad aumenta especialmente cuando existen varias tareas, participantes o condiciones que deben coordinarse.

Las listas de verificación han mostrado que pueden ayudar a estandarizar pasos importantes y mejorar la comunicación en tareas complejas, aunque sus resultados dependen considerablemente de la implementación, el contexto y la participación de quienes deben utilizarlas. Un estudio multicéntrico inicial de una lista quirúrgica informó reducciones de complicaciones y mortalidad; una implementación posterior a gran escala en Ontario no encontró reducciones significativas semejantes, y estudios cualitativos han mostrado que una adopción superficial puede fallar o introducir nuevos problemas. La herramienta no actúa independientemente de la cultura, los recursos y la forma de aplicarla.

4. Hace visibles los criterios

Sin estructura, una persona puede favorecer una alternativa y después inventar las razones.

El protocolo obliga a registrar:

- qué excluye una opción;
- qué mínimo debe cumplirse;
- qué preferencia posee mayor importancia;
- qué consecuencia resulta tolerable;
- qué principio no debe negociarse.

Esto no elimina la parcialidad.

Pero dificulta cambiar silenciosamente los criterios después de conocer el resultado.

5. Amplía las alternativas

Muchas decisiones se presentan como órdenes binarias:

- aceptar o perder;
- quedarse o fracasar;
- obedecer o crear conflicto;
- callar o atacar.

El método invita a examinar:

- negociación;
- prueba temporal;
- intervención parcial;
- aplazamiento delimitado;
- combinación de opciones;
- solicitud de información;
- creación de una alternativa nueva.

La ventaja no consiste en afirmar que siempre existe una tercera opción.

Consiste en comprobarlo antes de aceptar una dicotomía impuesta.

6. Permite distinguir lo esencial de lo preferible

Una persona puede desear:

- mayor salario;
- mejor ubicación;
- prestigio;
- flexibilidad;
- crecimiento.

Sin embargo, también necesita:

- legalidad;
- seguridad;
- ingreso mínimo;
- capacidad de cumplimiento;
- compatibilidad con una obligación esencial.

El protocolo impide sumar todas esas condiciones como si fueran equivalentes.

Primero aplica:

1.   criterios de veto;
2.   mínimos indispensables;
3.   consecuencias esenciales;
4.   preferencias.

Una ventaja atractiva no debe compensar una violación que excluye la alternativa.

7. Facilita la ejecución

Decir:

«Debo organizarme»

no indica qué ocurrirá mañana.

El método exige:

- primer paso;
- fecha;
- responsables;
- recursos;
- plan ante obstáculos;
- condición de revisión.

La elección deja de ser una frase y comienza a convertirse en conducta.

8. Facilita la coordinación

Cuando varias personas participan, una decisión necesita responder:

- quién decide;
- quién ejecuta;
- quién informa;

- quién verifica;
- quién asume el costo;
- quién puede solicitar revisión.

Sin esta distribución, una tarea puede quedar:

- duplicada;
- omitida;
- transferida;
- detenida;
- ejecutada por alguien sin autoridad.

La estructura reduce ambigüedad, aunque no elimina conflictos de poder.

9. Conserva memoria del proceso

Después de conocer el resultado, es fácil creer que siempre fue evidente.

Un registro permite reconstruir:

- qué se sabía;
- qué se ignoraba;
- qué se anticipó;
- qué criterio se utilizó;
- qué riesgo se aceptó;
- qué información apareció después.

Esto ayuda a evaluar el proceso sin confundirlo completamente con el resultado.

También puede mostrar si una persona repite:

- la misma suposición;
- el mismo error;
- una condición de cierre insuficiente;
- un costo ignorado.

10. Permite aprender de las consecuencias

Sin retroalimentación, una decisión termina cuando se ejecuta.

Con revisión, la consecuencia puede transformarse en:

- información;
- advertencia;
- corrección;
- nuevo límite;
- cambio de estrategia;
- cierre.

Una elección deja de ser un acontecimiento aislado y comienza a participar en la formación de elecciones posteriores.

11. Protege frente a la urgencia fabricada

Registrar:

- plazo real;
- fuente de la urgencia;
- costo de esperar;
- posibilidad de negociación;

puede revelar que la presión procede de una estrategia comercial o de la necesidad de otra persona, no de una condición objetiva.

También puede demostrar lo contrario: esperar realmente aumentaría un daño.

La estructura no ordena aplazar.

Obliga a examinar por qué debe decidirse ahora.

12. Ayuda a transformar orientaciones abiertas en ciclos delimitados

Una orientación como:

«Quiero mejorar mi educación»

puede permanecer abierta durante toda la vida.

El método permite construir una fase:

«Durante los próximos tres meses completaré este curso, aplicaré dos herramientas y revisaré la siguiente etapa».

La apertura conserva continuidad.

La delimitación produce ejecución.

13. Hace visible el costo trasladado

Una persona puede escoger una alternativa beneficiosa para sí y entregar silenciosamente la carga a otra.

El protocolo pregunta:

- ¿quién reorganizará su tiempo?
- ¿quién pagará?
- ¿quién renunciará a una oportunidad?
- ¿quién asumirá el riesgo?
- ¿quién no fue consultado?

La respuesta no concede poder de veto automático a toda persona afectada.

Impide tratarla como si no existiera.

14. Ayuda a reconocer cuándo cerrar

Un producto abierto puede continuar porque ya se invirtieron:

- años;
- dinero;
- esfuerzo;
- reputación;

- relaciones.

El efecto de los costos hundidos describe la tendencia a continuar una actividad debido a inversiones anteriores que ya no pueden recuperarse, aunque la decisión actual debería depender principalmente de costos y beneficios futuros. No aparece de la misma manera en todos los contextos, pero constituye un riesgo documentado en decisiones de continuidad.

La estructura puede preguntar:

Si todavía no hubiera invertido todo lo anterior, ¿escogería comenzar hoy bajo estas condiciones?

La respuesta no decide por sí sola.

Ayuda a separar el pasado irrecuperable de la viabilidad presente.

LOS RIESGOS DEL MÉTODO

1. Rigidez

Una persona puede tratar el protocolo como una ley incapaz de adaptarse.

Afirma:

«El procedimiento dice esto».

Aunque:

- cambió el contexto;
- apareció una emergencia;
- la regla no contemplaba una excepción;
- el medio contradice el propósito;
- la información dejó de ser válida.

Un método responsable debe contener criterios para modificar su propia aplicación.

2. Burocratización

La estructura puede crecer hasta que preparar la decisión consuma más recursos que ejecutarla.

Aparecen:

- formularios;
- reuniones;
- autorizaciones;
- copias;
- evaluaciones;
- revisiones que no añaden información.

El procedimiento deja de proteger y comienza a retrasar.

La cantidad de pasos no demuestra profundidad.

Cada paso debe justificar qué riesgo reduce o qué información aporta.

3. Falsa precisión

Asignar a una alternativa 8.7 puntos y a otra 8.4 puede crear una diferencia que los datos no sostienen.

Las cifras pueden ayudar a comparar:

- costos;
- plazos;
- cantidades;
- probabilidades suficientemente estimadas.

Pero no todo criterio posee una medición exacta.

No sabemos necesariamente que:

- una relación vale siete puntos;
- la dignidad vale diez;
- un riesgo incierto vale cuatro;

- la salud vale el doble que una oportunidad.

La matriz debe ordenar juicios, no disfrazarlos de ciencia.

4. Sustitución del propósito por el indicador

Una empresa desea mejorar el servicio y mide únicamente rapidez.

Los trabajadores reducen el tiempo de cada atención.

El indicador mejora.

Los clientes dejan de recibir explicaciones suficientes.

La cifra sustituyó el propósito.

Una familia desea mejorar la comunicación y mide cuántas reuniones realiza.

Las reuniones aumentan.

La escucha no.

Un método debe revisar si observa:

- el objetivo real;
- una señal aproximada;
- aquello que resulta más fácil contar.

5. Cumplimiento ritual

Una persona puede marcar todas las casillas sin ejecutar el examen.

Responde:

«Sí, consideré las consecuencias».

Pero no identifica ninguna.

El formulario se convierte en prueba de cumplimiento, no en instrumento de reflexión.

Esto ocurre cuando el objetivo principal pasa a ser demostrar que el protocolo fue utilizado.

6. Racionalización organizada

Un método puede proporcionar un lenguaje sofisticado para justificar una preferencia.

La persona:

- selecciona fuentes favorables;
- inventa criterios;
- minimiza costos;
- exagera riesgos contrarios;
- utiliza principios solo contra otras alternativas.

El protocolo no elimina el autoengaño.

Puede hacerlo más elaborado.

Por eso necesita preguntas capaces de perjudicar la conclusión preferida:

¿Qué evidencia me obligaría a rechazarla?

¿Qué diría alguien afectado?

¿Qué criterio aplicaría si la ventaja perteneciera a otra persona?

7. Parálisis por análisis

Cada respuesta puede producir una pregunta nueva.

La persona continúa:

- investigando;

- comparando;
- consultando;
- modificando;
- esperando.

El método se convierte en Evitar disfrazado de Meditar.

Debe existir una condición de suficiencia:

¿Poseo fundamento bastante para ejecutar el siguiente paso responsable?

No:

¿He eliminado toda duda posible?

8. Ilusión de control

Completar un protocolo puede producir la sensación de que todo quedó previsto.

Sin embargo, continúan existiendo:

- decisiones ajenas;
- azar;
- cambios;
- errores;
- información incompleta;
- acontecimientos imprevisibles.

La planificación puede aumentar capacidad de respuesta.

No convierte el futuro en propiedad.

9. Dependencia del procedimiento

Una persona puede llegar a creer que no puede escoger sin:

- una tabla;

- una aplicación;
- una opinión externa;
- una puntuación;
- una autorización.

El método creado para aumentar autonomía comienza a debilitarla.

La estructura debe entrenar capacidades transferibles:

- delimitar;
- comparar;
- reconocer riesgos;
- escoger;
- revisar.

No debe convertirse en un objeto sin el cual la persona se considera incapaz de decidir incluso situaciones ordinarias.

10. Exclusión de emociones

Una aplicación excesivamente racionalizada puede tratar emociones como interferencias.

Sin embargo, una emoción puede indicar:

- amenaza;
- pérdida;
- conflicto;
- valor;
- agotamiento;
- necesidad;
- vínculo.

La emoción no debe gobernar sin examen.

Tampoco debe desaparecer del análisis.

La pregunta responsable es:

¿Qué está señalando y qué parte de su interpretación necesita comprobarse?

11. Exclusión de relaciones

Una alternativa puede parecer eficiente individualmente y destruir:

- confianza;
- cooperación;
- reciprocidad;
- pertenencia;
- legitimidad.

El método debe incluir a quienes serán afectados, especialmente cuando poseen menos poder.

No toda consecuencia relacional puede convertirse en dinero o tiempo.

12. Difusión de responsabilidad

Un grupo puede afirmar:

«La matriz decidió».

«El sistema lo recomendó».

«El protocolo lo exige».

Pero una herramienta no asume responsabilidad moral ni jurídica por sí sola.

Las personas deben poder explicar:

- quién diseñó los criterios;
- quién introdujo los datos;
- quién interpretó;
- quién autorizó;
- quién podía intervenir;
- quién responderá por el resultado.

13. Conservación de prejuicios

Un protocolo puede parecer neutral y contener criterios que reproducen desigualdades.

Por ejemplo, una institución selecciona únicamente por experiencia previa.

Parece objetivo.

Pero quizá el acceso a esa experiencia dependía de oportunidades que no estuvieron disponibles para todos.

La estructura no es justa únicamente porque aplica la misma fórmula.

Debe examinar si el criterio:

- es pertinente;
- mide lo que afirma medir;
- distribuye cargas de forma justificable;
- permite revisar efectos desproporcionados.

14. Deshumanización

Una persona puede quedar reducida a:

- puntuación;
- expediente;
- riesgo;
- costo;
- productividad;
- diagnóstico.

El método necesita clasificar información.

No debe convertir a la persona completa en la categoría utilizada para una decisión específica.

15. Aplicación fuera de contexto

Un protocolo diseñado para decisiones empresariales puede fallar en:

- una emergencia;
- un conflicto familiar;
- una decisión clínica;
- una situación de violencia;
- una elección infantil.

La estructura debe adaptarse a:

- finalidad;
- gravedad;
- participantes;
- tiempo;
- conocimientos;
- autoridad.

No existe una escala idéntica para toda decisión.

LOS LÍMITES ESTRUCTURALES

1. Información incompleta

Ninguna decisión humana contiene todos los datos posibles.

Incluso después de investigar pueden permanecer:

- elementos no identificados;
- fuentes contradictorias;
- información privada;
- datos desactualizados;
- errores de medición.

El protocolo ayuda a reconocer la incertidumbre.

No la elimina.

2. Futuro incierto

Podemos anticipar escenarios.

No podemos garantizar:

- mercados;
- enfermedades;
- reacciones;
- clima;
- innovación;
- conflictos;
- cambios políticos;
- accidentes.

La mejor elección disponible puede producir un resultado desfavorable.

3. Capacidad limitada

La persona puede comprender qué conviene y carecer de:

- recursos;
- salud;
- tiempo;
- autoridad;
- apoyo;
- conocimiento técnico;
- acceso.

El protocolo no crea capacidad inexistente.

Puede ayudar a identificar qué recurso necesita obtener o qué meta debe modificar.

4. Coacción y poder desigual

Una persona bajo amenaza puede completar una hoja de elección sin poseer alternativas reales.

Una trabajadora puede «aceptar» una condición porque perder el empleo comprometería necesidades básicas.

Un niño puede decir sí ante una autoridad.

Una pareja dependiente puede callar por miedo.

El método debe examinar la libertad real, no solo la respuesta verbal.

5. Conocimiento especializado

Una decisión médica, jurídica, financiera, estructural o tecnológica puede exigir conocimientos que el lector no posee.

El protocolo ayuda a formular preguntas.

No convierte a una persona en especialista.

6. Valores incompatibles

Algunas decisiones enfrentan bienes que no pueden preservarse completamente al mismo tiempo.

- seguridad y privacidad;
- estabilidad y crecimiento;
- verdad y confidencialidad;
- cuidado de uno y cuidado de muchos;
- rapidez y verificación.

El método puede hacer visible el conflicto.

No siempre produce una solución sin pérdida.

7. Consecuencias irreversibles

Una vez divulgada una información, no puede recuperarse completamente.

Una acusación pública puede continuar circulando después de ser corregida.

Una oportunidad puede cerrarse.

Una pérdida puede ser definitiva.

El protocolo puede exigir mayor cuidado.

No puede borrar lo ocurrido.

8. Emergencias

Cuando existe peligro inmediato, completar todos los movimientos puede ser imposible o irresponsable.

Deben priorizarse:

- protección;
- procedimientos entrenados;
- comunicación;
- solicitud de ayuda;
- reducción del daño.

La revisión completa puede ocurrir después.

9. Interpretación humana

Dos personas responsables pueden utilizar la misma información y otorgar diferente prioridad a:

- riesgo;
- tiempo;
- responsabilidad;
- pérdida;
- autonomía.

El protocolo no elimina toda diferencia legítima.

10. Azar

Algunos resultados contienen una proporción de azar que ninguna preparación puede controlar.

Reconocerlo impide dos errores:

- atribuir todo éxito a superioridad personal;
- atribuir todo fracaso a incapacidad o falta de voluntad.

11. Complejidad

Modificar un elemento puede producir efectos en áreas que no fueron consideradas.

Un sistema familiar, económico, educativo o social contiene relaciones múltiples.

El método puede mejorar la observación.

No reproduce toda la complejidad de la realidad dentro de una página.

CUANDO EL MÉTODO AYUDA Y CUANDO NECESITA CAMBIAR

Una herramienta útil debe responder a tres preguntas.

¿Qué omisión evita?

Puede recordar:

- consentimiento;
- riesgo;
- plazo;
- principio;
- persona afectada.

¿Qué carga añade?

Puede exigir:

- tiempo;
- documentación;
- coordinación;
- formación.

¿Qué ocurre cuando la situación no cabe?

Debe permitir:

- excepción justificada;
- adaptación;
- consulta;
- suspensión;
- revisión.

Un método sin excepción puede ser rígido.

Una excepción sin justificación puede destruir el método.

LA HISTORIA DE UNA SELECCIÓN QUE PARECÍA PERFECTAMENTE OBJETIVA

El siguiente caso muestra cómo una estructura puede producir claridad y coherencia, pero también falsa precisión, exclusión y ceguera frente a elementos no identificados.

Una organización educativa, llamada Horizonte, ofrecía cuarenta becas para estudiantes de comunidades con recursos limitados.

Durante años, la selección había dependido de entrevistas informales. Algunas familias afirmaban que las decisiones favorecían a quienes conocían a integrantes de la institución.

La nueva directora, Clara, decidió crear un protocolo.

Los aspirantes recibirían puntos por:

- calificaciones;
- ingreso familiar;
- distancia hasta el centro;
- participación comunitaria;
- entrevista;
- carta de recomendación.

La intención era legítima:

- reducir favoritismo;
- aplicar criterios semejantes;
- documentar;
- explicar;
- permitir revisión.

Las primeras ventajas

El protocolo mejoró varias áreas.

Los evaluadores utilizaban las mismas categorías.

Las decisiones podían ser revisadas.

Las familias sabían qué documentos entregar.

Las diferencias entre expedientes se hacían más visibles.

La organización podía detectar errores y conservar registros.

El método era claramente superior a escoger mediante impresiones secretas.

La primera falsa seguridad

Clara comenzó a afirmar:

«Ahora la selección es completamente objetiva».

Pero la puntuación contenía decisiones humanas.

Alguien había escogido:

- qué criterios incluir;
- cuánto valía cada uno;
- cómo medirlos;
- qué evidencia aceptar;
- qué dejar fuera.

Una calificación alta recibía veinte puntos.

Cuidar diariamente a hermanos menores no recibía ninguno.

Tener una carta de recomendación formal aportaba diez puntos.

Superar obstáculos sin acceso a profesionales capaces de redactar esa carta no aparecía en la fórmula.

El protocolo era más transparente.

No era neutral por naturaleza.

Una aspirante que no cabía en la matriz

Mariela, de diecisiete años, poseía calificaciones irregulares.

Faltaba algunas mañanas.

No participaba en actividades comunitarias reconocidas.

Su entrevista fue breve porque parecía nerviosa.

Obtuvo una puntuación inferior a la requerida.

Antes de cerrar el proceso, una evaluadora observó que Mariela había mejorado notablemente durante el último año.

Descubrieron que:

- cuidaba a dos hermanos pequeños;

- trabajaba algunas tardes;
- caminaba una distancia considerable;
- había cambiado de escuela;
- carecía de acceso estable a internet;
- no tenía una persona con posición profesional que redactara una recomendación.

La información no demostraba automáticamente que debía recibir la beca.

Mostraba que los indicadores no representaban adecuadamente toda la situación.

La baja participación comunitaria era, en parte, responsabilidad familiar no reconocida.

Las ausencias eran un problema real.

Pero no significaban desinterés.

El riesgo contrario

Clara comprendió que crear excepciones sin reglas también podía reconstruir el favoritismo anterior.

Si cada historia conmovedora eliminaba los criterios, la selección volvería a depender de impresiones.

No debía escoger entre:

- fórmula ciega;
- discreción ilimitada.

Podía rediseñar la arquitectura.

La revisión del protocolo

La organización estableció:

Criterios de veto

- documentación deliberadamente falsificada;
- incumplimiento de requisitos legales indispensables;
- imposibilidad de participar en el programa sin una adaptación viable.

Mínimos

- disposición demostrable para estudiar;
- necesidades compatibles con el programa;
- posibilidad de cumplir mediante apoyos razonables.

Criterios comparables

- trayectoria académica;
- condiciones económicas;
- responsabilidades;
- acceso previo a oportunidades;
- esfuerzo sostenido;
- potencial de aprovechamiento.

Excepciones documentadas

Un comité podía revisar situaciones no representadas por la matriz, pero debía explicar:

- qué elemento no había sido captado;
- por qué era pertinente;
- qué evidencia existía;
- si el mismo criterio podía aplicarse a casos semejantes.

Revisión y apelación

Las familias podían corregir errores documentales.

Evaluación posterior

La institución observaría:

- permanencia;
- aprendizaje;
- dificultades;
- apoyos utilizados;
- abandonos;
- posibles efectos desiguales.

Lo que el protocolo continuaba sin poder resolver

Aun con las correcciones, permanecían límites:

- solo existían cuarenta becas;
- algunas familias no podían documentar bien sus condiciones;
- ninguna entrevista revelaba todo el potencial;
- el futuro académico no podía predecirse con certeza;
- otorgar una beca a una persona significaba no otorgarla a otra.

El protocolo no producía justicia perfecta.

Permitía una selección:

- más explícita;
- justificable;
- revisable;
- consciente de sus límites.

Los cinco efectos

El **conocimiento** aportó expedientes, contexto y resultados anteriores.

La **ley** estableció requisitos, tratamiento de datos y procedimientos aplicables.

La **inteligencia** permitió comparar criterios y crear alternativas.

La **sabiduría** mostró que aplicar exactamente la misma puntuación no siempre representaba igualdad responsable.

Los **principios** impidieron utilizar la vulnerabilidad como espectáculo o conceder excepciones por simple favoritismo.

Los cinco productos

Clara **deseaba** una selección justa.

Quería **evitar** favoritismo y arbitrariedad.

Necesitaba **meditar** los casos.

Intentaba **controlar** el procedimiento.

Buscaba **defender** tanto a los aspirantes como la integridad del programa.

El riesgo apareció cuando Controlar comenzó a dominar los demás productos y la matriz se trató como si pudiera reemplazar el juicio.

Las voluntades

La institución conservó una voluntad absoluta respecto de:

- no vender becas;
- no falsificar evaluaciones;
- no discriminar mediante criterios ilegítimos.

Mantuvo voluntad permisiva respecto de:

- admitir evidencia adicional;
- escuchar apelaciones;
- permitir adaptaciones.

Utilizó voluntad relativa respecto de:

- ponderaciones;
- plazos;
- instrumentos;
- entrevistas.

Delimitación y apertura

El proceso de selección estaba delimitado:

- cuarenta becas;
- fecha;
- criterios;
- resolución.

Pero la finalidad general:

promover oportunidades educativas justas

permanecía abierta.

Cada ciclo necesitaba evaluación y revisión.

La enseñanza central

La estructura redujo arbitrariedad.

La rigidez podía crear otra forma de injusticia.

La ausencia de criterios permitía favoritismo.

La fórmula absoluta ocultaba elementos.

La solución no consistió en destruir el método.

Consistió en reconocer:

- qué ventaja ofrecía;
- qué riesgo generaba;
- qué límite no podía superar.

VENTAJAS, RIESGOS Y LÍMITES
DE LOS CINCO PRODUCTOS

DESEAR

Ventajas

Desear puede:

- ofrecer dirección;
- movilizar esfuerzo;
- sostener aprendizaje;
- permitir imaginar un cambio;
- señalar aquello que una persona valora.

Riesgos

Puede:

- expandirse sin suficiencia;
- depender de comparación;
- convertir personas en medios;
- desplazar responsabilidades;
- aumentar inversión después de perder la finalidad;
- confundir intensidad con legitimidad.

Límites

Desear no:

- crea recursos;
- garantiza capacidad;
- elimina la ley;
- obliga a otras personas;
- demuestra que el objeto es beneficioso;
- asegura satisfacción después de alcanzarlo.

EVITAR

Ventajas

Evitar puede:

- prevenir daño;

- reducir exposición;
- proteger recursos;
- establecer distancia;
- permitir preparación;
- conservar un límite.

Riesgos

Puede:

- generalizar una amenaza;
- producir alivio inmediato y daño posterior;
- impedir aprendizaje;
- aislar;
- retrasar responsabilidades;
- convertir el malestar en prueba de peligro.

Límites

Evitar no puede:

- eliminar toda incertidumbre;
- impedir toda pérdida;
- suprimir permanentemente cada emoción;
- controlar todas las amenazas;
- sustituir resolución cuando esta resulta necesaria.

MEDITAR

Ventajas

Meditar puede:

- separar hechos e interpretaciones;
- reconocer alternativas;
- anticipar consecuencias;
- revisar creencias;
- identificar límites;
- impedir respuestas precipitadas.

Riesgos

Puede convertirse en:

- rumiación;
- racionalización;
- acumulación de información;
- postergación;
- búsqueda de garantía;
- análisis desconectado de la ejecución.

Límites

Meditar no:

- garantiza exactitud;
- elimina sesgos;
- produce información inexistente;
- sustituye experiencia o especialidad;
- resuelve todo conflicto mediante pensamiento adicional.

CONTROLAR

Ventajas

Controlar puede:

- coordinar;
- regular recursos;
- detectar desviaciones;
- establecer límites;
- generar retroalimentación;
- reducir errores previsibles.

Riesgos

Puede:

- convertirse en dominación;

- invadir privacidad;
- eliminar iniciativa;
- centralizar decisiones;
- producir ocultamiento;
- confundir indicador con realidad;
- alimentar ilusión de poder.

Límites

Controlar no permite:

- poseer la voluntad ajena;
- eliminar azar;
- gobernar completamente el futuro;
- impedir toda equivocación;
- transformar influencia en garantía.

DEFENDER

Ventajas

Defender puede:

- proteger vida;
- conservar derechos;
- detener vulneraciones;
- sostener principios;
- preservar evidencia;
- organizar respuesta colectiva.

Riesgos

Puede:

- fabricar enemigos;
- justificar represalias;
- convertir crítica en amenaza;
- proteger una mentira;
- prolongar un conflicto;

- confundir identidad con causa.

Límites

Defender no puede:

- garantizar ausencia de daño;
- legitimar cualquier medio;
- convertir una causa en justa por la intensidad con que se sostiene;
- eliminar la necesidad de evidencia;
- sustituir procedimientos o autoridad legítima.

VENTAJAS, RIESGOS Y LÍMITES DE LAS TRES VOLUNTADES

VOLUNTAD ABSOLUTA

Ventajas

Puede aportar:

- firmeza;
- coherencia;
- protección de principios;
- resistencia frente a presión;
- claridad sobre medios prohibidos.

Riesgos

Puede convertirse en:

- fanatismo;
- rigidez;
- orgullo;
- persistencia destructiva;
- incapacidad de revisar una formulación equivocada.

Límites

No produce:

- omnipotencia;
- certeza;
- capacidad ilimitada;
- legitimidad automática;
- control del resultado.

VOLUNTAD PERMISIVA

Ventajas

Puede permitir:

- exploración;
- autonomía;
- descanso;
- creatividad;
- tolerancia;
- revisión;
- participación.

Riesgos

Puede transformarse en:

- negligencia;
- complicidad;
- falta de límites;
- espera indefinida;
- transferencia de responsabilidad.

Límites

No existe permiso consciente cuando hay:

- desconocimiento completo;
- incapacidad absoluta;
- ausencia de autoridad;

- coacción grave.

VOLUNTAD RELATIVA

Ventajas

Puede favorecer:

- adaptación;
- proporcionalidad;
- sostenibilidad;
- respuesta ante información nueva;
- condiciones verificables.

Riesgos

Puede utilizarse para:

- oportunismo;
- modificación interesada de reglas;
- compromiso débil;
- condiciones imposibles;
- abandono ante toda dificultad.

Límites

No todo puede quedar condicionado.

Existen:

- derechos;
- leyes;
- responsabilidades;
- principios;
- límites de seguridad

que no deben convertirse en preferencias negociables.

VENTAJAS, RIESGOS Y LÍMITES DE LOS PRODUCTOS DELIMITADOS

Ventajas

La delimitación puede aportar:

- claridad;
- objeto reconocible;
- plazo;
- criterio de suficiencia;
- revisión;
- coordinación;
- medición;
- posibilidad de cierre.

Riesgos

Puede producir:

- visión estrecha;
- rigidez;
- presión desproporcionada;
- exclusión de información nueva;
- prioridad excesiva del indicador;
- rechazo de oportunidades no previstas.

Límites

Delimitar no garantiza:

- bondad;
- legalidad;
- factibilidad;
- precisión total;
- resultado favorable.

Una venganza también puede estar perfectamente delimitada.

VENTAJAS, RIESGOS Y LÍMITES
DE LOS PRODUCTOS ABIERTOS

Ventajas

La apertura puede favorecer:

- aprendizaje continuo;
- investigación;
- creatividad;
- adaptación;
- exploración;
- compromiso prolongado con valores que no se agotan.

Riesgos

Puede producir:

- expansión sin suficiencia;
- desplazamiento de metas;
- agotamiento;
- acumulación;
- indefinición;
- dificultad para cerrar;
- consumo creciente de recursos.

Límites

Una orientación abierta no concede:

- tiempo infinito;
- dinero infinito;
- capacidad infinita;
- libertad completa frente a consecuencias.

Debe traducirse en ciclos delimitados para poder ejecutarse y revisarse.

CÓMO DISTINGUIR UNA LIMITACIÓN DE UN ERROR

Es una limitación cuando:

- la información no podía conocerse razonablemente;
- el futuro contenía una variación imprevisible;
- el resultado dependía de otra voluntad;
- existía un conflicto sin solución completamente favorable;
- faltaban recursos que el método no podía producir;
- una condición excedía la función del protocolo.

Es un error de aplicación cuando:

- se ignoró información disponible;
- se manipularon criterios;
- se omitió una persona afectada;
- se confundió una preferencia con un principio;
- se utilizó falsa precisión;
- se incumplió una revisión prevista;
- se continuó después de alcanzar el límite;
- se ocultaron consecuencias.

Es un riesgo aceptado cuando:

- fue identificado;
- se evaluó su probabilidad y gravedad;
- no existía una alternativa sin costo mayor;
- se adoptaron medidas de reducción;
- se conservó posibilidad de respuesta;
- quienes debían participar recibieron información suficiente.

Aceptar un riesgo no significa desear el daño.

Significa reconocer que actuar o no actuar contiene incertidumbre.

CUÁNDO ABREVIAR, ADAPTAR O ABANDONAR EL PROTOCOLO

Abreviar

Cuando:

- la decisión es moderada;
- las alternativas son conocidas;
- el costo de un análisis completo supera su beneficio;
- la acción es reversible.

Adaptar

Cuando:

- participan varias personas;
- existe una necesidad específica;
- el contexto cultural o institucional cambia;
- aparece una excepción legítima;
- la herramienta no representa una consecuencia importante.

Suspender temporalmente

Cuando:

- falta información esencial;
- existe una amenaza que exige protección;
- la persona se encuentra bajo presión extrema;
- debe intervenir un especialista;
- no existe capacidad real para escoger.

Abandonar una aplicación

Cuando:

- el método produce más daño que el riesgo que intentaba reducir;
- exige información imposible;
- sustituye el propósito;
- se utiliza para encubrir una decisión;
- la situación cambió completamente;
- existe un procedimiento superior y competente.

Abandonar una aplicación inadecuada no significa abandonar el razonamiento.

Puede ser la consecuencia de haber comprendido sus límites.

PROTOCOLO DE EVALUACIÓN DEL MÉTODO

Estas preguntas permiten comprobar si el protocolo ayuda o está deformando la elección.

Primera fase: utilidad

- ¿Qué problema organiza?
- ¿Qué omisión evita?
- ¿Qué información hace visible?
- ¿Qué decisión mejora?
- ¿Su beneficio supera el tiempo y los recursos que exige?

Segunda fase: pertinencia

- ¿Corresponde con la gravedad de la decisión?
- ¿Fue diseñado para este contexto?
- ¿Necesita adaptación?
- ¿La persona posee capacidad para utilizarlo?
- ¿Existe un procedimiento profesional obligatorio?

Tercera fase: precisión

- ¿Qué puede medirse?
- ¿Qué solo puede estimarse?
- ¿Qué valor no debe reducirse a un número?
- ¿La puntuación representa evidencia o preferencia?
- ¿La diferencia entre alternativas es real o aparente?

Cuarta fase: flexibilidad

- ¿Qué ocurre si aparece una condición nueva?
- ¿Existe una excepción justificada?
- ¿Quién puede autorizarla?

- ¿Cómo se documenta?
- ¿Cuándo debe revisarse el propio método?

Quinta fase: efectos humanos

- ¿Quién recibe el beneficio?
- ¿Quién asume la carga?
- ¿Qué relación puede deteriorarse?
- ¿Qué persona queda reducida a una etiqueta?
- ¿Quién no posee voz dentro del proceso?

Sexta fase: integridad

- ¿Estoy utilizando el protocolo para examinar o para justificar?
- ¿Aceptaría el mismo criterio si me perjudicara?
- ¿Qué evidencia contradice mi preferencia?
- ¿Qué dato estoy evitando?
- ¿Quién responde por la decisión?

Séptima fase: límites

- ¿Qué no puede resolver?
- ¿Qué resultado no puede garantizar?
- ¿Qué depende de otra voluntad?
- ¿Qué incertidumbre permanece?
- ¿Qué ayuda especializada necesito?

Octava fase: retroalimentación

- ¿Qué indicador observaré?
- ¿Qué podría quedar oculto?
- ¿Cuándo revisaré?
- ¿Qué obligará a modificar?
- ¿Qué indicará que debe terminar?

EL MÉTODO DEBE SERVIR A LA ELECCIÓN

Una buena herramienta no obliga a utilizar toda su extensión en cada situación.

Ayuda a reconocer:

- cuándo examinar;
- cuándo actuar;
- cuándo esperar;
- cuándo preguntar;
- cuándo limitar;
- cuándo corregir;
- cuándo cerrar.

La disciplina no consiste en obedecer siempre el mismo procedimiento.

Consiste en conservar el propósito mientras se ajustan los medios.

La flexibilidad tampoco consiste en cambiar cada vez que aparece incomodidad.

Consiste en reconocer qué modificación responde a nueva evidencia y cuál solo protege una conveniencia.

El método alcanza su mayor utilidad cuando puede sostener simultáneamente:

- estructura sin rigidez;
- apertura sin dispersión;
- precisión sin falsa certeza;
- emoción sin impulsividad;
- revisión sin inconstancia;
- acción sin ceguera;
- límites sin resignación.

Del examen hacia la realidad cotidiana

Hasta este punto, el método ha sido presentado como una arquitectura general.

Sin embargo, una elección personal no contiene la misma distribución de autoridad que una decisión familiar.

Una decisión familiar no funciona igual que una política social.

Una relación social no posee los mismos datos, riesgos ni mecanismos que un entorno digital.

En cada espacio cambian:

- participantes;
- derechos;
- información;
- poder;
- consentimiento;
- consecuencias;
- velocidad;
- posibilidades de corrección.

Por eso, el siguiente paso no consiste en repetir nuevamente todas las categorías.

Consiste en demostrar cómo deben adaptarse cuando la elección ocurre en cuatro ámbitos concretos:

- personal;
- familiar;
- social;
- digital.

APLICACIÓN PERSONAL, FAMILIAR, SOCIAL Y DIGITAL

«Una elección nace en una persona; pero puede entrar en una familia, reorganizar una comunidad y seguir circulando en lo digital cuando la intención que la produjo ya terminó».
—Pierre Paul Dasny

Una persona decide enviar un mensaje. La acción parece individual.

Si el mensaje revela un conflicto doméstico, alcanza a la familia.

Si acusa públicamente a alguien o moviliza a una comunidad, adquiere una dimensión social.

Si se publica, se copia, se recomienda, se almacena o se transforma mediante una plataforma, entra en el ámbito digital.

La acción continúa siendo una, pero su arquitectura cambia a medida que atraviesa:

- relaciones;
- derechos;
- responsabilidades;
- instituciones;
- sistemas tecnológicos;
- personas que no participaron en la decisión inicial.

Por eso, aplicar un método no consiste en repetir las mismas preguntas de manera idéntica en todos los espacios. Una elección personal no distribuye autoridad como una decisión familiar. Una decisión familiar no posee el mismo alcance que una política social. Una acción digital puede ejecutarse en segundos, extenderse hacia personas desconocidas y conservar efectos después de que quien la inició intentó detenerla.

En cada ámbito debemos volver a examinar:

- quién puede decidir;
- quién debe participar;
- quién posee información;
- quién recibe el beneficio;
- quién soporta el costo;
- qué derecho interviene;
- qué parte puede corregirse;
- qué consecuencia puede trasladarse a otro espacio.

Cuatro ámbitos conectados

Ámbito personal

La persona ocupa el centro inmediato de la elección y asume una parte principal de su ejecución. Sin embargo, no actúa fuera de su cuerpo, su historia, sus recursos, sus relaciones ni sus obligaciones.

Ámbito familiar

La elección ocurre dentro de vínculos de cuidado, dependencia, intimidad, autoridad y recursos compartidos. Una persona puede poseer mayor responsabilidad sin adquirir propiedad sobre la voluntad de los demás.

Ámbito social

La decisión afecta convivencia, derechos, instituciones, grupos, recursos colectivos o personas que no mantienen una relación privada con quien decide. Aquí adquieren mayor importancia la competencia legítima, la igualdad, la transparencia y los mecanismos de reclamación.

Ámbito digital

La elección es mediada por dispositivos, interfaces, datos, sistemas automatizados, redes y plataformas. Pueden aumentar la velocidad, la escala, la capacidad de copia, la personalización y la permanencia de determinados efectos.

Estos ámbitos no constituyen cuatro mundos cerrados.

Una decisión personal sobre dinero puede modificar el presupuesto familiar.

Una norma familiar sobre el teléfono puede afectar la educación y las relaciones sociales.

Una campaña social puede depender de plataformas digitales.

Una publicación digital puede modificar el empleo, la reputación y la seguridad física de una persona.

Aplicar la arquitectura exige observar tanto el lugar donde comienza la elección como los espacios hacia los cuales puede desplazarse.

APLICACIÓN PERSONAL

Escoger sobre uno mismo no significa controlar todo lo que somos

La aplicación personal comprende decisiones relacionadas con:

- salud;
- hábitos;
- aprendizaje;
- trabajo;
- dinero;
- tiempo;
- descanso;
- identidad;
- vínculos;
- proyectos;
- uso de recursos.

La persona posee una participación central, pero no dispone de dominio absoluto.

Puede decidir asistir a una consulta. No puede ordenar que toda condición corporal desaparezca.

Puede organizar un horario. No controla cada interrupción.

Puede escoger estudiar. No garantiza que comprenderá inmediatamente.

Puede cuidar sus gastos. No controla toda variación económica.

Puede establecer un límite. No obliga a otra persona a recibirlo con aprobación.

La aplicación personal necesita distinguir entre:

- lo que depende principalmente de la propia conducta;
- lo que se comparte con otros;
- lo que solo puede influirse;
- lo que necesita asistencia;
- lo que debe aceptarse como límite actual.

La identidad no debe utilizarse como explicación completa

Una persona puede decir:

«Soy desorganizada».

La frase convierte un conjunto amplio de conductas en una identidad.

Pero quizá:

- utiliza un sistema que no corresponde con sus responsabilidades;
- intenta ejecutar demasiadas metas;
- carece de descanso;
- no posee información;

- no ha establecido prioridades;
- enfrenta interrupciones constantes;
- depende de horarios ajenos;
- no ha traducido una intención en acciones concretas.

También puede declarar:

«Soy una persona disciplinada».

La identidad favorable tampoco demuestra que cada decisión sea correcta. Alguien puede ejecutar con disciplina una meta perjudicial, insistir en un método defectuoso o utilizar la constancia para evitar reconocer un error.

La pregunta útil no es únicamente:

¿Quién creo que soy?

También:

¿Qué conducta estoy ejecutando, bajo qué condiciones y con cuáles consecuencias?

El plan de superación que comenzó a castigar a quien debía ayudar

El siguiente caso muestra cómo una decisión personal puede parecer falta de voluntad cuando en realidad contiene exceso de metas, recursos insuficientes y productos que compiten entre sí.

Alicia tenía cuarenta años y trabajaba a tiempo completo. Deseaba mejorar sus oportunidades profesionales, cuidar su salud y aumentar sus ingresos.

En enero creó un plan que incluía:

- levantarse a las cuatro y treinta de la mañana;
- realizar ejercicio todos los días;
- completar una certificación profesional en seis meses;

- iniciar una pequeña actividad comercial;
- preparar cada comida;
- leer un libro por semana;
- reducir todos los gastos no esenciales.

Durante los primeros días sintió entusiasmo.

Después comenzaron las dificultades.

Dormía menos.

Llegaba cansada al trabajo.

Se retrasaba con el curso.

Abandonaba algunas actividades y trataba de recuperarlas duplicando el esfuerzo durante el fin de semana.

Al finalizar el primer mes concluyó:

«No tengo suficiente voluntad».

La conclusión parecía explicar el problema, pero ocultaba su arquitectura.

La elección real

Alicia no necesitaba decidir si quería mejorar toda su vida.

Necesitaba escoger:

qué cambio recibiría prioridad durante las siguientes doce semanas, qué recursos podía dedicarle y qué otras metas permanecerían en espera.

Había tratado varias orientaciones abiertas como si todas debieran ejecutarse al mismo tiempo.

Los elementos identificables

- jornada laboral;
- tiempo de transporte;
- horas de sueño disponibles;
- costo de la certificación;
- responsabilidades domésticas;
- energía;
- presupuesto;
- fecha del examen;
- horario de clases.

También existían elementos menos visibles:

- comparación con otras personas;
- temor a quedarse atrás;
- idea de que descansar demostraba mediocridad;
- deseo de transformar rápidamente la imagen que tenía de sí misma;
- vergüenza ante la posibilidad de abandonar una meta.

Los cinco productos

Alicia **deseaba** crecimiento, salud e ingreso.

Evitaba sentirse estancada y ser juzgada como alguien que no aprovechaba su potencial.

Meditaba constantemente nuevas maneras de organizarse, aunque muchas reflexiones repetían la misma presión.

Intentaba **controlar** cada hora del día.

Defendía una identidad: la de una persona capaz de cumplir todo lo que se proponía.

Controlar comenzó a dominar a Meditar. La organización dejó de servir a la vida y la vida comenzó a servir al horario.

Las tres voluntades

Alicia había aplicado voluntad absoluta a una formulación imposible:

«Cumpliré todas las metas sin excepción».

Después distinguió:

Absoluto

«No financiaré mi formación utilizando recursos destinados a vivienda, alimentación o responsabilidades esenciales».

Permisivo

«Me permitiré explorar la actividad comercial sin obligarme todavía a convertirla en una segunda jornada».

Relativo

«Continuaré la certificación mientras pueda sostener el horario sin producir un deterioro que vuelva imposible trabajar, aprender o atender obligaciones básicas».

La voluntad dejó de medirse por cuánto podía soportar.

Comenzó a medirse por la coherencia entre propósito, medios y sostenimiento.

Delimitación

Alicia escogió un ciclo de doce semanas.

Durante ese período:

- la certificación sería la meta profesional principal;
- el ejercicio se realizaría en una frecuencia compatible con su condición y con orientación adecuada cuando fuera necesaria;
- la actividad comercial permanecería en fase de investigación;
- el ahorro se limitaría a una cantidad compatible con sus obligaciones;

- existiría una revisión semanal;
- la fase terminaría con la evaluación del aprendizaje y no únicamente con la cantidad de horas acumuladas.

En decisiones de salud, la autonomía no exige que una persona diagnostique o trate por sí sola todo lo que experimenta. La atención centrada en la persona reconoce su participación, preferencias y valores, junto con la información y competencia de los profesionales correspondientes.

Los cinco efectos

El **conocimiento** permitió calcular tiempo, costo, exigencias y capacidades actuales.

La **ley** y los acuerdos delimitaron obligaciones laborales y contractuales.

La **inteligencia** separó metas simultáneas y construyó una secuencia.

La **sabiduría** preguntó qué ritmo podría sostenerse sin destruir el propósito.

Los **principios** impidieron que la superación personal justificara abandonar responsabilidades o tratar el cuerpo como un enemigo.

Consecuencias

Alicia no cumplió todas las aspiraciones iniciales.

Cumplió una fase delimitada.

Obtuvo:

- mayor regularidad;
- información sobre su capacidad;
- menos cambios impulsivos de plan;
- una base para decidir la siguiente etapa.

También descubrió que algunas metas no eran suyas con la intensidad que había supuesto. Habían adquirido fuerza mediante comparación y presión.

El resultado no demostró que carecía de voluntad.

Mostró que había intentado distribuirla entre demasiados objetos abiertos.

Protocolo personal abreviado

Ante una decisión personal, conviene preguntar:

1. ¿Qué necesito escoger ahora y qué puede permanecer en espera?
2. ¿Qué parte depende principalmente de mi conducta?
3. ¿Qué recurso material, corporal o profesional necesito?
4. ¿Qué deseo realmente y qué intento demostrar?
5. ¿Qué producto está dominando a los demás?
6. ¿Qué límite no debo interpretar como fracaso?
7. ¿Qué fase puedo delimitar?
8. ¿Qué consecuencia observaré antes de continuar?

Errores frecuentes en la aplicación personal

Convertir el cansancio en defecto moral

El agotamiento puede contener información sobre carga, descanso, salud o recursos. No debe interpretarse automáticamente como falta de carácter.

Construir demasiadas prioridades

Cuando todo es prioritario, ninguna elección organiza realmente la conducta.

Confundir disciplina con castigo

La disciplina regula la ejecución conforme a un criterio. El castigo personal puede añadir sufrimiento sin mejorar el método.

Esperar motivación constante

Una conducta necesita procedimientos, ambiente y revisión. La emoción inicial puede variar.

Copiar la arquitectura de otra persona

Un horario útil bajo determinadas condiciones puede resultar inviable en otra vida.

Convertir una meta en identidad

Cerrar un proyecto no significa necesariamente convertirse en una persona incapaz.

Ignorar ayuda especializada

Reconocer la necesidad de orientación no elimina autonomía. Puede mejorar la calidad de la elección.

Criterios de revisión personal

Una elección personal necesita revisarse cuando:

- el medio contradice el propósito;
- el costo excede lo previsto;
- aparece un daño relevante;
- cambian los recursos;
- la meta dejó de representar lo que se desea;
- el producto se abrió sin suficiencia;
- otra responsabilidad adquirió prioridad;
- la conducta solo continúa para evitar admitir un cambio.

APLICACIÓN FAMILIAR

Una familia no posee una sola voluntad

Las familias comparten:

- historia;
- vivienda;
- recursos;
- responsabilidades;
- cuidado;
- intimidad;
- pérdidas;
- expectativas.

Pero no forman una mente única.

Dentro de una familia pueden coexistir:

- necesidades diferentes;
- edades diferentes;
- capacidades diferentes;
- derechos diferentes;
- niveles desiguales de dependencia;
- interpretaciones opuestas.

Decir:

«La familia decidió»

puede ocultar que una persona impuso, otra aceptó por miedo y otra nunca fue consultada.

La aplicación familiar necesita precisar:

- quién puede decidir;
- quién debe participar;
- qué parte pertenece a cada persona;
- qué responsabilidad es compartida;
- qué autoridad está delimitada;
- qué derecho no puede cancelarse mediante mayoría.

Cuidado no significa posesión

Cuidar a alguien puede exigir:

- intervenir;
- organizar;
- supervisar;
- financiar;
- proteger;
- decidir provisionalmente ante una emergencia.

Sin embargo, el cuidado no convierte a la persona cuidada en un objeto.

Debe conservarse, según sus capacidades y las condiciones reales, participación sobre:

- su cuerpo;
- su información;
- sus preferencias;
- sus relaciones;
- sus recursos;
- su vida cotidiana.

En cuestiones sanitarias, la participación de pacientes, familias y cuidadores forma parte de los enfoques de atención centrada en las personas y seguridad, pero la distribución concreta de autoridad depende de la capacidad, la urgencia, la ley y la situación clínica.

El cuidado que había recaído sobre una sola persona

Teresa, de setenta y tres años, necesitaba apoyo temporal después de una intervención médica.

Tenía tres hijos adultos:

- Elena vivía a diez minutos;
- Marcos residía en otra ciudad;
- Julia trabajaba con un horario variable.

Sin realizar una reunión, la familia asumió que Elena se ocuparía de:

- acompañar consultas;
- preparar alimentos;

- administrar compras;
- permanecer durante las noches;
- informar a los demás.

La explicación era simple:

«Es quien vive más cerca».

Durante las primeras semanas, Elena cumplió.

Después comenzó a llegar tarde al trabajo, reducir sus horas de descanso y cancelar compromisos.

Cuando expresó que no podía continuar de la misma manera, Marcos respondió:

«Es nuestra madre. No deberías verlo como una carga».

La frase protegía el valor del cuidado, pero ocultaba cómo se distribuía su costo.

La elección real

La pregunta no era:

«¿Quién ama más a Teresa?»

La elección era:

¿Cómo se distribuirán durante ocho semanas las responsabilidades de cuidado, qué decisiones corresponden a Teresa, qué apoyo profesional se requiere y qué ocurrirá si el plan resulta insuficiente?

La participación de Teresa

Antes de repartir tareas, necesitaban preguntarle:

- qué apoyo deseaba;

- qué podía realizar;
- qué información autorizaba compartir;
- qué horarios prefería;
- qué aspecto le producía mayor preocupación;
- qué parte requería instrucciones profesionales;
- qué ayuda no quería recibir.

Protegerla no significaba hablar siempre en su lugar.

Elementos identificables

- duración estimada de la recuperación;
- citas;
- transporte;
- medicamentos e indicaciones profesionales;
- horarios laborales;
- distancia;
- recursos económicos;
- vivienda;
- capacidad física;
- disponibilidad de cada hijo.

Elementos todavía no identificados:

- posibilidad de extender la recuperación;
- reacción de Teresa ante la pérdida temporal de autonomía;
- emergencias;
- costo de apoyos adicionales;
- capacidad real de cada hijo para sostener lo prometido.

Los cinco productos

La familia **deseaba** que Teresa se recuperara.

Evitaba una complicación, pero también evitaba una conversación sobre tiempo y dinero.

Necesitaba **meditar** alternativas.

Debía **controlar** horarios, información, transporte y recursos.

Intentaba **defender** la salud y dignidad de Teresa.

El conflicto apareció cuando Defender fue utilizado para exigir sacrificio ilimitado a Elena.

Las voluntades

Absoluta

- no abandonar a Teresa ante una necesidad esencial;
- no modificar indicaciones clínicas por conveniencia;
- no utilizar su dependencia para apropiarse de sus decisiones o recursos.

Permisiva

- permitir que Teresa realizara actividades que podía ejecutar;
- aceptar que cada hijo propusiera formas distintas de colaborar;
- permitir ajustes temporales.

Relativa

- distribuir tareas según disponibilidad, capacidad y distancia;
- mantener el plan mientras respondiera a las necesidades reales;
- contratar apoyo si el costo y las condiciones lo permitían.

Igualdad no significaba que cada hijo ejecutara exactamente las mismas tareas.

Significaba que las diferencias debían justificarse mediante condiciones pertinentes y que el costo no podía desaparecer dentro de la vida de una sola persona.

El acuerdo delimitado

La familia construyó un plan de ocho semanas:

- Elena acompañaría dos consultas porque vivía cerca;
- Marcos asumiría una parte económica y viajaría determinados fines de semana;
- Julia cubriría compras y dos tardes según su calendario;
- Teresa decidiría sobre visitas, información y actividades dentro de su capacidad;
- se contrataría apoyo durante algunas horas;
- existiría un registro compartido limitado a información necesaria;
- la distribución se revisaría cada domingo;
- una emergencia activaría el procedimiento profesional correspondiente.

El acuerdo no eliminó el cansancio ni la incertidumbre.

Hizo visible quién asumía cada parte.

Consecuencias trasladadas

Antes del acuerdo, la familia evaluaba el éxito mediante una sola pregunta:

«¿Teresa está atendida?»

La pregunta era necesaria, pero incompleta.

También debían examinar:

- ¿quién está sosteniendo el cuidado?
- ¿qué responsabilidad laboral fue afectada?
- ¿qué costo apareció?
- ¿qué parte puede mantenerse?
- ¿qué ocurrirá si el período se extiende?

Una solución que protege a una persona destruyendo silenciosamente a otra necesita revisión.

Autoridad en la familia

La autoridad familiar puede proceder de:

- responsabilidad parental;
- cuidado;
- propiedad compartida;
- acuerdos;
- capacidad;
- urgencia;
- ley.

No significa derecho ilimitado.

Un padre puede establecer límites adecuados para un menor según edad y situación.

No adquiere permiso para humillarlo, negar toda participación o utilizar el miedo como método permanente.

Una persona administra temporalmente recursos de un familiar.

No por eso se convierte en propietaria.

Una pareja comparte gastos.

No obtiene automáticamente autoridad sobre cada compra personal.

La función delimita la autoridad.

Límites familiares

Un límite familiar responsable debe indicar:

- qué conducta se acepta o rechaza;
- a quién corresponde;
- qué ocurrirá ante su vulneración;
- qué parte puede ejecutar quien lo establece.

«No continuaré la conversación mientras existan insultos».

Es diferente de:

«Nadie puede estar en desacuerdo conmigo».

El primer límite regula participación.

El segundo intenta poseer la voluntad ajena.

Conflictos en los que no debe esperarse consenso

No toda decisión familiar necesita unanimidad.

Cuando existe:

- violencia;
- abuso;
- peligro inmediato;
- vulneración grave;
- necesidad médica urgente;

buscar protección no debe depender de que quien produce el riesgo acepte la intervención.

La participación es importante.

No convierte a cada integrante en dueño del derecho ajeno a la seguridad.

Protocolo familiar abreviado

1. ¿Cuál es la necesidad concreta y durante cuánto tiempo?
2. ¿Quién tiene derecho a decidir y quién debe participar?
3. ¿Qué desea la persona principalmente afectada?
4. ¿Qué responsabilidades ya existen?
5. ¿Cómo se distribuirán tiempo, dinero, información y esfuerzo?
6. ¿Qué conducta no se permitirá?
7. ¿Qué costo está siendo trasladado?
8. ¿Qué condición activará ayuda externa, corrección o cierre?

Errores frecuentes en la aplicación familiar

Utilizar amor como obligación ilimitada

Amar no crea tiempo, dinero ni capacidad infinita.

Confundir cercanía con disponibilidad total

Vivir cerca no convierte a una persona en responsable exclusiva.

Proteger la imagen y abandonar a la persona

El silencio puede conservar apariencia mientras el daño continúa.

Decidir por quien todavía puede participar

La ayuda puede convertirse en control.

Tratar toda diferencia como falta de amor

Los integrantes pueden valorar un mismo bien y discrepar sobre los medios.

Mantener cuentas invisibles

Los resentimientos aumentan cuando los sacrificios nunca se reconocen ni se negocian.

Incluir a niños en responsabilidades impropias

Participar en la vida familiar no significa cargar con funciones que exceden edad y capacidad.

Criterios de revisión familiar

El acuerdo debe revisarse cuando:

- una persona concentra la mayor parte del costo;
- cambian necesidades o capacidades;

- se incumplen tareas;
- la información no circula;
- quien recibe cuidado pierde participación sin justificación;
- el límite se utiliza como castigo;
- el conflicto empieza a ocultarse;
- la medida temporal se convierte en obligación permanente.

APLICACIÓN SOCIAL

Lo que una persona puede escoger para sí no siempre puede imponerlo a todos

Una persona puede decidir evitar un lugar.

Una autoridad que impide el acceso a toda la comunidad necesita:

- competencia;
- finalidad legítima;
- evidencia;
- proporcionalidad;
- procedimientos;
- revisión.

Una familia puede distribuir internamente sus recursos.

Una institución pública debe responder también por:

- igualdad;
- derechos;
- transparencia;
- personas no representadas;
- consecuencias colectivas.

La aplicación social comienza cuando la elección alcanza a personas que no aceptaron una relación privada con quien decide.

Preferencia privada y norma pública

Una persona puede preferir silencio.

No adquiere automáticamente derecho a prohibir toda expresión que le incomode.

Puede valorar determinada tradición.

No puede convertirla sin más en obligación para quienes no la comparten.

Puede desconfiar de un grupo.

La sospecha no constituye evidencia suficiente para limitar sus derechos.

Una decisión pública necesita criterios que puedan explicarse más allá de la preferencia personal de quien posee poder.

La plaza que fue cerrada para protegerla

En una comunidad llamada Los Pinos aumentaron durante varios meses los conflictos nocturnos alrededor de una plaza pública.

Existían reportes de:

- peleas;
- daños a mobiliario;
- consumo de alcohol en zonas prohibidas;
- amenazas a algunos transeúntes.

La alcaldía decidió cerrar completamente la plaza a las seis de la tarde.

La medida se aplicaba todos los días.

La intención

La autoridad deseaba recuperar seguridad.

Intentaba evitar nuevos incidentes.

Controlaba el acceso.

Defendía a residentes y bienes públicos.

La finalidad poseía legitimidad.

Eso no bastaba para demostrar que cualquier medida fuera adecuada.

Consecuencias directas

Disminuyeron los incidentes registrados dentro de la plaza después de la hora de cierre.

La consecuencia parecía confirmar la decisión.

Consecuencias indirectas

Sin embargo:

- algunos conflictos se desplazaron hacia calles cercanas;
- vendedores perdieron una parte importante de sus ingresos;
- trabajadores que solo podían utilizar el espacio al final del día dejaron de acceder;
- grupos juveniles perdieron actividades;
- familias encontraron menos espacios públicos durante determinadas horas;
- la vigilancia se concentró en impedir entrada y no en identificar conductas específicas.

El problema se volvió menos visible dentro de la plaza, pero no desapareció completamente.

Elementos insuficientemente identificados

La decisión inicial no había distinguido:

- horarios de mayor riesgo;
- zonas concretas;
- tipos de incidentes;
- personas responsables;
- actividades legítimas;

- iluminación;
- transporte;
- programas existentes;
- capacidad de supervisión;
- efecto sobre comercios y familias.

La categoría general «inseguridad» había reunido problemas diferentes.

Participación

La revisión incluyó:

- residentes;
- vendedores;
- jóvenes;
- trabajadores;
- responsables de seguridad;
- organizaciones comunitarias;
- personas con necesidades de acceso.

Escuchar no significaba que cada propuesta sería adoptada.

Permitía revelar información y consecuencias que una sola autoridad no había identificado.

Aplicación de los cinco efectos

El **conocimiento** exigió datos sobre lugar, hora, frecuencia y naturaleza de los incidentes.

La **ley** delimitó competencia, uso del espacio y derechos afectados.

La **inteligencia** comparó cierre completo, horarios diferenciados, vigilancia focalizada, iluminación y actividades organizadas.

La **sabiduría** examinó qué costo podía justificarse y quién lo soportaba.

Los **principios** exigieron seguridad sin tratar a toda persona como sospechosa.

Nueva delimitación

La comunidad adoptó durante tres meses:

- cierre parcial únicamente en horarios de mayor riesgo;
- mantenimiento de acceso temprano;
- iluminación en puntos identificados;
- actividades con responsables;
- presencia focalizada;
- registro de incidentes dentro y fuera de la plaza;
- revisión mensual;
- canal de reclamación;
- condición para ampliar o reducir la medida.

La respuesta no garantizaba ausencia de conflictos.

Permitía evaluar medidas específicas sin convertir la seguridad en autorización ilimitada.

Igualdad, diferencia y proporcionalidad

Tratar a todos exactamente de la misma forma puede parecer imparcial.

Pero una medida general puede afectar de manera más intensa a:

- personas con menos alternativas;
- trabajadores con horarios específicos;
- pequeños comerciantes;
- jóvenes sin otros espacios;
- personas con movilidad limitada.

Reconocer consecuencias diferentes no obliga a eliminar toda regla general.

Obliga a justificar:

- por qué existe;
- a quién afecta;
- qué excepción es pertinente;
- qué alternativa menos restrictiva fue considerada.

Participación no es simple mayoría

Una mayoría puede preferir una medida que vulnera derechos de una minoría.

Por tanto, una votación no sustituye:

- legalidad;
- evidencia;
- proporcionalidad;
- derechos;
- procedimientos.

La participación aporta información y legitimidad.

No transforma cualquier preferencia mayoritaria en justicia.

Poder y responsabilidad

Cuanto mayor sea la capacidad de una persona o institución para:

- imponer;
- sancionar;
- recopilar datos;
- distribuir recursos;
- restringir acceso;

mayor debe ser la exigencia de:

- fundamentación;
- transparencia;
- control;
- revisión;
- rendición de cuentas.

Quien recibe el impacto no posee siempre la misma posibilidad de responder.

Protocolo social abreviado

1. ¿Qué problema concreto se intenta resolver?
2. ¿Quién posee autoridad legítima?
3. ¿Qué evidencia describe frecuencia, gravedad y distribución?
4. ¿Qué derecho o grupo puede resultar afectado?
5. ¿Qué alternativas menos restrictivas existen?
6. ¿Quién recibe el beneficio y quién soporta la carga?
7. ¿Qué procedimiento de participación, reclamación y revisión existe?
8. ¿Cómo sabremos si el problema disminuyó o solo cambió de lugar?

Errores frecuentes en la aplicación social

Confundir visibilidad con existencia

Menos denuncias pueden significar menos daño o menor capacidad para denunciar.

Convertir excepción en regla permanente

Una emergencia no justifica indefinidamente la misma restricción.

Culpar únicamente al individuo

Algunas conductas dependen también de infraestructura, incentivos, acceso y condiciones institucionales.

Explicar todo mediante estructura

Reconocer contexto no elimina responsabilidad personal cuando existe margen real de elección.

Medir solamente lo fácil

Una política puede mejorar un indicador y perjudicar aquello que no se cuenta.

Consultar después de decidir

La participación utilizada solo para confirmar no cumple la misma función que una consulta capaz de modificar la medida.

Proteger a la institución de la crítica

Defender una organización no significa ocultar errores.

Criterios de revisión social

Una medida social debe revisarse cuando:

- no reduce el problema;
- desplaza el daño;
- afecta desproporcionadamente a determinados grupos;
- exige más recursos de los previstos;
- aparecen alternativas mejores;
- cambia la situación;
- las excepciones se multiplican;
- el indicador no representa la finalidad;
- desaparecen los mecanismos de reclamación;
- la medida temporal se vuelve permanente sin nueva justificación.

APLICACIÓN DIGITAL

Lo digital no elimina la realidad: la reorganiza

Una acción digital puede parecer menos grave porque no ocurre frente al cuerpo de otra persona.

Sin embargo, puede modificar:

- reputación;
- dinero;

- privacidad;
- empleo;
- relaciones;
- seguridad;
- atención;
- información disponible;
- decisiones posteriores.

La mediación tecnológica introduce características particulares:

- rapidez;
- copia;
- escala;
- automatización;
- personalización;
- almacenamiento;
- clasificación;
- dificultad para conocer a todos los destinatarios;
- separación entre intención y alcance real.

Publicar no significa controlar quién recibirá, interpretará, copiará o reutilizará el contenido.

Eliminar no garantiza que todas las copias hayan desaparecido.

Aceptar una pantalla no significa necesariamente comprender todos los datos, cargos o permisos implicados.

Las interfaces también orientan elecciones

Las plataformas no se limitan siempre a mostrar opciones de manera neutral. La posición de un botón, el lenguaje, la urgencia, los valores preseleccionados y la dificultad para cancelar pueden modificar la probabilidad de una respuesta.

La Comisión Federal de Comercio de Estados Unidos ha documentado prácticas de diseño denominadas *dark patterns*, entre ellas anuncios disfrazados de contenido independiente, obstáculos para cancelar, ocultamiento de términos o cargos e interfaces que inducen a compartir datos.

Reconocer esta influencia no significa que toda persona quede sin voluntad.

Significa que la elección debe examinar también cómo fue presentada.

Recomendación no es neutralidad

Los sistemas de recomendación organizan qué contenidos aparecen, en qué orden y bajo cuáles parámetros.

La normativa europea de servicios digitales, por ejemplo, exige que las plataformas que utilizan sistemas de recomendación expliquen en lenguaje comprensible sus principales parámetros y las opciones disponibles para modificarlos cuando corresponda. Esa obligación muestra que la selección de contenidos responde a una arquitectura y no a una simple ventana sin intervención.

Que algo aparezca repetidamente no demuestra que:

- sea verdadero;
- sea mayoritario;
- sea importante;
- sea beneficioso;
- haya sido buscado conscientemente.

Puede haber sido seleccionado por una combinación de:

- interacciones;
- características del contenido;
- decisiones de diseño;
- parámetros del sistema;
- objetivos comerciales;
- configuración del usuario.

Privacidad no es únicamente guardar secretos

La privacidad también se relaciona con cómo los datos son:

- recogidos;

- combinados;
- utilizados;
- compartidos;
- inferidos;
- conservados;
- protegidos.

El Marco de Privacidad del Instituto Nacional de Estándares y Tecnología de Estados Unidos trata la privacidad como una gestión de riesgos que pueden afectar a individuos y organizaciones dentro de sistemas complejos de procesamiento de datos. No la reduce únicamente a impedir accesos no autorizados.

Una empresa puede proteger técnicamente una base de datos y continuar utilizando información de una manera contraria a lo que las personas comprendieron o esperaban.

Seguridad y privacidad se relacionan.

No son idénticas.

El video que debía defender y terminó acusando

Mónica recibió de su hijo adolescente un video de dieciocho segundos grabado dentro de una escuela.

En el fragmento aparecía un profesor retirando un teléfono de la mesa de un estudiante durante una evaluación.

El hijo afirmó:

«Nos quita las cosas y nos amenaza».

Mónica se indignó.

Deseaba defender a su hijo y evitar que otros estudiantes fueran tratados injustamente.

Publicó el video acompañado de esta frase:

«Este profesor roba los teléfonos de los estudiantes y nadie hace nada».

Identificó al centro educativo y permitió que el rostro del profesor fuera visible.

La velocidad de la respuesta

Durante las siguientes horas:

- familiares compartieron la publicación;
- personas desconocidas comentaron;
- algunos identificaron al profesor;
- otros añadieron acusaciones que Mónica no conocía;
- se publicaron datos sobre la escuela;
- el video salió del grupo donde había comenzado.

Mónica había tomado una decisión personal.

La convirtió en conflicto familiar al involucrar a su hijo.

Adquirió dimensión social al acusar a un profesional y una institución.

La plataforma permitió que continuara circulando dentro del ámbito digital.

Los elementos no verificados

Mónica conocía:

- el video;
- la explicación de su hijo;
- la existencia del profesor;
- la retirada del teléfono.

Desconocía:

- lo ocurrido antes;
- las normas aplicables durante la evaluación;
- advertencias anteriores;

- el procedimiento de custodia;
- si el teléfono había sido devuelto;
- la versión de otras personas;
- si existía realmente una amenaza.

Había convertido una interpretación en acusación pública.

La información posterior

Al día siguiente se revisó el contexto completo.

La escuela tenía una norma comunicada sobre dispositivos durante evaluaciones.

El teléfono había emitido sonidos varias veces.

El profesor lo retiró temporalmente y lo entregó a la coordinación para devolverlo después de la prueba.

Esto no demostraba automáticamente que toda actuación del profesor fuera perfecta. Podían examinarse:

- trato;
- procedimiento;
- comunicación;
- proporcionalidad.

Pero la afirmación de robo no estaba sostenida por los hechos disponibles.

Los cinco productos

Mónica **deseaba** justicia y apoyo.

Evitaba sentirse como una madre que no defendía a su hijo.

No dedicó tiempo suficiente a **meditar** la información.

Intentó **controlar** el relato mediante una publicación.

Defendió a su hijo convirtiendo una percepción en acusación.

Defender dominó a Conocer y Meditar.

La voluntad

Mónica sostenía un criterio legítimo:

«No permitiré que maltraten a mi hijo».

Pero lo vinculó de manera absoluta con una interpretación no verificada:

«Este video demuestra un robo».

Un principio puede ser correcto y aplicarse sobre una premisa falsa.

Delimitación abierta

La publicación contenía una petición indefinida:

«Que todo el mundo lo sepa».

No establecía:

- qué autoridad debía investigar;
- qué resultado sería suficiente;
- qué evidencia podía corregirla;
- cuándo terminaría la exposición;
- cómo se protegería a los menores;
- qué ocurriría si la acusación era inexacta.

Defender se convirtió en un producto abierto.

Consecuencias

Mónica eliminó la publicación.

Sin embargo, algunos usuarios ya habían guardado o compartido el video.

Su hijo fue identificado por otros estudiantes.

El profesor recibió mensajes.

La escuela inició una revisión.

Mónica tuvo que corregir públicamente una afirmación que ya había alcanzado a personas que quizá nunca verían la corrección.

La intención de defender no desaparecía.

Debía asumir las consecuencias del medio escogido.

Una arquitectura diferente

Antes de publicar, podía haber ejecutado:

1. conservar el video sin difundirlo;
2. preguntar al hijo qué ocurrió antes y después;
3. solicitar la norma y el procedimiento;
4. utilizar el canal institucional;
5. proteger la identidad de menores;
6. distinguir crítica de acusación;
7. establecer qué evidencia justificaría ampliar la respuesta;
8. pedir asesoría competente si existía una vulneración grave.

La respuesta habría podido aumentar si la institución ocultaba, amenazaba o se negaba a investigar.

Comenzar por verificación no significaba abandonar la defensa.

Significaba evitar que la defensa produjera otro daño.

Datos personales como costo

Una aplicación puede anunciarse como gratuita y solicitar:

- ubicación;
- contactos;
- cámara;
- micrófono;
- fotografías;
- historial;
- identificadores;
- actividad.

No debe concluirse automáticamente que todo permiso sea abusivo.

Debe preguntarse:

- ¿es necesario para la función?
- ¿durante cuánto tiempo?
- ¿puede negarse?
- ¿qué pierde la persona si lo niega?
- ¿con quién se comparte?
- ¿puede retirarse?
- ¿qué consecuencia produce?

El precio de un servicio no se limita al dinero.

Puede incluir tiempo, atención, datos y dependencia.

Consentimiento digital

Marcar «acepto» demuestra que una acción fue ejecutada.

No demuestra necesariamente:

- lectura;
- comprensión;
- libertad suficiente;
- proporcionalidad;
- conocimiento de cada consecuencia.

La calidad del consentimiento depende también de:

- claridad;
- información;
- posibilidad real de rechazar;
- ausencia de engaño;
- facilidad para retirar;
- pertinencia del dato solicitado.

Un botón grande y llamativo para aceptar, junto a una ruta confusa para rechazar, puede orientar la decisión.

Urgencia, escasez y presión

Los mensajes digitales pueden afirmar:

- «última oportunidad»;
- «quedan dos unidades»;
- «todos están comprando»;
- «responde en diez minutos»;
- «tu cuenta será cerrada».

Algunas urgencias son reales.

Otras intentan impedir que la persona:

- compare;
- consulte;
- lea;
- verifique;
- abandone.

Antes de responder:

¿Qué evidencia confirma la urgencia y qué ocurrirá realmente si espero?

Reputación y corrección

La velocidad de una acusación suele superar la velocidad de una rectificación.

Una corrección responsable debe:

- reconocer qué fue incorrecto;
- no ocultar la publicación original sin explicación cuando ya produjo daño;
- alcanzar, cuando sea posible, a las mismas personas;
- evitar repetir innecesariamente la acusación;
- reparar mediante los procedimientos pertinentes.

Corregir no garantiza recuperar completamente la situación anterior.

Desinformación y confirmación

Una información puede parecer convincente porque:

- confirma una creencia;
- produce indignación;
- utiliza imágenes;
- menciona una autoridad;
- ha sido compartida muchas veces.

Antes de difundirla conviene examinar:

- fuente primaria;
- fecha;
- contexto;
- contenido completo;
- autor;
- evidencia;
- correcciones;
- diferencia entre noticia, opinión, publicidad y sátira.

La cantidad de veces compartida no demuestra verdad.

Contenido producido mediante inteligencia artificial

Los sistemas de inteligencia artificial pueden producir textos, imágenes, audios o videos plausibles que contengan errores, invenciones o representaciones engañosas.

Una salida fluida no debe tratarse como evidencia por su forma.

Necesita verificación mediante:

- fuentes;
- documentos;
- contexto;
- conocimiento profesional;
- comparación.

El Marco de Gestión de Riesgos de Inteligencia Artificial del NIST fue creado precisamente para ayudar a gestionar riesgos para personas, organizaciones y sociedad asociados con sistemas de inteligencia artificial; no presenta la tecnología como infalible ni reduce su evaluación a precisión técnica.

El derecho a publicar no elimina la responsabilidad

Que una plataforma permita subir contenido no demuestra que:

- sea verdadero;
- sea legal;
- sea ético;
- respete privacidad;
- no produzca daño;
- corresponda con la finalidad declarada.

La capacidad técnica es una posibilidad.

No constituye por sí sola un criterio suficiente.

Aplicación del protocolo digital

Antes de pulsar

- ¿Qué acción estoy ejecutando?
- ¿Qué emoción intenta acelerarla?
- ¿Qué información está verificada?
- ¿Quién puede ser identificado?

- ¿Qué dato entrego?
- ¿Qué derecho interviene?
- ¿Podría corregir el efecto?

Antes de aceptar

- ¿Qué recibo?
- ¿Qué concedo?
- ¿Qué costo aparece después?
- ¿Cómo cancelo?
- ¿Qué opción está preseleccionada?
- ¿Qué dato no es necesario?
- ¿Existe otra vía?

Antes de compartir

- ¿Cuál es la fuente primaria?
- ¿El contenido está completo?
- ¿Qué parte es hecho?
- ¿Qué parte es interpretación?
- ¿A quién perjudicaría si resulta falso?
- ¿Qué beneficio aporta compartirlo ahora?

Antes de responder públicamente

- ¿Necesita una respuesta pública?
- ¿Existe un canal privado o institucional?
- ¿Estoy protegiendo o castigando?
- ¿Estoy exponiendo a terceros?
- ¿Qué resultado indicará cierre?

Errores frecuentes en la aplicación digital

Actuar a la velocidad de la emoción

La interfaz permite responder antes de comprender.

Confundir acceso con autorización

Poder obtener una imagen no significa poder difundirla.

Entregar más datos de los necesarios

La comodidad inmediata puede crear un riesgo posterior.

Creer que eliminar equivale a recuperar

Copias y capturas pueden continuar circulando.

Tratar recomendaciones como decisiones propias

La repetición puede orientar atención sin que la persona haya buscado activamente el contenido.

Interpretar popularidad como verdad

Visibilidad y veracidad no son equivalentes.

Defender a alguien exponiéndolo

Publicar información íntima puede perjudicar precisamente a quien se intenta proteger.

Utilizar lo digital para evitar una conversación necesaria

Una publicación indirecta puede ampliar el conflicto y reducir la posibilidad de aclaración.

Confiar en una respuesta generada sin verificar

Plausibilidad no es prueba.

Criterios de revisión digital

Una decisión digital necesita revisión cuando:

- solicita datos nuevos;
- cambia una política;

- aparece un cargo;
- la cuenta es utilizada por otra persona;
- el contenido alcanza públicos no previstos;
- una información es cuestionada con evidencia;
- una medida de privacidad deja de responder al riesgo;
- una plataforma cambia sus opciones;
- un permiso ya no es necesario;
- una publicación produce consecuencias fuera del ámbito inicial.

LOS CINCO PRODUCTOS EN LOS CUATRO ÁMBITOS

Los productos conservan su orientación, pero cambian de objeto, autoridad y consecuencias.

Desear

Personal

Desear aprender, sanar, ahorrar o cambiar.

Familiar

Desear bienestar, unidad, seguridad o continuidad.

Social

Desear justicia, desarrollo, reconocimiento o transformación colectiva.

Digital

Desear visibilidad, información, conexión, aprobación o acceso.

El riesgo aparece cuando una persona intenta satisfacer un deseo en un ámbito trasladando sus costos hacia otro.

Puede obtener reconocimiento digital y destruir confianza familiar.

Puede alcanzar una meta personal utilizando recursos compartidos sin acuerdo.

Evitar

Personal

Evitar una conducta, una pérdida o una experiencia.

Familiar

Evitar conflicto, daño, abandono o vergüenza.

Social

Evitar violencia, fraude, desigualdad o desorden.

Digital

Evitar exposición, estafa, acoso, pérdida de datos o contenido.

Evitar conflicto familiar puede producir silencio social.

Evitar toda crítica digital puede conducir a controlar opiniones ajenas.

Meditar

Personal

Examinar motivos, capacidades y alternativas.

Familiar

Incorporar necesidades, responsabilidades y participación.

Social

Analizar evidencia, derechos y consecuencias colectivas.

Digital

Verificar fuentes, permisos, destinatarios y permanencia.

La cantidad de personas involucradas aumenta la necesidad de diferenciar perspectivas sin suponer que todas poseen igual autoridad sobre cada aspecto.

Controlar

Personal

Regular tiempo, gastos, atención o conducta.

Familiar

Coordinar recursos, horarios y límites.

Social

Administrar procedimientos, acceso y políticas.

Digital

Gestionar permisos, seguridad, datos y configuración.

El control legítimo disminuye cuando intenta apropiarse de la voluntad ajena.

Defender

Personal

Proteger salud, dignidad, recursos o límites.

Familiar

Proteger a integrantes, intimidad, cuidado y responsabilidades.

Social

Proteger derechos, bienes colectivos e instituciones legítimas.

Digital

Proteger datos, identidad, reputación, cuentas e información.

Defender en un ámbito puede causar una vulneración en otro si los medios no se examinan.

UNA ELECCIÓN PUEDE CAMBIAR DE ÁMBITO

Una compra digital puede comenzar como decisión personal.

Pasa al ámbito familiar si utiliza dinero compartido.

Adquiere dimensión social si el producto depende de condiciones laborales o ambientales que la persona desea considerar.

Mantiene una dimensión digital mediante:

- datos;
- pagos;
- publicidad;
- historial;
- recomendaciones.

Una decisión laboral puede comenzar personalmente.

Afecta a la familia mediante horarios e ingresos.

Alcanza el ámbito social mediante condiciones institucionales.

Se ejecuta digitalmente mediante contratos, plataformas y comunicaciones.

El método debe preguntar:

¿En qué ámbito comienza y hacia cuáles puede desplazarse?

CUANDO DOS ÁMBITOS ENTRAN EN CONFLICTO

Una persona desea proteger su privacidad personal.

La familia necesita determinada información para responder a una emergencia.

Una institución social exige datos para cumplir una función.

Una aplicación solicita acceso para prestar un servicio.

No debe concluirse que uno de los ámbitos siempre vence.

Conviene aplicar este orden:

Primero: seguridad inmediata

¿Existe una amenaza grave que exige respuesta?

Segundo: derechos y legalidad

¿Qué información puede solicitarse, compartirse o limitarse?

Tercero: finalidad

¿Para qué se necesita?

Cuarto: necesidad

¿Es indispensable o simplemente conveniente?

Quinto: proporcionalidad

¿Puede obtenerse el mismo resultado con menos intervención?

Sexto: participación

¿Quién debe conocer, aceptar o ser escuchado?

Séptimo: duración

¿Cuándo debe terminar el acceso o la medida?

Octavo: revisión

¿Qué ocurrirá si aparece un daño?

NO TODO DEBE RESOLVERSE INDIVIDUALMENTE

La aplicación personal no debe convertirse en una explicación para abandonar responsabilidades familiares, institucionales o sociales.

Una persona puede organizar mejor su tiempo y continuar trabajando dentro de un sistema que impone cargas imposibles.

Puede aprender seguridad digital y continuar expuesta a una plataforma diseñada para confundir.

Puede mejorar su presupuesto y continuar enfrentando condiciones económicas graves.

Puede establecer límites y necesitar protección jurídica.

El método ayuda a reconocer el margen personal.

No debe utilizarse para ocultar:

- desigualdad de poder;
- falta de recursos;
- discriminación;
- violencia;
- incumplimiento institucional;
- diseño manipulador;
- ausencia de servicios.

La responsabilidad debe distribuirse según:

- conocimiento;
- capacidad;
- autoridad;
- participación;
- control;
- obligación.

TAMPOCO TODO DEBE ATRIBUIRSE AL SISTEMA

Reconocer condiciones externas no elimina automáticamente la responsabilidad personal.

Una interfaz puede presionar.

La persona puede conservar capacidad para detenerse, investigar o pedir ayuda.

Una institución puede fallar.

Una persona puede aprovechar ese fallo para perjudicar.

Una familia puede transmitir una costumbre.

Un integrante puede examinarla y cambiar su respuesta.

El análisis responsable evita dos extremos:

«Todo depende de mí».

y:

«Nada depende de mí».

La pregunta correcta es:

¿Qué parte depende de mi conducta, qué parte es compartida, qué parte corresponde a una institución y qué parte se encuentra fuera del control disponible?

MAPA DE APLICACIÓN EN CUATRO ÁMBITOS

Antes de ejecutar una decisión importante, puede utilizarse este mapa.

Ámbito personal

- ¿Qué deseo o necesidad interviene?
- ¿Qué capacidad y recurso poseo?
- ¿Qué límite corporal, económico o temporal existe?
- ¿Qué parte necesito decidir yo?
- ¿Qué ayuda requiero?

Ámbito familiar

- ¿Quién será afectado?
- ¿Qué recurso es compartido?
- ¿Quién debe consentir o participar?
- ¿Qué responsabilidad ya existe?
- ¿Qué costo podría trasladarse?

Ámbito social

- ¿Qué norma, institución o derecho interviene?
- ¿Quién posee autoridad?
- ¿Qué grupo recibe la carga?
- ¿Qué desigualdad de poder existe?
- ¿Qué mecanismo de reclamación está disponible?

Ámbito digital

- ¿Qué dato se procesa?
- ¿Qué interfaz orienta la respuesta?
- ¿Quién puede copiar o recibir?
- ¿Qué parte puede permanecer?
- ¿Qué verificación necesito antes de compartir?

Integración

- ¿En qué ámbito comienza?

- ¿Cuál consecuencia puede desplazarse?
- ¿Qué principio debe protegerse en todos?
- ¿Qué alternativa reduce daños entre ámbitos?
- ¿Qué fecha de revisión corresponde?

UN PROTOCOLO TRANSVERSAL

Cuando una elección atraviesa varios espacios, pueden utilizarse doce preguntas:

1. ¿Qué debo escoger exactamente?
2. ¿Dónde comienza la decisión?
3. ¿Quién será afectado en cada ámbito?
4. ¿Qué hechos conozco?
5. ¿Qué interpretación necesito verificar?
6. ¿Qué deseo, evito, medito, controlo y defiendo?
7. ¿Quién posee autoridad y quién debe participar?
8. ¿Qué parte es absoluta, permisiva o relativa?
9. ¿Cuál es el alcance y la condición de cierre?
10. ¿Qué consecuencia puede trasladarse?
11. ¿Qué acción es suficientemente responsable y ejecutable?
12. ¿Cuándo y mediante qué evidencia se revisará?

CUATRO FORMAS DE RESPONSABILIDAD

Responsabilidad personal

Responder por:

- la propia conducta;
- la información utilizada;
- los medios escogidos;
- el margen real de intervención.

Responsabilidad familiar

Responder por:

- cuidado;
- acuerdos;

- recursos compartidos;
- personas dependientes;
- consecuencias trasladadas.

Responsabilidad social

Responder por:

- poder;
- autoridad;
- derechos;
- igualdad;
- efectos colectivos;
- rendición de cuentas.

Responsabilidad digital

Responder por:

- datos;
- verificación;
- exposición;
- destinatarios;
- seguridad;
- permanencia;
- amplificación.

Una persona puede poseer varias responsabilidades simultáneamente.

Publicar una fotografía familiar implica:

- elección personal;
- privacidad familiar;
- exposición social;
- procesamiento digital.

EL MÉTODO SOLO SE COMPLETA CUANDO LLEGA A LA CONDUCTA

Comprender una categoría no cambia por sí solo una elección.

Decir:

«Debo proteger mi privacidad»

necesita convertirse en:

- revisar permisos;
- retirar acceso innecesario;
- limitar información;
- modificar una contraseña;
- establecer un procedimiento.

Decir:

«Debemos comunicarnos mejor como familia»

necesita traducirse en:

- asunto;
- participantes;
- fecha;
- límites;
- decisiones;
- revisión.

Decir:

«La institución debe ser justa»

necesita indicar:

- criterio;
- procedimiento;
- evidencia;
- autoridad;
- reclamación;
- corrección.

Decir:

«Quiero cuidar mi salud»

necesita diferenciar:

- conducta personal;
- orientación profesional;
- recurso;
- plazo;
- indicador;
- límite.

Un consejo cuya ejecución es imposible no guía.

Solo añade una exigencia.

LA APLICACIÓN NO DEBE PRODUCIR UNA NUEVA CEGUERA

Una persona puede aprender la estructura y comenzar a clasificar cada conducta ajena:

«Está evitando».

«Quiere controlar».

«Su voluntad es permisiva».

«Su producto está abierto».

Las categorías no fueron creadas para reemplazar a las personas por etiquetas.

Sirven para:

- formular preguntas;
- observar relaciones;
- identificar consecuencias;

- revisar elecciones.

No autorizan a concluir toda motivación desde fuera.

La misma conducta puede expresar productos distintos.

La información puede ser incompleta.

La persona puede cambiar.

La arquitectura debe aumentar discernimiento, no fabricar superioridad.

EL CIERRE DE LA APLICACIÓN

Aplicar los códigos de la inteligencia exige reconocer que una elección puede:

- comenzar dentro de una persona;
- utilizar recursos familiares;
- modificar relaciones sociales;
- quedar registrada digitalmente;
- regresar como información para decisiones futuras.

La aplicación personal pregunta:

¿Qué parte me corresponde y qué necesito para ejecutarla?

La familiar:

¿Cómo se distribuyen voz, responsabilidad, cuidado y costo?

La social:

¿Con qué autoridad, evidencia, límites y consecuencias se decide para otros?

La digital:

¿Qué se entrega, quién lo organiza, hasta dónde puede circular y qué podrá corregirse?

Ningún ámbito contiene por sí solo toda la elección.

La inteligencia necesita seguir el movimiento completo de sus consecuencias.

Con este capítulo ya no quedan únicamente definiciones, productos, voluntades o protocolos.

Existe una arquitectura aplicada a situaciones reales.

Ahora debemos reunirla de manera breve y operativa para que el lector pueda recordar:

- qué examinar;
- en qué orden;
- qué no debe confundir;
- cuándo actuar;
- cuándo revisar;
- cuándo cerrar.

CONCLUSIÓN

«La inteligencia no termina cuando escogemos; comienza a ser probada por lo que hacemos con las consecuencias».
—Pierre Paul Dasny

Después de todo lo examinado, ya no necesitamos otra lista de conceptos ni una repetición de los capítulos anteriores. Necesitamos mirar nuestras elecciones sin los nombres con los que acostumbramos a protegerlas.

Una reacción no se convierte en inteligencia porque haya sido rápida.

Una decisión no se vuelve sabia porque haya producido un beneficio.

Una conducta no se vuelve justa porque esté permitida por la ley.

Una causa no se vuelve verdadera porque alguien la defienda con firmeza.

Una meta no se vuelve necesaria porque sea intensamente deseada.

Y un error no desaparece porque encontremos una explicación elegante para justificarlo.

Conocimiento no es sabiduría y sabiduría no es inteligencia.

El conocimiento puede mostrarnos hechos, relaciones, procedimientos y posibilidades. Pero una persona puede saber mucho y utilizar lo que sabe para engañar, dominar o destruir.

La inteligencia puede permitirnos distinguir alternativas, escoger medios, ejecutar una decisión y corregirla. Pero también puede ponerse al servicio de una finalidad injusta.

La sabiduría pregunta cuándo conviene utilizar aquello que sabemos y podemos hacer, en qué proporción, durante cuánto tiempo, a favor de quién y bajo cuáles consecuencias humanas.

Los principios establecen aquello que no debería sacrificarse por una ventaja inmediata.

La ley delimita derechos, obligaciones y procedimientos, pero su existencia escrita no garantiza que siempre sea comprendida, aplicada o utilizada con justicia.

Ninguno de estos efectos sustituye a los demás.

Saber no elimina la necesidad de escoger.

Escoger no elimina la necesidad de valorar.

Valorar no elimina la obligación de actuar.

Actuar no elimina la responsabilidad de observar las consecuencias.

Y reconocer una consecuencia no elimina el deber de corregir o reparar cuando todavía es posible.

La inteligencia tampoco consiste en vivir sin errores. Una persona puede tomar una decisión fundamentada y enfrentar un resultado desfavorable debido a información incompleta, condiciones cambiantes, decisiones ajenas o acontecimientos que no podía prever razonablemente. Otra puede actuar irresponsablemente y obtener temporalmente un buen resultado por casualidad.

Por eso, el resultado importa, pero no basta.

También debemos examinar:

qué información poseíamos;

qué ignorábamos;

qué alternativas reconocimos;

qué principios limitaban la conducta;

qué consecuencias podían anticiparse;

qué medios utilizamos;

qué hicimos después de descubrir el daño.

La suerte no convierte una mala decisión en buena. El fracaso tampoco demuestra automáticamente que todo el proceso fue equivocado.

La responsabilidad aparece con mayor claridad cuando ya no podemos cambiar lo ocurrido, pero todavía podemos decidir qué hacer frente a ello.

Podemos negar.

Podemos culpar.

Podemos ocultar.

Podemos repetir.

O podemos reconocer, corregir, reparar, aprender y establecer límites que impidan transformar un error en una conducta sostenida.

A lo largo de estas páginas, Desear, Evitar, Meditar, Controlar y Defender no fueron presentados como virtudes ni como defectos permanentes. Son orientaciones que pueden organizar una conducta responsable o participar en una decisión destructiva.

Debemos preguntarnos qué deseamos, pero también qué estamos dispuestos a sacrificar para obtenerlo.

Debemos reconocer qué evitamos, pero también si nos alejamos de un peligro o de la responsabilidad de enfrentarlo.

Debemos meditar, pero sin convertir la reflexión en una forma interminable de no escoger.

Debemos controlar variables, recursos y procedimientos, sin confundir regulación con posesión de la voluntad ajena.

Debemos defender personas, derechos y principios, sin convertir toda crítica en amenaza ni toda respuesta en represalia.

También debemos reconocer la voluntad que sostiene cada orientación.

Hay compromisos que no deberían negociarse por conveniencia.

Hay posibilidades que pueden permanecer abiertas sin convertirse todavía en obligación.

Hay decisiones que solo pueden sostenerse mientras existan determinadas condiciones.

La firmeza sin delimitación puede convertirse en fanatismo.

El permiso sin responsabilidad puede convertirse en complicidad.

La adaptación sin criterios puede convertirse en oportunismo.

Nada de esto puede comprenderse únicamente desde la intención.

Una persona puede querer ayudar y producir dependencia.

Puede intentar proteger y terminar controlando.

Puede buscar seguridad y eliminar toda posibilidad de aprender.

Puede defender una institución y ocultar precisamente aquello que la está destruyendo.

Puede desear bienestar para su familia y trasladar silenciosamente a uno de sus integrantes todo el costo de conseguirlo.

Puede publicar una información para denunciar una injusticia y crear otra mediante una acusación no verificada.

La intención debe encontrarse con los hechos, los límites, los medios y las consecuencias.

La arquitectura desarrollada tampoco convierte la vida en una ecuación. No existe un procedimiento capaz de anticipar cada pérdida, eliminar la incertidumbre o garantizar que todas las personas interpretarán una situación de la misma manera.

El protocolo para escoger no fue creado para sustituir la conciencia ni para encerrar toda decisión dentro de un formulario. Su función es impedir que olvidemos preguntas esenciales cuando la presión, el deseo, el miedo, la costumbre o la conveniencia intentan decidir por nosotros.

Un método es útil mientras ayuda a comprender y actuar.

Debe abreviarse cuando añade pasos innecesarios.

Debe adaptarse cuando cambia el contexto.

Debe detenerse cuando la emergencia exige protección inmediata.

Debe abandonarse cuando comienza a falsificar la realidad que pretendía organizar.

La inteligencia no se demuestra por aplicar siempre la misma fórmula. Se demuestra también al reconocer cuándo una fórmula dejó de servir.

Toda elección ocurre dentro de límites.

Tenemos tiempo limitado.

Recursos limitados.

Información limitada.

Capacidad limitada.

No controlamos el pasado, la voluntad ajena, el azar ni todos los efectos futuros de nuestras acciones.

Pero reconocer esos límites no significa declararnos impotentes.

Dentro de ellos todavía podemos:

buscar información;

pedir ayuda;

establecer condiciones;

rechazar un medio injusto;

crear otra alternativa;

proteger a quien enfrenta una amenaza;

cerrar una etapa;

corregir una decisión;

asumir una consecuencia.

La responsabilidad no exige poseer control absoluto. Exige responder por el margen real que teníamos, por la autoridad que ejercíamos, por la información que decidimos ignorar y por aquello que hicimos cuando comprendimos mejor.

Tampoco vivimos ni escogemos aislados.

Una decisión personal puede utilizar recursos familiares.

Una decisión familiar puede afectar derechos individuales.

Una política social puede trasladar sus costos hacia quienes poseen menos poder.

Una acción digital puede permanecer, copiarse y alcanzar a personas que nunca participaron en la intención inicial.

Por eso, antes de llamar privada a una elección, debemos observar hasta dónde viajan sus consecuencias.

El ser humano y la sociedad no necesitan destruirse mutuamente para que uno de los dos sobreviva. Las personas forman instituciones, familias, comunidades y sistemas; esas estructuras, a su vez, pueden protegerlas, limitarlas, educarlas, explotarlas o excluirlas.

La pregunta responsable no es quién debe ser sacrificado.

Es qué arquitectura permite que la persona conserve dignidad y responsabilidad dentro de relaciones e instituciones que también necesitan límites, justicia y corrección.

Llegados a este punto, queda una confrontación que ninguna definición puede responder en nuestro lugar:

¿Qué deseas realmente y qué precio estás haciendo pagar a otros?

¿Qué evitas porque constituye un peligro y qué evitas porque exige valentía?

¿Qué continúas meditando cuando ya posees fundamento suficiente para actuar?

¿Qué intentas controlar aunque nunca haya pertenecido a tu autoridad?

¿Qué estás defendiendo: una verdad, una dignidad, un privilegio, una mentira o la necesidad de no reconocer que te equivocaste?

¿Qué consecuencia sigues llamando accidental después de haber ignorado repetidamente sus señales?

¿Qué elección necesita hoy una corrección que has pospuesto para proteger tu orgullo?

No todas las respuestas llegarán inmediatamente.

Pero después de reconocer una respuesta suficiente, continuar preguntando puede convertirse en otra forma de huir.

Llega un momento en que debemos escoger.

Después ejecutar.

Después observar.

Después mantener, corregir o cerrar.

Y cuando nuestras acciones hayan producido un daño, no bastará con explicar que nuestras intenciones eran buenas. Tendremos que reconocer lo ocurrido, detener lo que todavía continúa, reparar lo que pueda repararse y aprender sin convertir la culpa en una nueva excusa para permanecer inmóviles.

La inteligencia que nunca revisa se vuelve arrogancia.

La sabiduría que nunca actúa se vuelve discurso.

El conocimiento que nunca transforma una conducta se vuelve acumulación.

Los principios que solo se aplican cuando convienen se vuelven decoración moral.

Y un método que nunca llega a una elección se convierte en otra manera de aplazar la vida.

Conocer puede darte información.

La ley puede darte un marco.

La inteligencia puede ayudarte a escoger.

La sabiduría puede enseñarte a valorar el uso de lo escogido.

Los principios pueden impedir que vendas lo esencial por una ventaja inmediata.

Pero ninguna de esas cosas responderá por ti.

La última prueba no se encuentra únicamente en lo que sabes, sino en lo que haces con lo que sabes cuando llega el momento de escoger.

Escoge.

Ejecuta.

Observa.

Corrige.

Repara cuando sea necesario.

Y no llames inteligencia a una decisión que nunca estuviste dispuesto a examinar.

BIBLIOGRAFÍA

Estudios y obras académicas

1. Arkes, H. R., y Blumer, C. (1985). The psychology of sunk cost. *Organizational Behavior and Human Decision Processes, 35*(1), 124–140. doi: 10.1016/0749-5978(85)90049-4.

2. Bandura, A. (1977). Self-efficacy: Toward a unifying theory of behavioral change. *Psychological Review, 84*(2), 191–215. doi: 10.1037/0033-295X.84.2.191.

3. Bar-Hillel, M. (1980). The base-rate fallacy in probability judgments. *Acta Psychologica, 44*(3), 211–233. doi: 10.1016/0001-6918(80)90046-3.

4. Baron, J., y Hershey, J. C. (1988). Outcome bias in decision evaluation. *Journal of Personality and Social Psychology, 54*(4), 569–579. doi: 10.1037/0022-3514.54.4.569.

5. Carver, C. S., y Scheier, M. F. (1982). Control theory: A useful conceptual framework for personality-social, clinical, and health psychology. *Psychological Bulletin, 92*(1), 111–135. doi: 10.1037/0033-2909.92.1.111.

6. Di Giuseppe, M., y Perry, J. C. (2021). The hierarchy of defense mechanisms: Assessing defensive functioning with the Defense Mechanisms Rating Scales Q-Sort. *Frontiers in Psychology, 12*, 718440. doi: 10.3389/fpsyg.2021.718440.

7. Enderton, H. B. (1977). *Elements of set theory*. Academic Press.

8. Evans, J. St. B. T., y Stanovich, K. E. (2013). Dual-process theories of higher cognition: Advancing the debate. *Perspectives on Psychological Science, 8*(3), 223–241. doi: 10.1177/1745691612460685.

9. Flavell, J. H. (1979). Metacognition and cognitive monitoring: A new area of cognitive-developmental inquiry. *American Psychologist, 34*(10), 906–911. doi: 10.1037/0003-066X.34.10.906.

10. Gollwitzer, P. M. (1990). Action phases and mind-sets. En E. T. Higgins y R. M. Sorrentino (Eds.), *Handbook of motivation and*

cognition: Foundations of social behavior (vol. 2, pp. 53–92). Guilford Press.

11. Gollwitzer, P. M. (1999). Implementation intentions: Strong effects of simple plans. *American Psychologist, 54*(7), 493–503. doi: 10.1037/0003-066X.54.7.493.

12. Gollwitzer, P. M., y Brandstätter, V. (1997). Implementation intentions and effective goal pursuit. *Journal of Personality and Social Psychology, 73*(1), 186–199. doi: 10.1037/0022-3514.73.1.186.

13. Gross, J. J. (2015). Emotion regulation: Current status and future prospects. *Psychological Inquiry, 26*(1), 1–26. doi: 10.1080/1047840X.2014.940781.

14. Haynes, A. B., Weiser, T. G., Berry, W. R., Lipsitz, S. R., Breizat, A.-H. S., Dellinger, E. P., Herbosa, T., Joseph, S., Kibatala, P. L., Lapitan, M. C. M., Merry, A. F., Moorthy, K., Reznick, R. K., Taylor, B., y Gawande, A. A. (2009). A surgical safety checklist to reduce morbidity and mortality in a global population. *The New England Journal of Medicine, 360*(5), 491–499. doi: 10.1056/NEJMsa0810119.

15. Iyengar, S. S., y Lepper, M. R. (2000). When choice is demotivating: Can one desire too much of a good thing? *Journal of Personality and Social Psychology, 79*(6), 995–1006. doi: 10.1037/0022-3514.79.6.995.

16. Johansson, P., Hall, L., Sikström, S., y Olsson, A. (2005). Failure to detect mismatches between intention and outcome in a simple decision task. *Science, 310*(5745), 116–119. doi: 10.1126/science.1111709.

17. Kahan, D. M. (2013). Ideology, motivated reasoning, and cognitive reflection. *Judgment and Decision Making, 8*(4), 407–424. doi: 10.1017/S1930297500005271.

18. Kahneman, D. (2011). *Thinking, fast and slow*. Farrar, Straus and Giroux.

19. Klein, G. (2007). Performing a project premortem. *Harvard Business Review, 85*(9), 18–19.

20. Koriat, A. (2012). The self-consistency model of subjective confidence. *Psychological Review, 119*(1), 80–113. doi: 10.1037/a0025648.

21. Langer, E. J. (1975). The illusion of control. *Journal of Personality and Social Psychology, 32*(2), 311–328. doi: 10.1037/0022-3514.32.2.311.

22. LeDoux, J. E., y Pine, D. S. (2016). Using neuroscience to help understand fear and anxiety: A two-system framework. *American Journal of Psychiatry, 173*(11), 1083–1093. doi: 10.1176/appi.ajp.2016.16030353.

23. Locke, E. A., y Latham, G. P. (2002). Building a practically useful theory of goal setting and task motivation: A 35-year odyssey. *American Psychologist, 57*(9), 705–717. doi: 10.1037/0003-066X.57.9.705.

24. Lyubomirsky, S. (2011). Hedonic adaptation to positive and negative experiences. En S. Folkman (Ed.), *The Oxford handbook of stress, health, and coping* (pp. 200–224). Oxford University Press.

25. Merton, R. K. (1936). The unanticipated consequences of purposive social action. *American Sociological Review, 1*(6), 894–904. doi: 10.2307/2084615.

26. Nisbett, R. E., y Wilson, T. D. (1977). Telling more than we can know: Verbal reports on mental processes. *Psychological Review, 84*(3), 231–259. doi: 10.1037/0033-295X.84.3.231.

27. Nolen-Hoeksema, S., Wisco, B. E., y Lyubomirsky, S. (2008). Rethinking rumination. *Perspectives on Psychological Science, 3*(5), 400–424. doi: 10.1111/j.1745-6924.2008.00088.x.

28. Ordóñez, L. D., Schweitzer, M. E., Galinsky, A. D., y Bazerman, M. H. (2009). Goals gone wild: The systematic side effects of overprescribing goal setting. *Academy of Management Perspectives, 23*(1), 6–16. doi: 10.5465/AMP.2009.37007999.

29. Rotter, J. B. (1966). Generalized expectancies for internal versus external control of reinforcement. *Psychological Monographs: General and Applied, 80*(1), 1–28. doi: 10.1037/h0092976.

30. Russ, S. J., Sevdalis, N., Moorthy, K., Mayer, E. K., Rout, S., Caris, J., Mansell, J., Davies, R., Vincent, C., y Darzi, A. (2015). A qualitative evaluation of the barriers and facilitators toward implementation of the WHO surgical safety checklist across hospitals in England: Lessons from the Surgical Checklist Implementation Project. *Annals of Surgery, 261*(1), 81–91. doi: 10.1097/SLA.0000000000000793.

31. Ryan, R. M., y Deci, E. L. (2000). Self-determination theory and the facilitation of intrinsic motivation, social development, and well-being. *American Psychologist, 55*(1), 68–78. doi: 10.1037/0003-066X.55.1.68.

32. Scheibehenne, B., Greifeneder, R., y Todd, P. M. (2010). Can there ever be too many options? A meta-analytic review of choice overload. *Journal of Consumer Research, 37*(3), 409–425. doi: 10.1086/651235.

33. Simon, H. A. (1979). Rational decision making in business organizations. *American Economic Review, 69*(4), 493–513.

34. Tversky, A., y Kahneman, D. (1974). Judgment under uncertainty: Heuristics and biases. *Science, 185*(4157), 1124–1131. doi: 10.1126/science.185.4157.1124.

35. Urbach, D. R., Govindarajan, A., Saskin, R., Wilton, A. S., y Baxter, N. N. (2014). Introduction of surgical safety checklists in Ontario, Canada. *The New England Journal of Medicine, 370*(11), 1029–1038. doi: 10.1056/NEJMsa1308261.

36. Wood, W., y Rünger, D. (2016). Psychology of habit. *Annual Review of Psychology, 67*, 289–314. doi: 10.1146/annurev-psych-122414-033417.

Documentos normativos e institucionales

1. Asamblea General de las Naciones Unidas. (1948). *Declaración Universal de Derechos Humanos*. Naciones Unidas.

2. Asamblea General de las Naciones Unidas. (1998). *Declaración sobre el derecho y el deber de los individuos, los grupos y las instituciones de promover y proteger los derechos humanos y las libertades fundamentales universalmente reconocidos* (A/RES/53/144). Naciones Unidas.

3. Federal Trade Commission. (2022). *Bringing dark patterns to light: An FTC staff report*. Federal Trade Commission.

4. National Center for Complementary and Integrative Health. (2022). *Meditation and mindfulness: Effectiveness and safety*. U.S. Department of Health and Human Services.

5. National Institute of Standards and Technology. (2020). *NIST Privacy Framework: A tool for improving privacy through enterprise risk management, version 1.0*. U.S. Department of Commerce.

6. Organización Mundial de la Salud. (2016). *Strengthening integrated, people-centred health services* (WHA69.24). Organización Mundial de la Salud.

7. Parlamento Europeo y Consejo de la Unión Europea. (2022). Reglamento (UE) 2022/2065, de 19 de octubre de 2022, relativo a un mercado único de servicios digitales y por el que

se modifica la Directiva 2000/31/CE. *Diario Oficial de la Unión Europea, L 277*, 1–102.

8. Tabassi, E. (2023). *Artificial Intelligence Risk Management Framework: AI RMF 1.0* (NIST AI 100-1). National Institute of Standards and Technology. doi: 10.6028/NIST.AI.100-1.

9. Los datos editoriales de estos documentos fueron verificados en los registros oficiales de NIST, la OMS, EUR-Lex y la FTC. El Marco de Privacidad de NIST corresponde a su versión 1.0 de enero de 2020; la resolución de la OMS es WHA69.24; y el Reglamento de Servicios Digitales es el Reglamento (UE) 2022/2065, publicado en el *Diario Oficial L 277*.

Fuentes clásicas, filosóficas y archivísticas

1. Balmes, J. (1845). *El criterio*. Obra original publicada en Barcelona.

2. Epicteto. (1925). The Encheiridion. En W. A. Oldfather (Trad.), *Discourses, Books III–IV; Fragments; The Encheiridion*. Harvard University Press.

3. Feynman, R. P. (1974). Cargo cult science. *Engineering and Science, 37*(7), 10–13.

4. Kahn, C. H. (1979). *The art and thought of Heraclitus: An edition of the fragments with translation and commentary*. Cambridge University Press.

5. King, M. L., Jr. (1963, 16 de abril). *Letter from Birmingham Jail*. The Martin Luther King, Jr. Research and Education Institute, Stanford University.

6. Roosevelt, F. D. (1932, 22 de mayo). *Address at Oglethorpe University, Atlanta, Georgia*. The American Presidency Project.

7. Séneca. (1986). *Epístolas morales a Lucilio* (I. Roca Meliá, Trad.). Gredos.

Fuentes originales del autor

Las definiciones, clasificaciones, protocolos, analogías, historias pedagógicas y formulaciones conceptuales originales de Pierre Paul Dasny no se incorporan como referencias bibliográficas.

Entre ellas se encuentran:

*   los cinco efectos dentro de su arquitectura final;

- los cinco productos conductuales;
- las tres voluntades como configuraciones operativas;
- productos conductuales delimitados y abiertos;
- elementos identificables y elementos no identificados;
- la integración entre efectos, productos, voluntad, delimitación, elementos y consecuencias;
- el protocolo para escoger;
- las frases originales atribuidas expresamente a Pierre Paul Dasny.

Esas formulaciones pertenecen al contenido autoral y quedan protegidas mediante la atribución y el copyright general de la obra.

SOBRE EL AUTOR

Pierre Paul Dasny es escritor, investigador independiente, psicólogo, terapeuta y desarrollador tecnológico. Es fundador y director ejecutivo de **DASNYAPP SRL**, empresa desde la cual trabaja en proyectos digitales, educativos y editoriales orientados al aprendizaje, la reflexión, la lectura crítica y el desarrollo de herramientas tecnológicas.

Como desarrollador, crea aplicaciones y videojuegos para dispositivos móviles. Su trabajo combina tecnología, educación, psicología, investigación y producción literaria, con especial interés en los procesos de elección, la conducta humana, el lenguaje, la conciencia, la fe, el poder y las consecuencias de las decisiones.

Su producción literaria abarca el ensayo, la novela negra, el thriller psicológico, la narrativa distópica y el drama. Entre sus obras se encuentran **¿Quién mató a las letras?**, novela negra distópica y thriller psicológico sobre la censura, el lenguaje y el poder del sistema; **El romance del dolor**, una historia de amor atrapada entre el crimen, la fe y el poder; y **La mentira**, obra que examina la Biblia, la religión, los dogmas y las doctrinas levantadas contra YHWH.

También es autor de la serie **Sin límite en la locura**. El primer libro desarrolla una novela negra de suspense psicológico sobre amor oscuro, distorsión mental y poder. El segundo profundiza en la manipulación, los secretos familiares y las verdades que cobran sangre.

En **Los códigos de la inteligencia**, Pierre Paul Dasny presenta una arquitectura propia para examinar la relación entre conocimiento, ley, inteligencia, sabiduría, principios, voluntad, conducta y consecuencias. Su propósito no es ofrecer fórmulas infalibles, sino proporcionar criterios que ayuden al lector a comprender mejor sus elecciones, ejecutarlas con fundamento y corregirlas responsablemente.

Colabora además en proyectos de traducción e investigación bíblica junto con la **Comunidad Internacional de Dasnyapp**. Es políglota, cursa estudios relacionados con el derecho nacional e internacional y vive su fe cristiana de manera personal y no institucional.